浮式防波堤研究丛书

浮式防波堤水动力及消波
性能试验技术

嵇春艳　崔　杰　著

科学出版社

北京

内 容 简 介

本书介绍风、浪、流等海洋环境作用下浮式防波堤水动力学模型试验的研究方法及相关理论,主要是江苏科技大学浮式防波堤研究团队多年来开展浮式防波堤试验研究工作的总结和提炼,同时吸收了国际上最新的研究成果。本书主要内容包括绪论,浮式防波堤水动力及消波性能基本理论,浮式防波堤模型设计及海洋环境模拟,浮式防波堤试验测量系统及校验方法,浮式防波堤二维水槽和三维水池模型试验方法,浮式防波堤试验数据处理与分析方法,浮式防波堤模型试验实例及分析等。

本书可作为高等院校船舶与海洋工程专业、港口航道与海岸工程专业以及海洋工程与技术专业等海洋工程类专业的本科生教材以及研究生教学参考用书,也可供从事浮式防波堤设计研发工作的海洋工程科技人员参考。

图书在版编目(CIP)数据

浮式防波堤水动力及消波性能试验技术/嵇春艳,崔杰著. —北京:科学出版社,2021.6
(浮式防波堤研究丛书)
ISBN 978-7-03-063252-4

Ⅰ.①浮⋯ Ⅱ.①嵇⋯ ②崔⋯ Ⅲ.①浮式防波堤-水动力学②浮式防波堤-消波工程-性能试验 Ⅳ.①U656.2

中国版本图书馆 CIP 数据核字(2019)第 249622 号

责任编辑:许 健/责任校对:谭宏宇
责任印制:黄晓鸣/封面设计:殷 靓

科学出版社 出版
北京东黄城根北街16号
邮政编码:100717
http://www.sciencep.com

南京展望文化发展有限公司排版
上海锦佳印刷有限公司印刷
科学出版社发行 各地新华书店经销

*

2021年6月第 一 版 开本:B5(720×1000)
2021年6月第一次印刷 印张:14 1/2
字数:280 000
定价:130.00元
(如有印装质量问题,我社负责调换)

前　言

目前关于浮式海洋平台水动力试验技术开展的研究工作较多，也形成了较为成熟的试验原理、试验方法和试验流程。浮式防波堤主要功能是消减波浪，为遮蔽区结构物提供掩护，其设计原理和功能与现有的浮式海洋平台有着显著差异，因此在水动力学试验技术方面，浮式防波堤与浮式海洋平台既有相似之处又有较大的区别。本书在借鉴浮式海洋平台水动力试验技术的基础上，结合浮式防波堤水动力试验的自身特点，建立一套浮式防波堤水动力与消波性能试验原理和试验方法，共分为10章。第1章绪论，简要介绍浮式防波堤分类、浮式防波堤试验技术国内外研究现状、世界上主要海洋工程结构水动力实验室情况，以及浮式防波堤未来的发展趋势。第2章主要介绍海洋环境载荷、浮式防波堤系统运动响应理论、波浪沿浮式防波堤传播与变形原理以及水动力试验相似性等基本理论。第3章主要介绍海洋环境的物理模拟方法以及浮式防波堤试验模型的缩尺比选择及相似性设计方法。第4章主要介绍浮式防波堤模型试验所需的测量设备、布置方式及有关校验方法。第5章与第6章分别从二维及三维的角度着重介绍浮式防波堤波浪水槽试验与水池试验的相关原理和试验方法，包括试验工况设计、边界效应消除方法等。第7章主要介绍反射系数、透射系数、系泊缆张力及运动响应等试验数据的后期处理与分析方法，以及影响试验结果的因素及相应的控制措施。第8~10章为浮式防波堤试验实例与分析，重点介绍二维水槽、三维水池以及地形影响下浮式防波堤模型试验实例及数据结果的分析与表达。

本书出版受到国家自然科学基金项目"海洋工程结构水动力学理论与可靠性评估方法"（基金编号：52025112）和中华人民共和国工业和信息化部高技术船舶项目"×××平台（二期）防浪消波技术"（批准号：工信部联装［2016］22号）的资助，本书撰写过程中得到了郭建廷博士、徐胜博士、陈翔博士、郭宇婵博士的大力支持，在此一并表示感谢，作者也借鉴和参考了国内外在此研究领域中各位学者提出的试验方法和解决方案。

由于本人水平有限，书中错误在所难免，敬请批评指正。

目　　录

第 1 章　绪论 ·· 1
　1.1　浮式防波堤概述 ·· 1
　1.2　浮式防波堤分类 ·· 2
　1.3　浮式防波堤工程应用及发展趋势 ·· 4
　1.4　浮式防波堤试验技术研究现状 ··· 11
　1.5　国内外海洋工程水动力实验室简介 ·· 14
　参考文献 ·· 23

第 2 章　浮式防波堤水动力及消波性能基本理论 ····································· 26
　2.1　浮式防波堤环境及荷载简述 ·· 26
　2.2　浮式防波堤运动坐标系 ·· 34
　2.3　浮式防波堤系统运动响应分析方法 ·· 36
　2.4　波浪沿浮式防波堤传播与变形基本原理 ···································· 40
　2.5　浮式防波堤模型试验相似性基本理论 ······································· 43
　参考文献 ·· 53

第 3 章　浮式防波堤模型设计及海洋环境模拟 ·· 55
　3.1　模型缩尺比选择方法 ·· 55
　3.2　波浪相似性模拟方法 ·· 58
　3.3　风的相似性模拟方法 ·· 64
　3.4　流的相似性模拟方法 ·· 66
　3.5　地形相似性模拟方法 ·· 67
　3.6　模型相似性设计方法 ·· 68
　3.7　模型主要参数相似性调整方法 ··· 80
　参考文献 ·· 81

第 4 章　浮式防波堤试验测量系统及校验方法 ·· 83
　4.1　试验测量仪器的类别和标定 ·· 83
　4.2　测试内容及仪器布置 ·· 91
　4.3　试验数据实时采集系统 ·· 93
　4.4　模型相似性校验方法 ·· 93
　参考文献 ·· 101

第5章 浮式防波堤二维试验方法 ··· 102
- 5.1 试验目的和内容 ··· 102
- 5.2 边界效应及消除方法 ··· 102
- 5.3 二维试验相似性设计方法 ··· 104
- 5.4 二维试验仪器及测点布置方法 ··· 106
- 5.5 二维试验工况设计方法 ··· 108
- 5.6 二维试验注意事项 ··· 110
- 参考文献 ··· 111

第6章 浮式防波堤三维试验方法 ··· 112
- 6.1 三维试验与二维试验的区别 ··· 112
- 6.2 三维试验相似性设计方法 ··· 113
- 6.3 三维水池试验仪器及测点布置方法 ··· 119
- 6.4 三维试验工况设计方法 ··· 123
- 参考文献 ··· 126

第7章 浮式防波堤试验数据处理与分析方法 ··· 127
- 7.1 误差分析 ··· 127
- 7.2 浮式防波堤试验数据处理与分析方法 ··· 131
- 7.3 影响试验结果的参数因子及控制措施 ··· 147
- 7.4 原型结果的换算方法 ··· 149
- 参考文献 ··· 149

第8章 浮式防波堤二维水槽试验实例及分析 ··· 151
- 8.1 试验水槽简介 ··· 151
- 8.2 试验原型简介 ··· 151
- 8.3 试验模型设计 ··· 154
- 8.4 试验工况设计 ··· 157
- 8.5 测量系统、测试仪器及测点布置 ··· 158
- 8.6 试验结果及分析 ··· 161
- 8.7 试验结论 ··· 173
- 参考文献 ··· 174

第9章 浮式防波堤三维水池试验实例及分析 ··· 175
- 9.1 试验水池简介 ··· 175
- 9.2 试验原型简介 ··· 175
- 9.3 试验模型设计 ··· 178
- 9.4 试验工况设计 ··· 181

9.5 测量系统、测试仪器及测点布置 ……………………………………… 183
9.6 试验数据处理 …………………………………………………………… 186
9.7 试验结果及分析 ………………………………………………………… 186
9.8 试验结论 ………………………………………………………………… 198
参考文献 ……………………………………………………………………… 199

第10章 地形影响下浮式防波堤模型试验实例分析 …………………… 200
10.1 地形影响下二维试验主要参数 ………………………………………… 200
10.2 地形影响下二维试验模型及工况设计 ………………………………… 201
10.3 地形影响下二维试验结果及分析 ……………………………………… 206
10.4 地形影响下三维试验主要参数 ………………………………………… 210
10.5 地形影响下三维试验模型及工况设计 ………………………………… 213
10.6 地形影响下三维试验结果及分析 ……………………………………… 216
参考文献 ……………………………………………………………………… 221

第1章 绪　　论

1.1　浮式防波堤概述

　　海洋覆盖了地球近71%的表面积，蕴藏着巨大的资源，包括丰富的海洋生物资源、矿产资源及巨大的绿色清洁能源（如风能、波浪能、潮汐能及温差能）。据估算，海洋提供食品的能力是陆地的1 000倍；且海底石油储量较大，研究表明，海洋石油储量约占全球总储量的34%，其中已探明的储量约为380亿吨；除此之外，海水还能提供拥有氢、铀同位素等的多种核原料。因此，如何高效、环保地利用海洋资源是现阶段人类面临的重要课题。

　　目前，海洋资源开发由近海向深远海快速发展，如何应对复杂恶劣的海洋环境以及如何在获取海洋资源时降低对海洋生态环境的影响和破坏是首先要解决的问题。因此，浮式海洋结构物应运而生，它具有适应深水化作业、海上安装周期短、可在不同海域迁移、对海底生态环境破坏小等优势。然而海洋环境十分复杂严酷，具有强随机性，台风、巨浪时有发生，这会对浮式结构物造成损伤甚至破坏。可以消减波浪的防波堤是一类可以为海洋结构物提供安全掩护的重要设施和装备。

　　防波堤常布置在港口或海岸附近，它的主要作用是对从外海传播来的波浪进行阻挡和消减，从而保护港口附近水域的平稳，保障船舶和海上结构物的安全以及港口附近的工程建筑的稳固。此外，某些海区的防波堤还能在一定程度上阻止流冰的大量涌入以及减少港口内泥沙的淤积。随着海洋开发逐步走向深远海，固定式防波堤工程造价变得高昂，施工难度逐渐增大。因此，浮式防波堤技术逐渐成为研究热点，世界上也有多个浮式防波堤投入使用。图1.1给出了摩纳哥康达敏（Condamine）海港浮式防波堤[1,2]，该浮式防波堤总长352 m，宽28 m，高24.5 m，排水量16.3万吨，采用钢筋混凝土进行建造，主要功能是浮动码头，用于停靠船舶，内部空间作为购物和停车场所，可有效地保护现有港口。

　　浮式防波堤主要由三部分构成，包括浮式防波堤主体、连接结构及固定浮式防波堤的锚泊系统。与固定式防波堤相比，浮式防波堤具有以下优势：① 浮式防波堤一般漂浮在水面上，海水可进行正常的交换，降低因封闭海域而带来的环境污染危害；② 随着应用水深的增加，造价优势越来越显著，如应用于水深50 m的水域时，浮式防波堤造价是传统重力式防波堤的1/3左右；③ 可以适用于多种地质条件，不受地形的限制；④ 建造周期短、速度快、安装和拆卸方便，同时具有可迁移的优势。

(a) 浮式防波堤建造　　　　　　　　(b) 浮式防波堤运输

图 1.1　摩纳哥康达敏海港浮式防波堤

随着海洋资源开发的深水化、环保化的发展，浮式防波堤可为越来越多的海上浮式结构物在非遮蔽水域提供满足其工作需求的海洋环境，提高工作效率并减少台风等自然灾害对海洋、海岸结构物造成的破坏。

1.2　浮式防波堤分类

1.2.1　主体结构形式分类

浮式防波堤按照结构形式的不同，主要可以分为浮箱式、浮筒式和浮筏式三种形式，如图 1.2 所示。

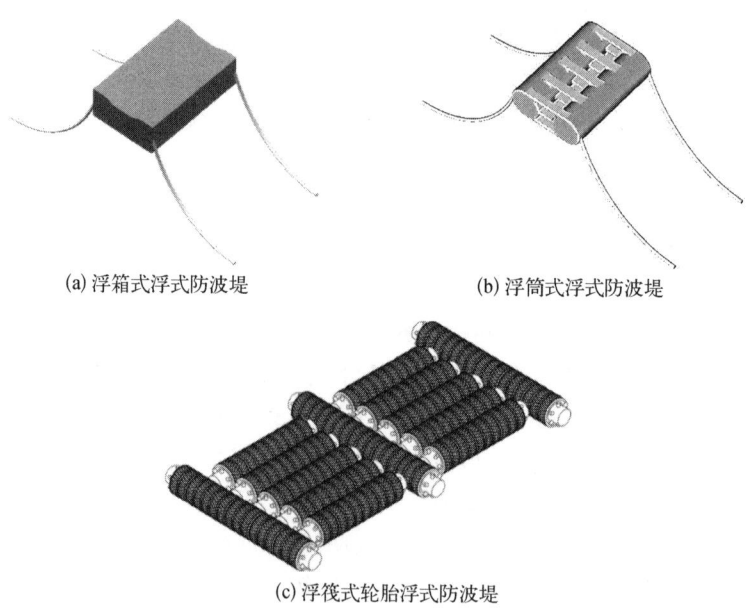

图 1.2　浮式防波堤的主要类型

(1) 浮箱式防波堤。浮箱式防波堤利用防波堤的迎浪面对入射波浪进行有效的反射消波，主要原材料多为钢筋混凝土，其构型多为长方体结构，且宽度范围一般在 8.0~12.0 m、吃水一般在 1.0~4.0 m。浮箱式防波堤具有结构简单、建造、运输及安装方便等特点。图 1.2（a）给出了浮箱式浮式防波堤示意图。

(2) 浮筒式防波堤。这种浮式防波堤常采用框架结构，其消波原理及材料应用与浮箱型浮式防波堤类似，但其吸收波能的能力有一定程度的提升。图 1.2（b）给出了浮筒式浮式防波堤示意图。

(3) 浮筏式防波堤。浮筏式防波堤主要利用浮体与海水间产生的摩擦达到消耗波浪能量的目的，属于典型的摩擦型浮式防波堤。图 1.2（c）给出了一种典型的由轮胎组成的浮筏式防波堤。

1.2.2　消波原理分类

按照消波原理的不同进行分类，浮式防波堤可分为反射型、反射与波浪破碎结合型以及摩擦型。其中，反射型浮式防波堤主要通过对堤前波浪的反射来达到消减波浪的效果，浮箱式浮式防波堤是最常见的反射型浮式防波堤构型；反射与波浪破碎结合型浮式防波堤除了通过利用防波堤对波浪的反射作用，还通过使波浪发生破碎等形式来达到消减波浪的效果，常见的有栅栏式和浮筒式构型；摩擦型浮式防波堤结构表面十分粗糙，这有利于与波浪发生大量的摩擦，达到消减波浪的效果，常见的有浮筏式和床垫式等构型。

1.2.3　锚泊形式分类

浮式防波堤一般由浮式防波堤主体结构、连接结构和锚泊系统三部分组成。主体结构的主要功能是衰减波浪能量并确保掩护海域内的波高平稳；连接结构的主要功能是将不同模块的防波堤主体连接起来，形成一个整体；锚泊系统用于固定防波堤主体结构，保证浮式防波堤主体结构安全平稳地运行。

不同的锚泊方法对浮式防波堤消波性能和水动力响应的影响有较大的差异。锚链锚泊作为浮式防波堤的主要锚泊形式之一，主要通过锚链和其他组合式的锚泊线对浮式防波堤主体结构进行固定。垂直导桩锚泊也是常见的浮式防波堤锚泊形式，它对防波堤的横摇、纵摇、横荡以及纵荡运动起到很好的限制作用，使得浮式防波堤在海浪影响下，只存在垂向运动和摇摆运动。垂直导桩锚泊主要有以下优点：

(1) 防波堤运动较小，消波效果较好。

(2) 极少产生走锚现象，因此，其可靠度更高。

垂直导桩锚泊也存在明显的局限性，主要有以下方面：① 对布锚地的地基有较高要求；② 该锚泊方式限制了防波堤的横摇、纵摇、横荡以及纵荡运动，这造成导桩上的水平力和弯矩很大，在实际使用过程中需要对导桩结构的耐久性进行重点评估和测试。

锚链锚泊是目前应用最广泛的锚泊方式。锚链下端通常通过混凝土重块、船锚、水下打桩等方式进行锚固。锚链锚泊布置方式常见的有平行式、八字形、人字形和交叉式四种方式，如图 1.3 所示。交叉布置的锚泊方式多应用于海岸港口附近的浮式防波堤。应用于开敞海域中的浮式防波堤，多采用对称布置的锚泊方式，其中平行对称和八角对称两种锚泊方式是实际工程应用中使用最多的布置方式。

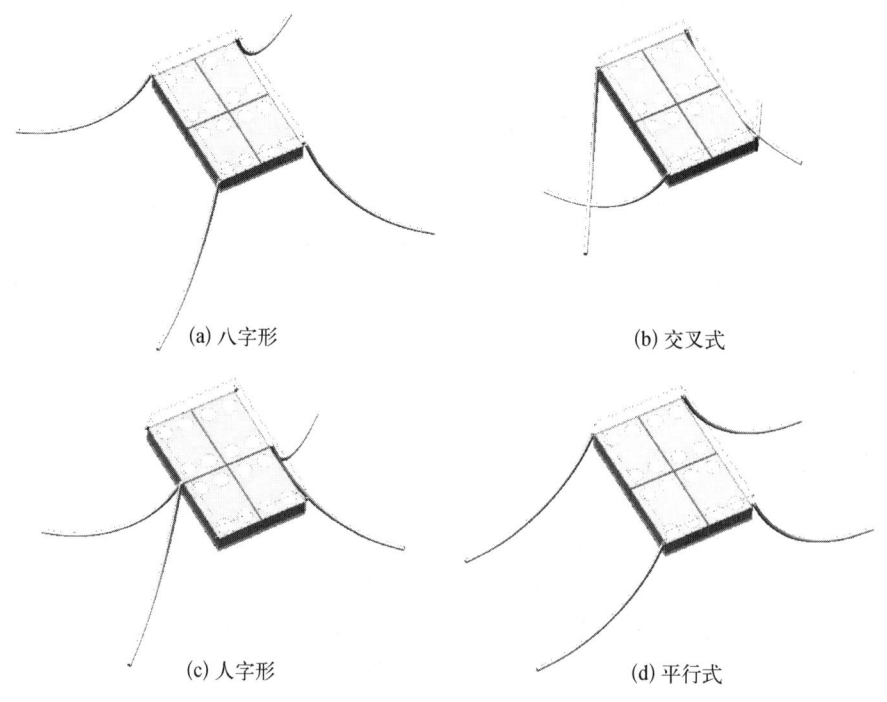

(a) 八字形　　　　　　　　(b) 交叉式

(c) 人字形　　　　　　　　(d) 平行式

图 1.3　锚链锚泊布置方式

1.3　浮式防波堤工程应用及发展趋势

1.3.1　国内工程应用实例

尽管目前我国浮式防波堤工程实例较少，但研究起步较早。1962 年，南京水利水电科学研究院开展了钢筋混凝土矩形剖面浮式防波堤的设计[3],该防波堤全长134 m,设计波高为2.2 m,应用于湖北省丹江口水库。2002年,连云港市在旗台山海域建成了浮式防波堤,该防波堤长1 000 m,布设两排直径90 cm汽车轮胎作为挡浪漂浮物,建成初期消波效果较好[4]。2016年,在港珠澳大桥香港口岸人工岛工程的施工期,为了减小波浪对施工作业的影响,施工方临时建造了浮式防波堤,该浮式防波堤投入使用后为施工水域提供了平稳的施工环境[5]。此次工程共在人工岛西北侧设置了长达600 m的浮式防波堤。浮式防波堤主体距离人工岛边缘约80 m,用于保障施工船只进出水域进行作业。该浮式防波堤设置区域如图1.4所示。

图1.4 临时浮式防波堤位置区域

该临时施工掩护用浮式防波堤主体为集装箱,并在集装箱上部设置了两层密封的空汽油桶用来提供浮力,集装箱本身并未密封,允许海水进入箱内用作压水。以三个集装箱为一单元,各单元之间采用锚链连接并布置橡胶缓冲设施,如图1.5所示。

1.3.2 国外工程应用实例

国外的浮式防波堤工程主要集中在欧美等发达国家。世界上第一个浮式防波堤是1811年英国在普利茅斯港建造的用于保护船只的木质浮式防波堤[6]。诺曼

(a) 单模块　　　　　　　　　　(b) 多模块

图 1.5　临时施工掩护用浮式防波堤[5]

底 Bombardon 浮式防波堤[7]建于第二次世界大战期间（1944 年），盟军为保护船舶的安全，在诺曼底海岸离岸 1.6 km 处放置了浮式防波堤，其单元模块主尺度为长 61 m、宽 7.6 m、高 7.6 m，重 250 t，如图 1.6 所示。1976 年，日本在福山建造了由两种规格尺寸浮桥组成的全长为 275 m 的长方形浮式防波堤[8]。为保护海上输送混凝土管道的浮桥不受海浪破坏，苏格兰研制并应用三段式浮式防波堤，该临时浮式防波堤长 55 m、宽 18 m，能够抵御波高 2 m 的波浪，消浪效果可达 75%。美国于 1999 年在华盛顿州乌节湾的布朗斯维尔码头港口应用新型浮式防波堤[9]，该浮式防波堤长 290 m、宽 4.26 m，作为浮动码头，用于停靠船只，如图 1.7 所示。

图 1.6　Bombardon 浮式防波堤

近年来浮式防波堤应用广泛，发展迅速，越来越受到关注。希腊莱夫卡斯码头浮式防波堤（2000 年），长 288 m，宽度 3 m，用于小型船只停靠，如图 1.8 所示。意大利加里波利港浮式防波堤（2008 年），由 5 个长 12 m、宽 3 m 的单模块结构组成，上方有系泊配件和船用灯，下方有锚链和重块锚定，用于系泊游艇，

图 1.7 布朗斯维尔码头港口浮式防波堤

图 1.8 莱夫卡斯码头浮式防波堤

如图 1.9 所示。希腊迈索隆吉翁港口浮式防波堤（2012 年），长 200 m，设计寿命 70 年，设计水深 9 m，风速 30 m/s，有效波高 2 m，周期 1~6 s，波长 60 m，极限波高 4 m，如图 1.10 所示。土耳其戈西克港口浮式防波堤（2012 年），长 280 m，宽 6 m，可保护码头的泊位达 70 m，如图 1.11 所示。美国南卡罗来纳州查尔斯顿港浮式防波堤（2013 年），长 213 m，宽 5 m，为原有码头增加停靠区域，它采用无桩结构的锚链系泊的方式，使得海湾视野清晰，能够使大型帆直接在码头上移动，如图 1.12 所示。芬兰圣湖防波堤（2015 年），长 240 m，宽 3.8 m，总重 500 t。它由 12 个大型预制混凝土浮桥组成，每个浮桥长 20 m，重 42 t，该系泊系统由 110 m 长的重型系泊链组成，这些系泊链固定在 30 个固力锚上，如图 1.13 所示。意大利威尼斯浮式防波堤（2017 年），长 600 m，由 30 个单模块浮式防波堤组成，单模块长 20 m，宽 2 m，用于威尼斯公共水上巴士，如图 1.14 所示。

图 1.9　加里波利港浮式防波堤

图 1.10　迈索隆吉翁港口浮式防波堤

图 1.11　戈西克港口浮式防波堤

第 1 章 绪 论

图 1.12 南卡罗来纳州查尔斯顿港浮式防波堤

图 1.13 圣湖防波堤

图 1.14 威尼斯浮式防波堤

除上述浮式防波堤工程应用实例外，20 世纪以来国外浮式防波堤主要的工程如表 1.1 所示。

表 1.1　国外主要浮式防波堤工程

类　型	应　用　地　点	年　份
桁架结构浮式防波堤	加拿大不列颠哥伦比亚伦德港	1965
圆筒—支架式浮式防波堤	澳大利亚威尔士州斯皮特	1968
水平板—支架式浮式防波堤	英国	1971
矩形浮式防波堤	美国阿拉斯加州托纳基	1972
双浮筒式浮式防波堤	美国华盛顿州普利抵港	1972
矩形浮式防波堤	美国阿拉斯加州锡特卡	1973
圆筒式浮式防波堤	美国旧金山恩巴卡德罗	1974
串联浮筒式防波堤	澳大利亚威尔士州	1979
橡胶材料浮式防波堤	新西兰莱顿港	1979
橡胶材料浮式防波堤	美国华盛顿州福尔摩斯港	1979
圆筒式浮式防波堤	澳大利亚南部阿德莱德北港	1981
双浮筒式浮式防波堤	澳大利亚威尔士州皇家游艇中队	1982
矩形浮式防波堤	希腊科孚岛古维亚码头	1997
矩形浮式防波堤	希腊伊塔卡岛弗里克斯码头	2000
矩形浮式防波堤	克罗地亚斯普利特港	2006
矩形浮式防波堤	黑山蒂瓦特港	2009
矩形浮式防波堤	意大利拉斯佩齐亚港	2011
矩形浮式防波堤	美国罗得岛州纽波特市	2013
矩形浮式防波堤	沙特	2014
矩形浮式防波堤	斯洛文尼亚波尔托罗兹港	2016
矩形浮式防波堤	美国马萨诸塞州巴扎德斯湾	2018

1.3.3　浮式防波堤发展趋势

随着港口码头的陆续开发建设，具有良好掩蔽条件的岸线越来越少，未来将有更多的码头及海上设施建设需向外海开敞海域拓展。开敞海域波浪较大，建设防波堤以改善港区的泊稳条件是十分必要的。此外，近海养殖、旅游、娱乐等多种海上活动也需要对波浪条件进行一定的消减和控制，浮式防波堤具有建造时间短、造价低且可迁移使用等特点，在国民经济、军事、国防领域中具有广泛的应用前景。

浮式防波堤浮式结构的特点决定了其在深水区、地基条件差、潮差较大的情况下具有显著优势，特别是对于水质要求较高的水产养殖领域，使用浮式防波堤不仅可以消减波浪，保护养殖网箱，而且养殖区的水体仍处于流动交换状态，避免由采用固定式防波堤带来的水质变差等现象的发生。尽管浮式防波堤优势较为显著，但现阶段，浮式防波堤技术还存在一些缺点和弊端，制约了其大规模的推广和应用，如掩护效果较固定式防波堤略差，对长周期波浪消波效果差等。针对上述问题，目前国内外学者逐步开展了相关研究工作。从技术发展和工程应用角度而言，作者认为浮式防波堤未来在以下几个方面将有快速发展。

（1）高效经济型浮式防波堤技术。目前，浮式防波堤在深海网箱养殖、海上旅游开发项目的防浪消波等工程上具有良好的应用前景，然而在实际工程中，为了掩护大型的浮式结构、养殖区域，浮式防波堤布置尺度有时可达几千米，总造价较高。因此，研发高消波效率、低经济成本的浮式防波堤是未来工程应用的重要研究方向。

（2）适用较长周期波浪海域的浮式防波堤技术。当前应用较为广泛的浮式防波堤对短周期波浪的消波效果较好，对长周期波浪的消波效果较差，无法满足深远海海域对长周期波浪消波的技术需求。因此随着深远海资源开发利用的推进，可消减较长周期波浪的浮式防波堤构型设计技术将成为研究人员关注的重要方向。

（3）养殖网箱抗台防灾保护方面的工程应用。近年来，我国海水网箱养殖业发展迅猛，已成为解决沿海渔民生产、就业的主要途径。但我国东南沿海、南海海域又是台风多发区，台风给海水养殖业造成了巨大的损失，也给抗台防汛工作增加了难度。未来随着浮式防波堤技术的日益成熟，浮式防波堤将会越来越广泛地为海水养殖网箱提供有效的抗台防灾保护，保证网箱养殖安全生产。

（4）为其他海上浮式结构提供掩护。浮式防波堤不仅可以直接应用于深水网箱养鱼的防浪消波，还可以应用于深水及中等水深旅游平台等其他类型的浮式海洋结构的防浪消波，提升其抗台等级、作业效率等，同时可为深水海上施工提供临时掩护，保障海上施工安全及降低施工成本。

1.4 浮式防波堤试验技术研究现状

近年来，国内外开展了较多的浮式防波堤研究工作，包括浮式防波堤的构型设计、消波效果、运动响应研究等，其中模型试验是相关研究中非常重要的研究手段，一方面，验证了浮式防波堤相关的理论和数值方法，另一方面，通过试验研究发现了一些新现象[10]。本节从国内外关于浮式防波堤的试验技术研究现状与进展，以及试验技术难点等方面进行阐述。

1.4.1 浮式防波堤试验技术研究进展

1. 浮式防波堤二维模型试验研究进展

近年来，随着浮式防波堤工程应用逐渐增多，国内外学者加强了浮式防波堤相关技术的研究，提出了多种浮式防波堤新式构型，也相应地开展了较多的二维模型试验研究，主要集中在浮式防波堤构型优选和入射波浪参数对浮式防波堤消波效果的影响研究两个方面。

（1）浮式防波堤构型参数优选试验研究

目前，国内外已经对浮式防波堤二维模型试验开展了较丰富的研究。研究发现，浮式防波堤的消波效果与构型宽度、吃水以及深度有密切关系；通过采用增加浮式防波堤堤宽的方式，可以提升其消波性能[11-13]；通过增加吃水、增设垂向结构等措施，可以提高浮式防波堤反射波浪的能力，从而达到所需的消波效果[14,15]。此外，近年来研究发现，可依据反射、破碎、摩擦等消波机理[16]进行浮式防波堤构型设计，通过增设隔板、水平板、桁架等结构，设计成M、Π、H等构型，提升浮式防波堤反射波浪的能力[17-20]，以及利用栅栏、网笼、浮筏等结构使波浪产生破碎、涡旋等现象，耗散波浪能量，从而提升消波性能[21-43]。随着浮式防波堤构型的发展，未来将会出现越来越多融合多种消波理念、新材料的浮式防波堤构型。

（2）入射波浪参数对浮式防波堤消波效果影响研究

目前浮式防波堤对短波（波长 λ 与堤宽 B 之比 $\lambda/B < 4$）的掩护效果尚好，但对长波（$\lambda/B > 6$）的透过率仍然很高[44,45]。一般认为，对于常规结构的浮式防波堤，若使得透射系数小于0.5，浮式防波堤自身的宽度 B 与波长 λ 的比值需不小于0.3[46,47]，若采用常规结构消长波，则对浮式防波堤的宽度提出了很高的要求，利用浮式防波堤消长波还需要进一步进行探索。同时，二维试验研究表明，浮式防波堤的消波效果会随波浪周期的增大呈现振荡现象[48,49]。此外，相同周期时，随着波高的增大，大多数浮式防波堤构型的透射系数都呈现减小的趋势[50,51]。

2. 浮式防波堤三维模型试验研究进展

浮式防波堤三维水池模型试验多用于研究浮式防波堤整体模型消波效果及掩护区域，通常试验过程较为复杂。与二维模型试验有所不同，三维浮式防波堤试验模型由单独细长浮体[52]（图1.15）或多个单模块浮体通过连接结构[53-55]（图1.16）组成，波浪入射具有多个方向，系泊系统数量较多，试验中易出现水弹性现象，试验测量及结果分析较为复杂。

嵇春艳、Martinelli、Loukogeorgaki 等进行了三维试验，研究结果表明，浮式防波堤整体模型试验会出现波浪绕射现象，堤后的掩护区域范围也是体现其消波性能的重要方面。浮式防波堤长度和波浪入射角度对其掩护区域范围具有重要的影响，当波浪入射方向与浮式防波堤夹角趋于90°、主尺度较长时，浮式防波堤系统掩护区域较大。嵇春艳等开展含柔性结构多模块浮式防波堤三维水池模型试验（图1.16），研究发现，随着波长增加，浮式防波堤透射系数和运动响应均出现振荡现象[53]。Loukogeorgaki 等开展了三模块水池试验（图 1.17），研究发现，浮式防波堤结构响应主要取决于波浪的周期，在低频范围内波高和波浪倾斜角对防波堤结构运动响应影响较大，而高频情况对其影响很小，当波浪周期和波高不变时，波浪倾斜角越大，防波堤的功能越强，完整性越好[54]。目前国内外对浮式防波堤三维模型试验开展得较少，其相关研究还需要进一步深入。

图 1.15　J 形浮式防波堤整体试验图

图 1.16　含柔性结构浮式防波堤整体试验图

(a) $\beta = 90°$ 时横浪布置图

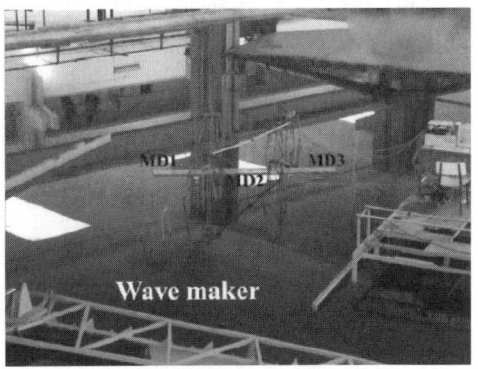

(b) $\beta = 60°$ 时斜浪布置图

图 1.17　横浪和斜浪下浮式防波堤整体系统水池试验

1.4.2　浮式防波堤水动力试验技术关键点

开展浮式防波堤水动力模型试验可获得浮式防波堤模型在模拟海洋环境荷载作用下的性能，主要包括浮式防波堤对波浪的消波性能以及浮式防波堤自身的运动性能，再通过相似性准则获得浮式防波堤实际原型的性能。为了保证模型试验的精度和转换为原型结果的可信度，其技术关键点包括以下几个方面。

(1) 相似准则的选取。浮式防波堤水动力模型与原型通常需要满足几何相似、运动相似以及动力相似,然而在实际试验过程中,各种相似准则之间可能由于差异性而无法兼容,因此应根据具体试验目的有侧重地选择相似准则。

(2) 缩尺比的选择。模型过大容易受水池池壁效应的影响,产生过量的波浪反射,从而干扰试验结果;模型过小又使尺度效应问题更加突出,可能带来浅水效应,增大模型制作难度,从而影响试验模拟的精度,因此确定一个合适的缩尺比是控制模型试验精度的重要参数之一。

(3) 系泊系统的截断设计。系泊系统所占空间较大,对于水深超过30 m的浮式防波堤,按照几何相似,水池空间往往难以布下系泊系统,此时系泊系统需要进行截断设计。系泊系统的截断设计是否可以表征真实系泊系统的动力特性是进行三维水池试验非常重要的关键技术点。

(4) 二维波浪水槽试验池壁效应的消除。水槽试验实际上是假设浮式防波堤无限长时进行的二维断面试验,因此在浮式防波堤宽度设计时与池壁之间要留有恰当的缝隙。该缝隙既不能过宽,也不能过窄,过宽会使得波浪产生较明显的绕射现象,影响对消波效果的试验精度,过窄会在试验过程中发生浮式防波堤与池壁碰撞、卡压现象,从而影响浮式防波堤运动性能的试验精度。此外,由于受水池长度的限制,波浪到达水池末端会发生反射现象,该反射波浪与透射波会产生叠加,影响试验结果,因此需在水池末端设置消波层,最大限度地消除反射波浪。

(5) 三维波浪水池试验绕射效应的分离。三维试验时由于受尺度的影响,当浮式防波堤模型特征尺寸与波浪波长比相对较大时,浮式防波堤整体系统将使其附近的流场发生明显改变,产生绕射效应,影响测试结果,因此在数据分析时需要对绕射效应进行分离。

1.5 国内外海洋工程水动力实验室简介

1.5.1 国内海洋工程水动力实验室

浮式防波堤的水动力性能试验需要在海洋工程水动力实验室中开展。目前,随着国家相关科研经费的不断投入,更多的高校、科研院所拥有了开展各类水动力实验的条件,不论是实验室规模还是各类实验器材的先进程度,均已位于专业领域的前沿。现将国内部分高校及科研院所可开展海洋结构水动力试验的实验室情况进行介绍,方便读者试验时加以选择。

1. 上海交通大学海洋工程国家重点实验室

该实验室拥有海洋工程水池及相关配套测量设备。海洋工程水池可模拟风、浪、流等各种海洋环境条件,水池主尺度为长50 m、宽30 m、深6 m。水池内配备先进的造波设备、造流设备、造风设备和水深调节系统,如图 1.18 所示。其中,实验室内的造波系统可制造最大波高约为 0.5 m 的波浪,造流系统可在水池中产生均匀的水流,最大流速为 0.2 m/s,造风系统能在水池中产生最大风速可达 10 m/s 的定常风或风谱。实验室拥有拖车系统、非接触式六自由度运动测量仪、多普勒(Doppler)流速测量仪、热线风速仪等各类测试仪器和数据自动采集及实时分析系统。

图 1.18 上海交通大学海洋工程国家重点实验室

2. 哈尔滨工程大学水下机器人技术国防科技重点实验室

综合试验水池如图 1.19 所示,为哈尔滨工程大学水下机器人技术国防科技重点实验室的主体试验研究设备。该水池实验室平面为矩形,一层为试验模型准备

(a) 综合试验水池

(b) 造波系统

图 1.19 哈尔滨工程大学水下机器人技术国防科技重点实验室

区，二层为水池试验区。该水池属于大深度的宽型水池，水池长 40 m、宽 30 m、深 15 m，最大规则波高 0.4 m，最大不规则波高 0.3 m，最大平均流速 0.7 m/s，配以 X-Y 航车、多方向造波系统、局部造流装置等大型试验设备。综合试验水池同时具备耐波性水池、操纵性水池及海洋工程水池功能，可开展船舶耐波性和操纵性、波浪中的操纵性、海洋工程等模型试验研究。

3. 大连理工大学海岸和近海工程国家重点实验室

该实验室拥有多功能综合水池和海洋环境水槽。其中多功能综合水池主尺度长 55 m、宽 34 m、深 1.3 m，如图 1.20（a）所示。配备的造波机可以模拟正弦波和椭圆余弦波等规则波、国内外常用的频谱，以及自定义频谱所描述的不规则波、斜向波和多向不规则波。铰接推板造波机分布于水池的三边，该造波机最大工作水深 0.9 m、最大波高 0.35 m、周期 0.5~5.0 s、产生波浪角度范围 −45°~45°。

海洋环境水槽长 50 m、宽 3 m、深 1 m，如图 1.20（b）所示。造波机板宽 3.0 m、最大工作水深 0.7 m、最大波高 0.3 m、周期 0.5~5.0 s，配备的造波机可以模拟正弦波和椭圆余弦波等规则波、国内外常用的频谱及自定义频谱描述的不规则波等。

(a) 多功能综合水池　　　　　　　　(b) 海洋环境水槽

图 1.20　大连理工大学海岸和近海工程国家重点实验室

实验室主要大型仪器设备有 U 形造波机，超大型三轴仪，大型海洋动力环境/结构/海床相互作用 O-Tube 试验装置，地震、波浪和风联合模拟系统，非线性波浪水槽系统，极地海冰现场测试系统等。

4. 河海大学综合水池实验室

该实验室拥有综合性试验港池和风浪流试验水槽。其中综合性试验港池长 60 m、宽 39 m、深 1.3 m，如图 1.21（a）所示，配有多向不规则波浪造波机系统，能模拟波周期 0.5~2.5 s、波向为 −30°~30°、最大波高 0.2 m 的不规则波。港池还配有 DJ-800 多参数波浪试验量测系统，波浪压力和总力仪，船舶撞击力、系缆力测量系统，六分量仪，港池视频监控系统，大跨度电动测桥等量测设备。

风浪流试验水槽如图 1.21（b）所示，长 85 m、宽 1.0 m、深 1.5 m，配有带二次反射波全吸收装置的伺服电机型水槽不规则波浪造波系统、循环水流系统、加风系统，能模拟最大波高 0.3 m、波周期为 0.5~5 s 的不规则波，模拟最大流速为 0.5 m/s（0.5 m 水深条件下）、最大风速为 15 m/s，可以开展海工建筑物在二维不规则波作用下的各种动力响应机制及海岸工程中波浪与建筑物相互作用模型试验。

(a) 综合性试验港池　　　　　　　　　(b) 风浪流试验水槽

图 1.21　河海大学综合水池实验室

5. 中国海洋大学山东省海洋工程重点实验室和物理海洋教育部重点实验室

中国海洋大学拥有海洋工程试验水池和大型风浪流试验水槽。山东省海洋工程重点实验室水池长 60 m、宽 36 m、水深 1.5 m，如图 1.22（a）所示，可以模拟周期变化范围为 0.5~2.5 s，波高变化范围为 0.03~0.3 m 的规则波波浪。实验室还拥有随机波波流耦合水槽，长 60 m、宽 3 m、深 1.5 m，拥有非接触式光学六自由度测量系统、动态数字采集仪等先进的测试设备等。

(a) 山东省海洋工程重点实验室　　　　　(b) 物理海洋教育部重点实验室

图 1.22　山东省海洋工程重点实验室和物理海洋教育部重点实验室

中国海洋大学物理海洋教育部重点实验室拥有大型风浪流试验水槽,如图 1.22 (b) 所示,水槽全长 65 m,试验工作段为 46 m,槽内尺寸 1.2 m×1.5 m×1 m,具备模拟多级海风、规则波、不规则波等风浪流环境以及风浪流复合环境的能力。水槽风洞的风机系统可在槽内形成最大达 17 m/s 的风速和约 39 cm 的波高,水槽造风设备可双向造风,实现正反方向的风。水槽造波系统可模拟波高 0~40 cm、周期 0.5~8 s 的规则波,以及波高 0~12.5 cm、周期为 0.5~8 s 的不规则波。造流设备最大可生成流速 1.2 m/s 的水流,试验水槽下方的回流管使整个流场闭合。

6. 中国船舶重工集团公司第七〇二研究所耐波性/海洋工程水池

该耐波性/海洋工程水池如图 1.23 所示,长 69 m、宽 46 m、深 4 m;造波能力为规则波最大波高 0.5 m,周期 0.6~4 s;不规则波最大波高约为 0.4 m。该水池可以开展船舶运动响应及耐波性试验测试、船舶耐波性理论预报与评估、海洋结构物运动性能测试(包括平台运动、上浪、砰击、气隙、爬高等)、浮体/沉箱/港口建筑/防波堤及波能利用装置等试验。

图 1.23 中国船舶重工集团公司第七〇二研究所耐波性/海洋工程水池

7. 江苏科技大学船舶与海洋工程实验中心

江苏科技大学船舶与海洋工程实验中心是国家级实验教学示范中心、江苏省船舶先进设计制造技术重点实验室,如图 1.24 所示。实验室拥有风浪流综合水池,长 38 m、宽 15 m、深 1 m,造波机最大波高为 0.35 m,最大流速为 0.3 m/s;波浪水槽长 40 m、宽 0.8 m、深 1 m,最大波高为 0.35 m,最大流速为 0.3 m/s。其拥有六自由度测量系统、水下测试系统、PIV 流速测试系统、压强测量仪器、总力测试仪器等设备,可以开展海洋工程、海岸工程的相关理论和试验的研究。

第1章 绪　论

(a) 风浪流综合水池

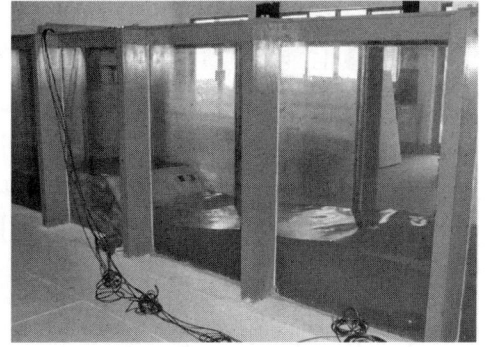
(b) 波浪水槽

图 1.24　江苏科技大学船舶与海洋工程实验中心

1.5.2　国外海洋工程水动力实验室

1. 荷兰 MARIN 海洋工程水池

荷兰 MARIN 海洋工程水池主体长 45 m、宽 36 m，假底可在 0~10.5 m 任意调节试验水深，水池中间含有直径为 5 m 的圆柱形深井，最大工作水深 30 m。水池长度和宽度方向配备了多单元推板蛇型造波机，可以产生任意方向有义波高为 0.4 m 的波浪。水池最大造流速度为 0.5 m/s，最大风速为 12 m/s，可以产生定常风和由风谱规定的非定常风，可使风的方向与波浪方向成任意夹角，如图 1.25 所示。水池可以开展海洋工程非线性水动力试验，能够全面地模拟各种复杂的风、浪、流及水深等复杂的海洋环境条件。

图 1.25　荷兰 MARIN 海洋工程水池

图 1.26　法国南特中央理工大学海洋工程水池

2. 法国南特中央理工大学海洋工程水池

法国南特中央理工大学海洋工程水池长 50 m、宽 30 m、深 5 m，如图 1.26 所示。水池配备分段造波机,能产生 1 m 的规则波和 0.8 m 的不规则波。水池配备风速 15 m/s 且能产生 3 m×3 m 气流的风机,可以用来进行深水海洋系统研究,可开展船舶耐波性及操纵性试验,还可以用来模拟极端条件下,浮式风力发电机及波浪发电装置的运动和作业情况。

3. 挪威 Marintek 水池和 Sintef 海洋工程试验水池

Marintek 水池位于挪威科技大学,主尺度为长 80 m、宽 50 m,其深度可在 0~10 m 任意调节,如图 1.27(a)所示。水池宽度方向配备了双推板造波机,规则波最大波高 0.9 m,在长度方向配置了蛇型造波机,最大波高 0.4 m,可以制造任意方向的不规则波。在水深 5 m 时最大造流速度 0.2 m/s,造风系统可以产生定常风和非定常风,定常风速可达 12 m/s 以上。Marintek 水池主要用于研究海洋工程领域的基础问题以及实用船舶和近海问题,包括风、浪和流在内的全环境模拟。

挪威 Sintef 海洋工程试验水池长 80 m、宽 50 m、深 10 m,如图 1.27(b)所示。该海洋实验室用于海洋结构物和海洋工程作业平台的基础及后续开发的研究。该实验室可对包括风、浪和流在内的整体环境进行模拟。

(a) Marintek 水池

(b) Sintef 海洋工程试验水池

图 1.27 挪威海洋工程水池

4. 英国普利茅斯大学海洋工程实验室

英国普利茅斯大学海洋工程实验室水池长 35 m、宽 15.5 m、深 3 m。该水池在三维范围内可以产生单向和定向波场、规则波及各种不规则波谱及海流。在 0.166~1 Hz,海洋工程水池所产生的波高在 0.2 m 以上。斜波倾斜角度最大可以达到 40 度。实验室中还拥有一个 35 m 的波浪水槽和一个 20 m 的可倾斜的波浪水槽,水槽中拥有的电流循环设备使得该水槽可以模拟、研究潮汐能以及波浪能采集的技术。该海洋工程水池可以开展海洋可再生能源的各类试验,实验室的相关水池如图 1.28 所示。

5. 巴西里约热内卢联邦大学水池

巴西里约热内卢联邦大学水池长 40 m、宽 30 m、深 15 m,水池中央设置了

(a) 海洋工程水池　　　　　　　　　(b) 波浪水槽

图 1.28　英国普利茅斯大学海洋工程实验室

直径为 5 m 的深井，深井水深 25 m，如图 1.29 所示。该水池最大规则波高 0.52 m，最大不规则波高 0.3 m，可以实现分层造流，表面最大流速 0.25 m，具有移动式造风系统，可产生定常风和非定常风，最大风速 12 m/s。可以开展海上海洋工程结构物水动力性能相关试验。

6. 日本运输省船舶技术研究所实验室

图 1.29　巴西里约热内卢联邦大学水池

日本运输省船舶技术研究所海洋工程试验水池长 80 m，宽 40 m，深 4.5 m，如图 1.30（a）所示。该水池最大波高 0.35 m，可模拟规则波、不规则波，可产生定常风和非定常风，最大风速 10 m/s。该水池可为复杂的大型近海及沿海结构物的设计提供广泛的试验支持，满足现阶段大部分结构物的试验测试需求。

海洋水力学实验室装备两种类型的波浪水槽（多个造波端的多波水槽和不规

(a) 海洋工程试验水池　　　　　　　　(b) 波浪水槽

图 1.30　日本运输省船舶技术研究所实验室

则波水槽），能够满足从小比例模型到大比例模型的二维水动力模型试验的各项需求，如图 1.30（b）所示。

表 1.2 给出了能够开展浮式防波堤相关试验的主要实验室，并汇总了它们的试验能力。

表 1.2 国内外部分可以开展浮式防波堤相关试验的水池及波浪水槽情况

所属单位	水池/水槽主尺度（单位：m）	海洋环境模拟能力	
上海交通大学	海洋工程水池：50×30×6 拖曳水池：300×16×7.5	海洋工程水池： 最大波高 0.5 m； 最大流速 0.2 m/s； 最大风速 10 m/s	拖曳水池： 最大规则波高 0.55 m； 拖车最大速度 10 m/s
哈尔滨工程大学	综合试验水池：50×30×10	综合试验水池： 最大规则波高 0.4 m； 最大有义波高 0.3 m； 最大流速 0.7 m/s	
大连理工大学	海洋工程水池：55×34×1.3 海洋环境水槽：50×3×1	海洋工程水池： 最大波高 0.35 m； 周期范围 0.5~5 s	海洋环境水槽： 最大波高 0.3 m； 周期范围 0.5~5 s
河海大学	综合试验港池：60×39×1.3 风浪流水槽：85×1.0×1.5	综合试验港池： 不规则最大波高 0.2 m； 周期范围 0.5~2.5 s	风浪流水槽： 最大波高 0.3 m； 周期范围 0.5~5 s； 最大流速 0.5 m/s； 最大风速 15 m/s
中国海洋大学	综合试验水池：60×36×1.5~6 风浪流水槽：60×3×1.5	综合试验水池： 最大波高 0.3 m； 周期范围 0.5~2.5 s	风浪流水槽： 最大波高 0.4 m； 周期范围 0.5~8 s； 最大流速 1.2 m/s； 最大风速 17 m/s
江苏科技大学	海洋工程水池：38×15×1.2 波浪水槽：40×0.8×1	海洋工程水池： 最大波高 0.35 m； 最大流速 0.3 m/s	波浪水槽： 最大波高 0.35 m； 最大流速 0.3 m/s
中国船舶重工集团公司第七〇二研究所	耐波性/海洋工程水池：69×46×4	最大波高 0.5 m； 周期范围 0.6~4 s	
荷兰海洋研究所	Marin 水池：45×36×0~10.5	最大波高 0.4 m； 最大流速 0.5 m/s； 风定常风 12 m/s	
法国南特中央理工大学	海洋工程水池：50×30×5	最大波高 1 m； 最大风速 15 m/s	
英国普利茅斯大学	海洋工程水池：35×15.5×3	海洋工程水池： 0.166~1 Hz 内波高 0.2 m 以上	
日本运输省船舶技术研究所	船模试验水池：80×40×4.5	最大波高 0.35 m； 最大风速 10 m/s	
伦敦帝国学院流体力学实验室	海洋工程水池：12×20×1.5 风浪流水槽：23×0.6×0.5~0.7	最大波高 0.7 m	

续表

所属单位	水池/水槽主尺度（单位：m）	海洋环境模拟能力
美国海军泰勒研究中心（DTRC）	综合试验水池：79.3×73.2×6.1	最大波高 0.4 m
芬兰船舶设计公司（DELTAMARIN）	综合试验水池：45×36×10.5	最大波高 0.4 m； 周期范围 0.3~3 s
挪威水动力学实验室（MARINTEK）	海洋工程水池：80×50×10	最大波高 0.9 m； 最大流速 0.2 m/s； 最大风速 12 m/s
美国近海研究中心（OTRC）	海洋工程水池：45.7×30.5×5.8	最大波高 0.9 m； 周期范围 0.5~4 s
加拿大海事动力研究所（IMD）	海洋工程水池：75×32×3.5	最大规则波高 0.8 m； 最大不规则波高 0.5 m； 最大风速 12 m/s

参 考 文 献

[1] Serret R, Grassa J M, Grau J I. Breakwater development in Spain. The last ten years [J]. Coasts, Marine Structures and Breakwaters: Adapting to Change, 2010, 1: 43-61.

[2] Peset L, Barceló y J, Troya L. El dique flotante de Mónaco-Introduction and description of the project [J]. Hormigón y Acero, 2002, 53: 7-17.

[3] 交通部第一航务工程勘察设计院. 海港工程设计手册（中册）[M]. 北京：人民交通出版社, 1997.

[4] 沈雨生, 周益人, 潘军宁, 等. 浮式防波堤研究进展 [J]. 水利水运工程学报, 2016, 5: 124-132.

[5] 邱松, 张洁, 徐立新. 集装箱浮式防波堤研究与应用 [J]. 水运工程, 2019, 552（2）: 50-54.

[6] Readshaw J S. The design of floating breakwater in proceedings of second conference on floating breakwaters [C]. Seattle: Adee and Richey, 1981.

[7] Robert L. The civil engineer in war [M]. London: Thomas Telford Ltd., 1948: 256-290.

[8] 严恺. 海港工程 [M]. 北京：海洋出版社, 1996.

[9] Allyn N, Watchorn E, Jamieson W, et al. Port of Brownsville floating breakwater [C]. Ports Conference, 2001.

[10] Ji C, Cheng Y, Cui J, et al. Hydrodynamic performance of floating breakwaters in long wave regime: an experimental study [J]. Ocean Engineering, 2018, 152: 167-180.

[11] Williams A N, Abul-Azm A G. Dual pontoon floating breakwater [J]. Ocean Engineering, 1997, 24（5）: 465-478.

[12] Ruol P, Martinelli L, Pezzutto P, et al. Formula to predict transmission for π-type floating breakwaters [J]. Journal of Waterway Port Coastal and Ocean Engineering-asce, 2013, 139（1）: 1-8.

[13] Kolahdoozan M, Alizadeh M J, Tahershamsi A, et al. Experimental study of the performance of floating breakwaters with heave motion [J]. Civil Engineering Infrastructures Journal, 2014, 47（1）: 59-70.

[14] Christian C D. Floating breakwaters for small boat marina protection [C]. 27th International Conference on Coastal Engineering (ICCE), 2001.

[15] 盛祖荫, 孙龙. 掩护海水养殖网箱的浮式防波堤的消浪特性 [J]. 中国水产科学, 2001, 8（4）: 70-72.

[16] 高家镛, 毛伟清, 李向群, 等. 三峡升船机上游浮式导航堤研究 [J]. 上海船舶运输科学研究所学报, 1993（2）: 1-16.

[17] Huang Z, He F, Zhang W G, et al. A floating box-type breakwater with slotted barriers [J]. Journal of Hydraulic Research, 2014, 52 (5): 720-727.

[18] Kolahdoozan M, Taheri O, Ghasemi H, et al. Experimental study on the wave dissipation performance and mooring force of porous floating breakwater [C]. International Conference on Civil, Structural and Transportation Engineering, 2015.

[19] Teh H M, Azizan M S, Kurian V J, et al. Use of a floating breakwater system as an environmentally friendly method of coastal shelter [C]. Coastal Cities, 2015: 309-318.

[20] Y N Zhen, X M Liu, C P Chen, et al. Experimental study on the wave dissipation performance and mooring force of porous floating breakwater [C]. International Conference on Civil and Hydraulic Engineering, 2018.

[21] Stitt R L, Noble H M. Introducing wave-maze floating brewkwater [R]. California: unnumbered report, 1963.

[22] Candle R D. Goodyear scrap tire floating breakwater concepts [C]. Proceedings of the Floating Breakwaters Conference, 1974.

[23] Kowalski T. Scrap tire floating breakwaters [C]. Proceedings of the Floating Breakwater Conference, 1974.

[24] 吴维登, 钟朋穗, 黄俊. 钢管-轮胎浮式防波堤消波的几个影响因子 [J]. 河海大学学报 (自然科学版), 2002, 30 (5): 79-82.

[25] 赵芬芳, 梁振林, 黄六一, 等. 浮筏式防波堤消浪效果的试验研究 [C]. 国家"863"计划资源环境技术领域海洋生物高技术论坛, 2005.

[26] 杨成渝, 吴宋仁. 竹筏浮式消浪结构的试验研究 [J]. 重庆建筑大学学报, 2003 (1): 44-48.

[27] 王登婷, 潘军宁, 黄海龙, 等. 竹排浮式结构消浪效果模型试验研究 [J]. 水运工程, 2006 (5): 12-15.

[28] Hegde A V, Kamath K, Deepak J C. Mooring forces in horizontal interlaced moored floating pipe breakwater with three layers [J]. Ocean Engineering, 2008, 35 (1): 165-173.

[29] Koraim A S. Hydrodynamic efficiency of suspended horizontal rows of half pipes used as a new type breakwater [J]. Ocean Engineering, 2013, 64 (6): 1-22.

[30] Wang K H, Shen Q. Wave motion over a group of submerged horizontal plates [J]. International Journal of Engineering Science, 1999, 37 (6): 703-715.

[31] Usha R, Gayathri T. Wave motion over a twin-plate breakwater [J]. Ocean Engineering, 2005, 32 (8-9): 1054-1072.

[32] Wang Y, Wang G, Li G. Experimental study on the performance of the multiple-layer breakwater [J]. Ocean Engineering, 2006, 33 (13): 1829-1839.

[33] Liu Y, Li Y C, Teng B, et al. Wave motion over a submerged breakwater with an upper horizontal porous plate and a lower horizontal solid plate [J]. Ocean Engineering, 2008, 35 (16): 1588-1596.

[34] Liu Y, Li H J. Wave scattering by dual submerged horizontal porous plates: further results [J]. Ocean Engineering, 2014, 81 (5): 158-163.

[35] Cho I H, Koh H J, Kim J R, et al. Wave scattering by dual submerged horizontal porous plates [J]. Ocean Engineering, 2013, 73: 149-158.

[36] Cho I H, Kim M H. Transmission of oblique incident waves by a submerged horizontal porous plate [J]. Ocean Engineering, 2013, 61: 56-65.

[37] Fang Z, Xiao L, Kou Y, et al. Experimental study of the wave-dissipating performance of a four-layer horizontal porous-plate breakwater [J]. Ocean Engineering, 2018, 151: 222-233.

[38] 黄桂芳. HDPE 浮筏式消波堤在水产健康养殖发展上的应用 [J]. 渔业研究, 2006 (4): 32-35.

[39] 王辉荣. HDPE 浮筏式消波堤消波效果观测与分析 [J]. 渔业研究, 2011 (5): 36-38.

[40] Ying C, Xuelun X, Guobing H. 浮桥式治漂浮排在三峡坝前的应用研究与实践 [J]. 长江科学院院报, 2016, 33 (10): 63-66.

[41] Mani J S. Design of Y-frame floating breakwater [J]. Journal of Waterway Port Coastal and Ocean Engineering-asce, 1991, 117 (2): 105-119.
[42] Murali K, Amer S S, Mani J S, et al. Dynamics of cage floating breakwater [J]. Journal of Offshore Mechanics and Arctic Engineering-transactions of The Asme, 2005, 127 (4): 331-339.
[43] Neelamani S, Gayathri T. Wave interaction with twin plate wave barrier [J]. Ocean Engineering, 2006, 33 (3): 495-516.
[44] Ferreras J, Pena E, Lorez A, et al. Structural performance of a floating breakwater for different mooring line typologies [J]. Journal of Waterway Port Coastal and Ocean Engineering, 2014, 140 (3): 03014007.
[45] 高振星. 浮式防波堤的研究及进展 [EB/OL]. 北京: 中国科技论文在线 [2006-04-06]. http://www.paper.edu.cn/releasepaper/content/200604-85.
[46] 张余, 王永学, 肖霄. 废旧轮胎浮式防波堤模型试验 [J]. 水利水电科技进展, 2010, 30 (3): 73-76.
[47] Mani J S. Design of Y-frame floating breakwater [J]. Journal of Waterway Port Coastal and Ocean Engineering, 2014, 117 (2): 105-119.
[48] 郑艳娜. 波浪与浮式结构物相互作用的研究 [D]. 大连: 大连理工大学博士学位论文, 2006.
[49] 郑艳娜, 董国海, 李玉成, 等. 深水浮式防波堤结构形式的实验研究 [J]. 中国海洋平台, 2005, 20 (6): 1-5.
[50] Ji C Y, Chen X, Cui J, et al. Experimental study on configuration optimization of floating breakwaters [J]. Ocean Engineering, 2016, 117 (1): 302-310.
[51] Ji C Y, Chen X, Cui J, et al. Experimental study of a new type of floating breakwater [J]. Ocean Engineering, 2015, 105 (1): 295-303.
[52] Martinelli L, Ruol P, Zanuttigh B. Wave basin experiments on floating breakwaters with different layouts [J]. Applied Ocean Research, 2008, 30 (3): 199-207.
[53] Ji C Y, Guo Y C, Cui J. 3D experimental study on a cylindrical floating breakwater system [J]. Ocean Engineering, 2016, 125 (1): 38-50.
[54] Loukogeorgaki E, Yagci O, Kabdasli M S. 3D Experimental investigation of the structural response and the effectiveness of a moored floating breakwater with flexibly connected modules [J]. Ocean Engineering, 2014, 91 (1): 164-180.
[55] 李聪, 费晓璐. 浮式防波堤在实际工程中的应用 [J]. 中国水运, 2017, 17 (10): 164-165.

第 2 章 浮式防波堤水动力及消波性能基本理论

浮式防波堤水动力试验主要是为了获得浮式防波堤的运动响应以及波浪通过浮式防波堤产生的传播与变形，因此，为了保证试验设计的正确性、试验结果的科学性，首先需要深入细致地掌握浮式防波堤在海洋环境荷载作用下的运动响应分析理论以及波浪沿浮式防波堤传播与变形的相关理论，在此基础上进一步对模型试验的相似性理论进行推导和论证，从而保证模型试验结果对原型相似性的有效表征。本章主要介绍有关浮式防波堤环境荷载计算方法、浮式防波堤水动力响应计算方法以及浮式防波堤模型相似性设计等方法和理论。

2.1 浮式防波堤环境及荷载简述

海洋环境及其作用于结构所产生的荷载是浮式防波堤发生运动响应的输入，因此在分析浮式防波堤的运动响应时，首先需要明确其所处的海洋环境以及载荷的表征和计算方法。浮式防波堤所处的海洋环境具有动态性，通常复杂多变，主要包括风、波浪、海流及潮差等。

2.1.1 风

1. 风向及风力强度

研究浮式防波堤的作业安全需考虑风对其结构安全的影响，通常采用风向和风速两个基本量描述风的特征。通常将风吹来的方向定义为风向，具体用 16 个方位表示，如图 2.1 所示。风速指的是空气在单位时间里移动的距离，单位一般为 m/s 或 kn（n mile/h），在实际应用中，通常对风速进行分级。为与国际接轨，我国对风级的划分采用的是国际通用的蒲氏风级表，目前已经发展为 17 个等级（表 2.1 为常见风级、风速及风压对照表[1]）。由于风向随季节和时日发生改变，这对浮式防波堤的受力有一定的影响，为了表示各个方向的风速和出现的概率，通常采用"风玫瑰图"表示常风向和强风向以及风向出现的频率。图 2.2 给出了南海某海域的风玫瑰图，根据此图可计算出 1 年中出现大风天数的平均值。为保证浮式结构物在整个寿命周期具有有效的作业效果，一般情况下，在初期设计阶段以 50 年一遇或 100 年一遇的最大风速作为设计标准。

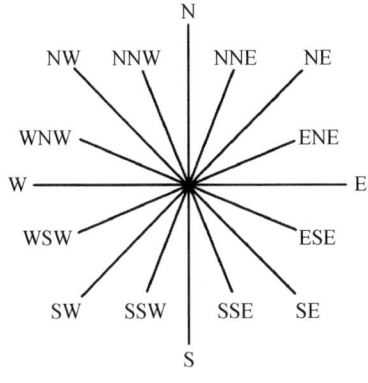

图 2.1　风向方位图

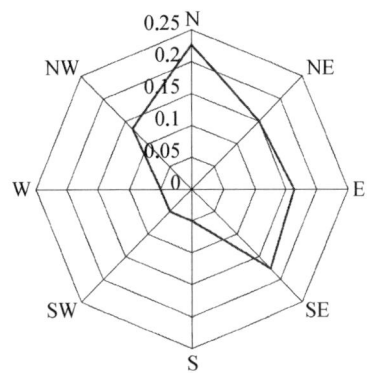

图 2.2　风玫瑰图

表 2.1　常见风级、风速及风压对照表[1]

风级	风的名称	风速 km/h	风速 m/s	风压 $p_0 = 0.613V^2$ kg/m²	地面物体征象
0 级	无风（calm）	0~1	0~0.2	0~0.25	静
1 级	软风（light air）	1~5	0.3~1.5	0.055~1.379	烟能表示方向，但风向标不动
2 级	轻风（light breeze）	6~11	1.6~3.3	1.569~6.676	人面感觉有风，风向标转动
3 级	微风（gentle breeze）	12~19	3.4~5.4	7.086~17.875	树叶及微枝摇动不息，旌旗展开
4 级	和风（moderate breeze）	20~28	5.5~7.9	18.543~38.257	能吹起地面纸张与灰尘
5 级	清风（fresh breeze）	29~38	8.0~10.7	39.232~70.182	有叶的小树摇摆
6 级	强风（strong breeze）	39~49	10.8~13.8	71.500~116.740	小树枝摇动，电线呼呼响
7 级	疾风（moderate gale）	50~61	13.9~17.1	118.438~179.274	全树摇动，迎风步行不便
8 级	大风（fresh gale）	62~74	17.2~20.7	181.350~262.664	微枝折毁，人向前行阻力甚大
9 级	烈风（strong gale）	75~88	20.8~24.4	265.208~364.956	建筑物有小损
10 级	狂风（storm）	89~102	24.5~28.4	367.953~494.421	可拔起树来，损坏建筑物
11 级	暴风（violent storm）	103~117	28.5~32.5	497.909~651.472	陆上少见，有则必有广泛破坏
12 级	飓风（hurricane）	117~133	32.7~36.9	655.475~834.667	陆上极少见，摧毁力极大
13 级	飓风（hurricane）	134~149	37.0~41.4	839.197~1 050.7	—
14 级	强台风（severe typhoon）	150~166	41.5~46.1	1 055.7~1 302.8	—
15 级	强台风（severe typhoon）	167~183	46.2~50.9	1 308.4~1 588.2	—
16 级	超强台风（super typhoon）	184~201	51.0~56.0	1 594.4~1 922.4	—
17 级	超强台风（super typhoon）	202~220	56.1~61.2	1 929.2~2 296.0	—

2. 风压及风载荷计算[1,2]

恒定风速下的结构受力相当于静力,并且风速越大,对结构物的作用越大,风速和风压之间存在对应的关系式,在海洋环境中,单位面积的风压为

$$p_0 = \frac{1}{2}\rho V^2 = \frac{1}{2}\frac{\gamma}{g}V^2 \tag{2.1}$$

式中,ρ 是密度;V 是风速(m/s);γ 是空气重度。该式表示了风速和风压的关系,如果取 $g = 9.8 \text{ m/s}^2$,空气重度 $\gamma = 12.01 \text{ N/m}^3$,则单位面积的风压为

$$p_0 = 0.613V^2 \tag{2.2}$$

各风级下对应的风压见表2.1,将风压沿着作用物体表面积分得到风压合力,平均风压下的风载荷为

$$F = Cp_0A = C\frac{1}{2}\rho V^2 A \tag{2.3}$$

式中,C 为气流作用的风力系数;A 为受风面在垂直风向上的投影面积。

对于作用于浮式防波堤上的风力,可参考我国海上移动式平台风载荷计算公式进行计算:

$$F = C_h C_s SP \tag{2.4}$$

式中,P 为基本风压;S 为受风构件的正投影面积;C_s 为风载荷形状系数;C_h 为暴露在风中构件的高度系数,其值可根据构件高度做出相应调整。形状系数和高度系数可参考表2.2和表2.3,针对风载荷的计算API[3]规范和ABS[4]规范也做出了相应的规定,可供参考使用。

表 2.2 高度系数 C_h

海平面以上高度 h/m	C_h
0~15.3	1
15.3~30.5	1.1
30.5~46.0	1.2
46.0~61.0	1.3
61.0~76.0	1.4

表 2.3 形状系数 C_s

形 状	C_h
球 形	0.4
圆柱形	0.5
大的平面板(船体)	1
甲板室群或类似结构	1.1

2.1.2 波浪

1. 波浪描述

海面波浪的成因很多,风的作用、潮汐的作用、海底地壳运动等都会造成波浪现象。此外,海域开阔程度、海水的深浅等因素都影响波浪的形成。人们通常讲的海浪其实是风浪,风浪不仅对航行的船舶有较大影响,对长时间停泊在固定作业海区的海上浮式结构物的影响也较大[5]。

波浪的能量十分巨大,是影响浮式防波堤最重要的环境因素之一。本部分着重分析风生浪对浮式防波堤作用产生载荷。波浪要素用于波浪特征的描述,主要有波高、周期、振幅、波长和波速等,通常将波浪分为规则波和不规则波进行研究。

1) 规则波[6]

规则波是对海浪传播形式的理想化处理,具有二维波动的特点,假定波浪以一定的周期、波长和波高在一定的水深传播,可利用正弦或余弦曲线描述其简谐振动,长波峰规则波的表面波形在理论上可采用余弦曲线表示,取直角坐标系(x、y、z),坐标原点取在静水表面上,z 轴向上为正,沿 x 方向传播,其前进波波剖面方程为

$$\zeta(x, t) = A\cos(kx - \omega t) \tag{2.5}$$

式中,ζ 为波面相对平均水平面的垂向位移;A 为波浪的振幅,其中波高为振幅的 2 倍;k 为波数,表示 2π 长度的波数,$k = \dfrac{2\pi}{\lambda}$;$\omega$ 为波动的圆频率。

波速 c,又称为波相速度,可表示为

$$c = \frac{\lambda}{T} = \frac{\omega}{k} \tag{2.6}$$

式中,λ 为波长;T 表示周期。当水深 h 小于波长 λ 的一半时,波浪运动受海底地形的影响,其波速可以表示为

$$c = \sqrt{\frac{g\lambda}{2\pi}}\sqrt{\tanh\left(\frac{2\pi h}{\lambda}\right)} \tag{2.7}$$

式中,$\tanh\left(\dfrac{2\pi h}{\lambda}\right)$ 表示浅水修正项。

当水深 h 为无限水深时,浅水修正项 $\tanh\left(\dfrac{2\pi h}{\lambda}\right)$ 趋于 1,其波速可以表示为

$$c = \sqrt{\frac{g\lambda}{2\pi}} \tag{2.8}$$

当水深 h 很小时,浅水修正项 $\tanh\left(\dfrac{2\pi h}{\lambda}\right)$ 趋于 $\dfrac{2\pi h}{\lambda}$,其波速可以表示为

$$c = \sqrt{gh} \tag{2.9}$$

2) 不规则波[1]

不规则波是指波形或波浪时历曲线无法用单一的函数公式表达,波浪时历曲线图呈不规则分布,各波浪参数呈随机分布的波浪。将不规则波动分解成许多简单波动的叠加,各个组成波的振幅、频率或相位都是随机变量,叠加得到随机波面函数,多个随机波浪叠加的时间历程可表示为

$$\zeta(t) = \sum_{n=1}^{\infty} a_n \cos(\omega_n t + \varepsilon_n) \tag{2.10}$$

式中,a_n 为波幅;ω_n 为圆频率;ε_n 为相位。

海浪谱是对海浪进行理论分析的一种有效的方法,下文给出工程界常用的深水海浪谱。

(1) Neumann 谱(劳曼谱):根据不同风速下观测到的波高与周期的关系做出一些假定而导出的半经验半理论的谱。适用于成长充分的海浪,风速 U 起决定性因素。

$$S(\omega) = \frac{2.4}{\omega^6} \exp\left[-\frac{2g^2}{U^2 \omega^2}\right] \tag{2.11}$$

式中,U 为海面上 7.5 m 高处的风速;ω 为频率。

(2) Pierson-Moscowitz 谱(PM 谱):根据北大西洋 1955~1960 年的观测资料进行谱分析得到,并在第 11 届国际船模水池会议(ITTC)(1966 年)中列为标准单参数谱。

$$S(\omega) = 8.10 \times 10^{-3} \frac{g^2}{\omega^5} \exp\left[-0.74\left(\frac{g}{U\omega}\right)^4\right] \tag{2.12}$$

式中,U 为海面上 19.5 m 高处的风速。

(3) JONSWAP 谱:英国、荷兰、美国、德国在 1968~1969 年实施北海波浪联合研究计划(the Joint North Sea Wave Project)时得到的经验谱。

$$S(\omega) = \frac{ag^2}{\omega^5} \exp\left[-\frac{5}{4}\left(\frac{\omega_m}{\omega}\right)^4\right] \gamma \exp\left[-\frac{(\omega-\omega_m)^2}{2\sigma^2 \omega_m^2}\right] \tag{2.13}$$

式中,ω_m 为谱峰频率;$\gamma = \dfrac{S(\omega_m)}{S(\omega_m)_{PM}}$ 为谱峰升高因子,平均取值 3.3;$S(\omega_m)$ 为谱

峰值；$S(\omega_{\mathrm{m}})^{\mathrm{PM}}$ 为 PM 谱的谱峰值；量纲为一常数的 $\alpha = 0.076 \left(\dfrac{gF}{U_{10}^2} \right)^{-0.22}$；$F$ 为风区长度；U_{10} 为海面上 10 m 高处风速；σ 为峰形参数，取 $\sigma = 0.07 (\omega \leqslant \omega_{\mathrm{m}})$ 或 $\sigma = 0.09 (\omega > \omega_{\mathrm{m}})$。

2. 波浪荷载计算方法

当波浪作用于结构物时，其作用力与水深、波高及周期有关，也与结构的形式有关，目前对于海洋工程中小尺度构件，其直径与波长比 $D/\lambda \leqslant 0.2$，可以假定小尺度结构不影响波浪的运动，波浪力可以由速度力和惯性力的叠加而成，称为莫里森方法。对于大尺度构件，其直径与波长比 $D/\lambda > 0.2$，此时不能忽略构件的存在对波浪传播的影响，需采用绕射理论进行分析，建立流体做有势运动的数值分析方法。

1) 莫里森方程[2]

该计算方法适用于细长小尺度构件。对于小尺度细长构件，当 $D/\lambda \leqslant 0.2$ 时（D 为构件截面的特征长度，λ 为波长），垂直于其轴线方向的单位长度的波浪力 f 可按莫里森方程计算：

$$f = \dfrac{1}{2} C_{\mathrm{d}} \rho A \boldsymbol{u}_n^w | \boldsymbol{u}_n^w | + C_{\mathrm{m}} \rho V_0 \boldsymbol{a}_n^w \tag{2.14}$$

式中，f 为单位长度上构件受到的波浪载荷（kN/m）；ρ 为海水密度（kg/m³）；C_{d} 为垂直于构件轴线的速度力系数，对于圆形构件，可取 $C_{\mathrm{d}} = 0.6 \sim 1.0$；$C_{\mathrm{m}}$ 为惯性力系数，对于圆形构件，$C_{\mathrm{m}} = 2.0$；A 为单位长度桩柱在垂直于矢量 $\boldsymbol{u}_n^w$ 方向上的投影面积（m²）；$\boldsymbol{u}_n^w$ 为与柱正交的相对速度矢量（m/s）；V_0 为构件单位长立上的体积（m³）；$\boldsymbol{a}_n^w$ 为与柱正交的相对加速度矢量（m/s²）。

2) 绕射理论

该计算方法适用于大尺度构件。与波浪波长相比，特征尺寸相对较大时（$D/\lambda > 0.2$），结构物将使其附近的流场发生明显改变，因此需要考虑波浪绕射效应。对于大尺寸构件的波浪力，构件为圆柱等简单几何形式时有解析解，当为其他结构形式时，采用存在海底和自由面边界条件以及流体不穿透物体的拉普拉斯方程进行求解，所形成的附加波浪称为绕射波，此时波浪力将由原始的波浪力和绕射波浪力共同产生，利用基于势流理论的数值方法可对该波浪绕射问题进行求解，可参考文献 [7]~[9]。

2.1.3 海流

海水的流动与气候、地域等因素密切相关，这是一种自然现象。作为海洋中主要的动力源,海流和风、浪等环境要素在大部分情况下会联合作用,对防波堤的结构安全有着最为直接的影响。因此,在设计浮式防波堤时,对浮式防波堤浸没在水下的部分,必须考虑由海流载荷引起的作用。

常见的海流有风海流、潮流等洋流。风在海面吹过时使海水产生的流动,称为风海流;潮汐涨落导致海水周期性流动,称为潮流。在海岸、河口、海湾、海峡和港湾等处,由于地形限制,水流速度的最大值与最小值相差较大。海流不是单一不变的,某些海域的水流速度变化幅度不大,但某些海域的水流速度与水深有较大关联。对于浮式防波堤作业海域的水流速度,应以权威发布的统计资料或实测资料为依据,且需考虑覆盖整个服役周期。一般海流载荷和波浪载荷同时计算,将海流速度和波浪速度矢量相加。当单独考虑时,圆形构件单位长度上的海流载荷,按式(2.15)计算:

$$f_D = \frac{1}{2} C_D \rho A U_C^2 \qquad (2.15)$$

式中,C_D 为垂直于构件轴线的阻力系数;ρ 为海水密度(kg/m³);U_C 为设计海流速度(m/s);A 为单位长度构件垂直于海流方向的投影面积(m²)。

2.1.4 极限海况及确定方法

浮式防波堤不同于一般的海洋运输船舶,其工作海域较为固定,且需要长期在某一特定海域从事消波作业,在遇到较为恶劣的海洋环境时,仅能依靠其自身的系泊系统来保证浮式防波堤的安全运行,因此自身结构强度必须能经受住极限海况的冲击而不致损毁。

海况也称为海面状况、海情,是指在海洋水文观测中,由风浪和涌浪引起的海面外貌特征。按着海面波动状况、波峰形状及其破碎程度、浪花泡沫出现多少,海况分为10个等级,由低到高依次表示为0~9级[1]。

海况等级划分如表2.4所示。

表 2.4 波浪等级划分表[1]

浪级	海面状况名称	浪高范围/m	海 面 征 状
0级	无浪(calm-glassy)	0	水面平整如镜,或仅有涌浪存在。船静止不动
1级	微浪(calm-rippled)	0~0.1	波纹或涌浪和小波纹同时存在,微小波浪呈鱼鳞状,没有浪花。寻常渔船略觉摇动,海风尚不足以把帆船推行
2级	小浪(smooth-wavelet)	0.1~0.5	波浪很小,波长尚短,但波形显著。浪峰不破裂,因此不是显白色的,而是仅呈玻璃色的。渔船有晃动,张帆可随风移行每小时2~3 n mile

续表

浪级	海面状况名称	浪高范围/m	海 面 征 状
3级	轻浪（slight）	0.5~1.25	波浪不大，但很触目，波长变长，波峰开始破裂。浪沫光亮，有时可有散见的白浪花，其中有些地方形成连片的白色浪花——白浪。渔船略觉簸动，渔船张帆时每小时随风移行3~5 n mile，满帆时，可使船身倾于一侧
4级	中浪（moderate）	1.25~2.5	波浪具有很明显的形状，许多波峰破裂，到处形成白浪，成群出现，偶有飞沫。同时开始出现较明显的长波状。渔船明显簸动
5级	大浪（rough）	2.5~4.0	高大波峰开始形成，到处都有更大的白沫峰，有时有些飞沫。浪花的峰顶占去了波峰上很大的面积，风开始削去波峰上的浪花，碎浪成为白沫，沿风向呈条状。渔船起伏加剧，捕鱼需注意风险
6级	巨浪（very rough）	4.0~6.0	海浪波长较长，高大波峰随处可见。波峰上被风削去的浪花开始沿波浪斜面伸长成带状，有时波峰出现风暴波的长波形状。波峰边缘开始破碎成飞沫片；白沫沿风向呈明显带状。渔船停息港中不再出航
7级	狂浪（high）	6.0~9.0	水面出现颠簸，波峰出现翻滚。风削去的浪花带布满了波浪的斜面，并且有的地方达到波谷，白沫能成片出现，白沫沿风向呈浓密的条状带。飞沫可使能见度受到影响，汽船航行困难。所有渔船都要靠港，停留不出
8级	狂涛（very high）	9.0~14.0	稠密的浪花布满了波浪斜面，海面变成白色，只有波谷内某些地方没有浪花。汽船遇之相当危险
9级	怒涛（phenomenal）	>14.0	整个海面布满了稠密的浪花层，空中充满了水滴和飞沫，能见度显著降低。船只靠港，停留不出

在极限海况下分析浮体的运动以及受力问题时，我们通常选取在某一确定的时间内海洋结构物遇到的最大波浪条件。针对海洋结构物布置的特定区域，极限海况确定方法主要是通过海洋结构物布置海域的波浪统计数据，分析得到该海域的波浪特定重现周期特性，依据该海域波浪重现周期特性来进一步确定海洋结构物的极限海况。利用波浪统计数据分析波浪重现周期的方法较多，工程界通常采用"初始分布法"或"风暴分析法"进行分析[10]。

采用"初始分布法"（长期观察所得的可用数据）可获得有义波高等海况参数；采用"风暴分析法"（通过超过某些阈值水平的观测值，分析年度极端值或季节性极端值）可获得最大单一波浪高度和最大波峰高度。在方法选择时，需要在使用所有数据的全海况状态模型与基于最大数据点子集的极端事件模型之间进行权衡。

对于"初始分布法"有效波高的计算，采用三参数 Weibull 分布假定有效波高 H_s 的边际分布为

$$F_{H_s}(h) = 1 - \exp\left[-\left(\frac{h-\gamma}{\alpha}\right)^\beta\right] \qquad (2.16)$$

式中，α 是比例参数；β 是形状参数；γ 是位置参数（下限阈值）。

对于"风暴分析法"中阈值和风暴统计分析，采用二参数 Weibull 分布或指数分布，指数分布为

$$F_E(h) = \exp\left[-\frac{h-h_0}{\theta}\right] \quad (2.17)$$

式中，比例参数可以根据多余变量的平均值来确定。其中，$y = H-h_0$；$\theta = E[H-h_0]$。

环境变量的年度极端值，例如有义波高或最大单个波高，可以假定遵循 Gumbel 分布：

$$F_G(x) = \exp\left\{-\exp\left[-\frac{(x-U)}{A}\right]\right\} \quad (2.18)$$

其中，A 和 U 是与 Gumbel 变量的标准偏差，$\sigma = 1.283A$，$\mu = U + 0.557A$。

建议极限海况选取时，统计数据至少基于 20 年的数据点，将年份定义为夏季到夏季的时间段。为了在可靠性分析中对荷载进行一致的处理，以及在极端荷载/响应条件和失效时评估各种环境变量的相对重要性，需要采用联合环境模型进行计算。可采用如下的 CMA 联合模型，其中有义波高通过 3 参数 Weibull 概率密度函数获得

$$f_{H_s}(h) = \frac{\beta_{H_s}}{\alpha_{H_s}}\left(\frac{h-\gamma_{H_s}}{\alpha_{H_s}}\right)^{\beta_{H_s}-1}\exp\left\{-\left(\frac{h-\gamma_{H_s}}{\alpha_{H_s}}\right)^{\beta_{H_s}}\right\} \quad (2.19)$$

以 H_s 为条件的跨零周期通过对数正态分布获得，相关参数的选取见文献 [11] 和 [12]，相关波高和周期的散点图及航区信息参见文献 [13]，百年一遇工况波浪参数的选取可参考文献 [14]。

2.2 浮式防波堤运动坐标系

在计算浮式防波堤的运动响应时，通常把浮式防波堤作为刚体进行研究，可参照图 2.3 将浮式防波堤的运动分解成三个平动和三个转动进行分析研究。

图 2.3 中三个坐标系的定义如下：

（1）$O-xyz$ 为固定坐标系，其中 xOy 平面与静水面重合。

（2）$G-x'y'z'$ 为平移坐标系，原点 G 一般设置在浮式防波堤重心位置。其中，平移坐标系的三个坐标轴始终应与固定坐标系相应的坐标轴平行。

（3）$G-xyz$ 为运动坐标系，其原点和平移坐标系一样设置在浮式防波堤的

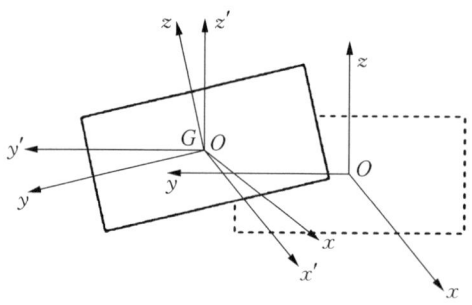

图 2.3 描述浮式防波堤运动的三个坐标系

重心位置。不同的是，该坐标系始终固定在浮式防波堤上，且坐标系与浮式防波堤一起运动。

浮式防波堤运动前的瞬时，运动坐标系 $G-xyz$ 与固定坐标系 $O-xyz$ 重合。在防波运动的任意瞬间，防波堤的运动均可分解为 x、y、z 三个方向的平动和转动。其中有单向平动和双向平动之分，有单向转动和双向转动之分，总计可分为 12 种不同形式的运动。

在开展浮式防波堤的运动响应研究时，通常采用以下三个直线运动和三个转动，共计六个自由度来表示浮式防波堤的运动状态。

1. 直线运动

(1) 沿 Ox 轴的单向运动称为前进或后退，往复运动称为纵荡。

(2) 沿 Oy 轴的单向运动称为横漂，往复运动称为横荡。

(3) 沿 Oz 轴的单向运动称为上浮或下沉，往复运动称为垂荡。

以上三个自由度的直线运动均建立在固定坐标系 $O-xyz$ 的基础上，与之对应有一参考点（如重心 G），直线运动将随参考点位置的变化而变化。因此，可以通过这一参考点的变化情况来近似代表直线运动情况。

2. 绕坐标轴的转动

(1) 绕 Gx 轴的单向转动称为横倾，往复运动称为横摇。

(2) 绕 Gy 轴的单向转动称为纵倾，往复运动称为纵摇。

(3) 绕 Gz 轴的单向运动称为转向或回转，往复运动称为艏摇。

以上三个自由度的转动建立在 $G-xyz$ 这一运动坐标系的基础上，因此与直线运动不同，参考点位置的变化不影响转动运动。

除了上述运动分类方法，还可将浮式防波堤的运动响应分为包含垂荡、纵摇等运动在内的垂直面运动和包含纵荡、艏摇在内的水平面运动。其中，垂直面运动在受到流体静力时会产生恢复力矩，而水平面运动在受到流体静力时不会产生恢复力矩。

一般地，利用右手坐标系可更为具体地描绘六个自由度的运动。如规定 x 轴为浮式防波堤长度方向，右舷指向为正方向；y 轴为浮式防波堤宽度方向，波浪传播方向为正方向；z 轴垂直向上的方向为正方向。沿右舷方向为浮式防波堤纵荡时的正方向，沿波浪传播方向为浮式防波堤横荡时的正方向，垂直向上为浮式防波堤垂荡时的正方向，向背浪面倾侧为浮式防波堤横摇时的正方向，向左舷倾侧为浮式防波堤纵摇时的正方向，以防波堤右舷向波浪传播的反方向倾侧为浮式防波堤艏摇时的正方向，如图 2.4 所示。需要注意的是，在对防波堤进行实际的动态分析时，在保证原始坐标系定义和轴向的情况下，可以对坐标原点加以适当的调整。为了便于研究，浮式防波堤的主要参数定义如表 2.5 所示。

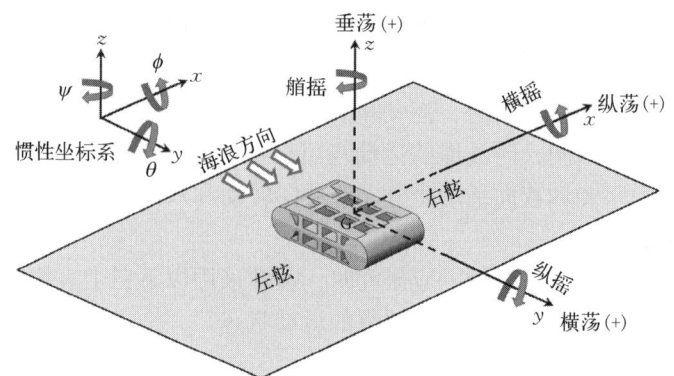

图 2.4 浮式防波堤坐标系及运动正负方向的定义

表 2.5 浮式防波堤主要参数定义

参　数	符　号	参　数	符　号
水深	D	波长	λ
模型长度	L	波浪周期	T
模型宽度	B	横荡	sway
模型高度	h	横荡幅值	A_{sway}
模型吃水	d	横荡幅值算子	RAO_{sway}
入射波高	H	垂荡	heave
入射波幅	A_I	垂荡幅值	A_{heave}
透射波高	H_T	垂荡幅值算子	RAO_{heave}
透射波幅	A_T	横摇	roll
反射波高	H_R	横摇幅值	A_{roll}
反射波幅	A_R	横摇幅值算子	RAO_{roll}

2.3　浮式防波堤系统运动响应分析方法

2.3.1　运动方程

在风、浪、流等海洋环境联合作用下，浮式防波堤的运动与外力的关系服从牛顿第二定律，即

$$F = M\ddot{X} \tag{2.20}$$

式中，M 为浮式防波堤的质量矩阵；$\ddot{X}$ 为浮式防波堤运动的加速度矩阵；F 为浮式防波堤所受的总外荷载，并且浮式防波堤系统将产生六自由度运动，其运动的结果将产生一个散射速度势，从而改变速度场的分布，使浮式防波堤受到附加水

动力载荷，由于该载荷与浮式防波堤运动速度和加速度成正比，可通过附加质量和阻尼的形式表示，根据浮式防波堤受力特点，浮式防波堤的运动方程可表示为

$$(M+\mu)\ddot{X} + \lambda\dot{X} + CX = F_W + F_C + F_{WD} + F_M \tag{2.21}$$

式中，M 为质量矩阵；μ 为附加质量矩阵；λ 为阻尼矩阵；C 为刚度矩阵；F_W 为波浪扰动力；F_C 为海流的作用力；F_{WD} 为风的作用力；F_M 为系泊系统的作用力。式 (2.21) 通过假定运动为频率的函数推导，仅适用于线性系统的频域描述，可便于理解外载荷作用下浮式防波堤的运动。

从式（2.21）可以看出，附加质量及附加阻尼计算的正确性是浮式防波堤水动力性能分析的前提。20 世纪初，刘易斯[15]通过试验提出图谱式的船体附连水质量计算公式，为后来研究附加质量提供了重要指导。海洋浮式结构物的附加质量和附加阻尼针对简单物体的外型有解析解，可以采用细长体假设及切片理论，利用修正系数建立考虑三维效应的工程计算方法[16]，而浮式海洋结构物的形状更多是不规则的，这些不规则结构的附加质量和阻尼需采用数值方法求解，例如，基于势流理论的理想流体附加质量计算方法[17,18]；采用 Hess–Smith 方法计算流体中三维物体运动时的速度势，从而得到附加质量；或基于 RANS 方程、CFD 方法，考虑流体黏性影响，计算附加质量[19]；或通过水池模型试验的方法获得。上述附加质量和附加阻尼的结果对浮式防波堤运动响应的计算具有重要的影响，附加质量和附加阻尼也是模型试验中所要关注的重要物理参数，相关计算方法可参考文献 [15]~[19]。风载荷、波浪载荷以及流载荷计算方法见 2.1 节给出的计算方法，本章重点介绍系泊系统对浮式防波堤结构的作用力，即系泊力。浮式防波堤系泊系统一般由多根锚链、高分子缆绳或钢丝绳组成，其力学性能的计算方法分为静力分析方法和动力分析方法，由于本章主要研究浮式防波堤的运动响应，因此仅介绍动力分析方法。

2.3.2 系泊系统动力分析

目前，主要采用集中质量法和有限元法对系泊系统展开动力计算。集中质量法把系泊缆当作多自由度弹簧-质量系统，而有限元法把系泊缆当作连续弹性介质。相比之下，有限元法计算结果精度更高；而集中质量法对问题进行了简化，计算效率更高。

1. 集中质量法

将系泊缆有效地离散成多段，并用质量点代替离散后的每一段，各个质量点之间假定用弹簧连接在一起，且质量点承受所有外力，因此，质点的运动方程可以表示为

$$(M + A_{11})x + A_{12}y + A_{13}z = F_x \tag{2.22}$$

$$A_{21}x + (M + A_{22})y + A_{23}z = F_y \tag{2.23}$$

$$A_{31}x + A_{32}y + (M + A_{33})z = F_z \tag{2.24}$$

式中,M 代表质点质量;A_{ij} 代表附加质量;$F = (F_x F_y F_z)$ 代表微段所受外力(包括重力、浮力、拖曳力和弹性拉伸力)。

质点上受到的流体拖曳力采用莫里森方程计算可得

$$f_t = \frac{1}{2}\rho C_{Dt} Dl U_t \mid U_t \mid \tag{2.25}$$

$$f_s = \frac{1}{2}\rho C_{Ds} Dl U_s \mid U_s \mid \tag{2.26}$$

$$f_n = \frac{1}{2}\rho C_{Dn} Dl U_n \mid U_n \mid \tag{2.27}$$

式中,ρ 为海水密度;C_{Dt}、C_{Ds}、C_{Dn} 分别代表三个方向拖曳力系数;D、l 分别代表微段直径和长度;U_t、U_s、U_n 分别代表三个方向流体相对速度。为了求解所有质点的速度和加速度,需要在时域上采用有限差分法进行联立求解。

2. 有限元法

采用有限元法计算系泊缆索的运动方程和约束方程为

$$M\ddot{r} - (\tilde{\lambda} r')' = q \tag{2.28}$$

$$r' \cdot r' (1 - \tilde{\varepsilon})^2 = 1 \tag{2.29}$$

式中,$r(s, t)$ 为缆索原长 s 在 t 时刻的位置矢量;$\ddot{r}$ 为缆索加速度;r' 表示对 s 的导数;$\tilde{\lambda}$ 为有效张力;q 为单位长度上的外力矩阵,由重力、静水压力以及水动力等组成,其中水动力中附加质量力、拖曳力由莫里森方程获得。

质量矩阵 M 可表示为

$$M = \rho_t A I + \rho_f A C_{Mn}(1 + \varepsilon) N + \rho_f A C_{Mt}(1 + \varepsilon) T \tag{2.30}$$

其中,$\varepsilon = T/EA = \tilde{\lambda}/(EA - \tilde{\lambda})$,$\tilde{\varepsilon} = \tilde{\lambda}/EA$,$r' = [r_1' \, r_2' \, r_3']^T$

$$T = r' r'^T / (1 + \varepsilon)^2, \quad N = I - T$$

式中,ρ_t 为缆索材料的密度;A 为缆索的横截面积;I 为单位矩阵;ρ_f 为水的密度;C_{Mn} 为法向附加质量系数;C_{Mt} 切向附加质量系数;ε 为缆索的轴向形变;T 和 N 为转移矩阵。对于缆索方程,可用牛顿法求解静态问题,对于动态问题需采用数值方法求解。

2.3.3 运动方程的频域求解方法[20]

式（2.21）给出了浮式防波堤的运动方程。该方程可从频域和时域两个不同域进行求解。频域分析方法是指在频域范围内以频域上的响应为研究重点来探讨浮式防波堤等浮体在波浪作用下的动态响应特性。例如，输入的波浪是正弦函数且以复数表示为 $\xi = \xi_0 e^{i\omega t}$，则输出的稳定值也是相同频率的正弦函数 $Y = Y_0 e^{i(\omega t+\delta)}$，两式中的虚部表示真正的输入与输出，则频率响应函数为

$$H(i\omega) = \frac{Y(i\omega)}{\xi(i\omega)} = \frac{Y_0}{\xi_0} e^{i\delta} \tag{2.31}$$

式中，$\frac{Y_0}{\xi_0} = |H(i\omega)|$ 表示输出对输入的幅值比，也称为幅频特性，其平方值 $|H(i\omega)|^2$ 称为幅值响应算子，简写为 RAO；$\delta = \arg[H(i\omega)]$ 表示正弦输出对正弦输入的相位差，称为相频特性。因此，传递函数在频域法中就是频率响应函数 $H(i\omega)$，包括幅值响应函数和相位响应函数。

频率响应函数与波浪载荷的属性无关，可直接反映浮式防波堤的物理特性。得到浮式防波堤的频率响应函数，便可得到波浪载荷作用下浮式防波堤的线性响应特征。

谱密度函数是随机扰动过程中输入和输出最便捷的表示方式。在线性系统中输出的谱密度函数可表示为

$$S_y(\omega) = S_\xi(\omega) |H(i\omega)|^2 \tag{2.32}$$

式中，$S_y(\omega)$ 为输出的谱密度；$S_\xi(\omega)$ 为输入的谱密度；$|H(i\omega)|^2$ 为幅值响应算子。

可以通过理论计算方法求得浮式防波堤等浮体系统的频率响应函数，但是较为可靠的方法是通过模型试验求得，包括在规则波和不规则波中的试验。

对于波幅为 ξ_A 的规则波，若浮式防波堤的运动幅值为 $y_A(\omega)$，则相应的频率响应函数为

$$Y(\omega) = \frac{y_A(\omega)}{\xi_A} \tag{2.33}$$

其物理意义表示频率响应函数在数值上等于由单位波幅引起的运动幅值。

不规则波是由许多不同频率、不同波幅的规则波叠加而成的，因此在一系列不同频率（相应于不同波长）规则波中试验得到的频率响应函数，可用于估算

在不规则波中浮体的运动性能。

对于模型在不规则波中的试验,是在给定的风浪谱密度 $S_\xi=(\omega)$ 情况下,由测量的数据得到运动的谱密度 $S_y(\omega)$,从而求得运动的频率响应函数 $H(\omega)=\sqrt{S_y(\omega)/S_\xi(\omega)}$。

2.3.4 运动方程的时域求解方法[20]

时域分析法是指在时域范围内研究浮式防波堤等浮体在波浪作用下的动态响应特性。采用时域分析法可以得到浮式防波堤等浮体在不规则波作用下的运动时间历程曲线,一般用于浮式防波堤等海上浮体运动响应的确定性计算。

时域分析法是将单位脉冲 $\delta(t_0)$ 作用在系统后,系统反馈一个脉冲响应函数 $h(t-t_0)$。若令 $\tau=t-t_0$,则单位脉冲 $\delta(t_0)=\delta(t-\tau)$,其脉冲响应 $h(t-t_0)=h(\tau)$。以线性叠加原理为基础,经过数学推导,线性系统在 t 时刻的输出 $y(t)$ 为

$$y(t)=\int_{-\infty}^{\infty}\xi(t-\tau)h(\tau)\mathrm{d}\tau \tag{2.34}$$

在时域法中,海上浮体受不规则波的影响,其脉冲响应 $h(\tau)$ 可采取理论计算和模型试验等方法求得。而在频域法中,浮体的脉冲响应由频率响应函数 $h(\omega)$ 来表达。$h(\tau)$ 和 $h(\omega)$ 都可以直接反映出浮体系统本身动态特性,它们可由傅里叶变换法相互转化,即

$$h(\omega)=\frac{1}{2\pi}\int_{-\infty}^{\infty}h(\tau)\mathrm{e}^{-\mathrm{i}\omega t}\mathrm{d}\tau \tag{2.35}$$

$$h(\tau)=\int_{-\infty}^{\infty}h(\omega)\mathrm{e}^{\mathrm{i}\omega t}\mathrm{d}\omega \tag{2.36}$$

当模型在不规则波中试验时,同步采集了波浪、模型运动及受力等各种测量数据,一般能给出相应于原型长达 1~3 h 的各种数据的时历曲线。根据这些测量数据即可方便地进行频域分析和时域分析。

2.4 波浪沿浮式防波堤传播与变形基本原理

2.4.1 波浪沿浮式防波堤的传播与描述方法

当波浪传播至浮式防波堤时会发生绕射、反射和透射现象。假定流体不可压

缩、无黏、运动无旋，流场的波面特征可以表示为速度势的函数梯度：

$$u(x, y, z, t) = \nabla \phi(x, y, z, t) = \frac{\partial \phi}{\partial x} + \frac{\partial \phi}{\partial y} + \frac{\partial \phi}{\partial z} \quad (2.37)$$

根据质量守恒定理可知，在流场中速度势 ϕ 满足拉普拉斯方程，即

$$\nabla^2 \phi = \frac{\partial^2 \phi}{\partial x^2} + \frac{\partial^2 \phi}{\partial y^2} + \frac{\partial^2 \phi}{\partial z^2} = 0 \quad (2.38)$$

其中，速度势可分解为入射波浪产生的入射势 ϕ^I 和浮式防波堤自身存在、运动产生的散射势 ϕ^S：

$$\phi = \phi^I + \phi^S \quad (2.39)$$

入射速度势 ϕ^I 和波面 η^I 分量分别为

$$\phi^I = \frac{gA}{\omega} \frac{\cosh k(z+d)}{\cosh kd} \sin(kx\cos\theta + ky\sin\theta - \omega t) \quad (2.40)$$

$$\eta^I = A\cos(kx\cos\theta + ky\sin\theta - \omega t) \quad (2.41)$$

其中，$\omega(\omega = 2\pi/T, T$ 为波浪周期$)$ 为波频；$k(k = 2\pi/\lambda, \lambda$ 为波长$)$ 为波数；θ 为波浪入射角；A 为入射波波幅。

散射势的边值限制于海底 S_D、物体表面 S_b 以及静水面 S_f 构成的固定区域 Ω，该区域不随时间改变。对于波浪辐射问题，散射势在计算域 Ω 内满足拉普拉斯方程：

$$\nabla^2 \phi^S = 0 \quad (2.42)$$

在海底、平均物体表面和静水面上的边界条件分别为

$$\frac{\partial \phi^S}{\partial z} = 0 \quad (2.43)$$

$$\frac{\partial \phi^S}{\partial n} = -\frac{\partial \phi^I}{\partial n} + [\dot{\xi} + \dot{\alpha} \times (X' - X'_0)] \cdot \boldsymbol{n} \quad (2.44)$$

$$\frac{\partial \eta^S}{\partial t} = \frac{\partial \phi^S}{\partial z} \quad (2.45)$$

$$\frac{\partial \phi^S}{\partial t} = -g\eta^S \quad (2.46)$$

式中，$\boldsymbol{n} = (n_1, n_2, n_3)$ 为平均物面上指出流体的单位法向量；X'_0 是物体的转动中心坐标；X' 为物体平均位置；$\dot{\xi}$ 为物体线加速度；$\dot{\alpha}$ 为物体角加速度。

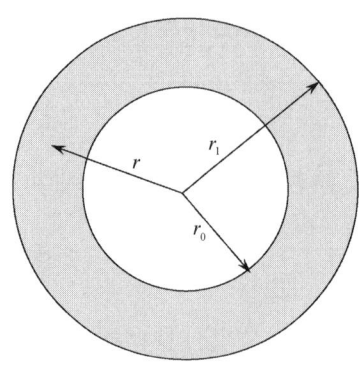

图 2.5 阻尼层示意图

为使方程得到定解，需增加散射波远场辐射的边界条件。为避免该散射波在远场发生反射作用，选用人工阻尼层进行消波[21]。阻尼层方法的设计思想是在计算域的外部区域上划定一个阻尼层消波区域 $[r_0, r_1]$，其中 r_0 为阻尼区的起点位置，r_1 为计算域的长度。图 2.5 为计算域的示意图，在阻尼层消波区域（图 2.5 中灰色区域）中自由面边界条件增加阻尼项，可实现人工消波，该方法可减少远场垂直控制面上网格的划分，降低数值模型的计算量。

$$\frac{\partial \eta^s}{\partial t} = \frac{\partial \phi^s}{\partial z} - \nu(r)\eta^s \qquad (2.47)$$

$$\frac{\partial \phi^s}{\partial t} = -g\eta^s - \nu(r)\phi^s \qquad (2.48)$$

式中，

$$\nu(r) = \begin{cases} \alpha_0 \omega \left(\dfrac{r - r_0}{\beta_0 \lambda}\right)^2 & r_0 \leqslant r \leqslant r_1 = r_0 + \beta_0 \lambda \\ 0 & r < r_0 \end{cases} \qquad (2.49)$$

式中，α_0 为阻尼系数；β_0 为阻尼层宽度系数；λ 为波浪的特征波长，一般取入射波波长。为使得散射波完全被吸收无反射，α_0 取值 1.0；β_0 取值有如下两种情况：当结构特征尺度和波长相似时，取值 1.0；当波长属于长波范畴时，需取 $\beta_0 \lambda$ 值约为结构特征尺度的 2 倍。

以上流场控制方程 [式 (2.42)] 和边值条件 [式 (2.43) ~ 式 (2.48)] 构成散射势求解的边值问题，采用格林函数方法对此边值问题建立边界积分方程，并采用数值方法（如边界元方法）离散和求解，可获得流场散射势分布情况，具体数值求解方法可参考《浮式防波堤水动力分析方法和消浪机理》[22]和文献 [23]。

通过积分方程求出速度势函数之后，一阶自由表面高度 η 为

$$\eta = -\frac{1}{g}\left[\frac{\partial(\phi^I + \phi^s)}{\partial t}\right] \qquad (2.50)$$

式中，$\partial \phi / \partial t$ 可以通过 ϕ 在时间上的差分获得。通过以上分析方法，可获得波浪与浮式防波堤相互作用后的周围的波面变形规律，进一步对防波堤迎浪面和背浪

面的波面高程采取改进的两点分离法[24,25]，即可最近获得浮式防波堤周围的入射波、反射波、绕射波和透射波变形特征。

2.4.2 波浪传播与变形参数定义及表达方法

1. 波浪的反射

当波浪在传播过程中遇到障碍物时，会产生反向传播的波浪，这种现象称为波浪反射。定义波浪的反射系数 K_r 为

$$K_r = \frac{H_R}{H_I} \tag{2.51}$$

式中，H_R 为反射波的波高；H_I 为入射波的波高。

反射系数与反射面的坡度、粗糙度、透水性、几何形状、相对水深、入射波的波陡、入射角等因素有关。

2. 波浪的透射

定义波浪的透射系数 K_t 为

$$K_t = \frac{H_T}{H_I} \tag{2.52}$$

式中，H_T 为透射波的波高；H_I 为入射波的波高。

通常，消波效果用 $1 - K_t$ 来进行表示。

3. 波浪的耗散

波浪耗散系数为1减去透射系数的平方，再减去反射系数的平方，即

$$E_d = 1 - K_t^2 - K_r^2 \tag{2.53}$$

式中，K_t 为透射系数；K_r 为反射系数。

2.5 浮式防波堤模型试验相似性基本理论

浮式防波堤模型试验是研究浮式防波堤水动力性能的重要手段，可以解决诸多理论和数值分析方法无法确定的复杂问题。在模型试验过程中往往涉及模型的几何尺寸、流体密度和黏度、温度以及压强等参数，保证模型试验结果与物理原型具有相同的作用规律是模型试验面临的重要问题，本小节通过相似条件及相似原理论述，给出浮式防波堤模型试验的相似性条件。

2.5.1 相似条件

为了使浮式防波堤模型试验结果与原型试验结果在力学状态上的规律相同，根据流动相似及相似准则[6]，两者需要满足力学相似条件，主要包括几何、运动、动力三个相似条件。

1. 几何相似

浮式防波堤模型与原型几何形状完全相似，只有大小不同，几何尺寸均具有同一比例，并且角度相等，浮式防波堤的原型与模型之间的几何相似关系有

$$\lambda_L = \frac{l_s}{l_m} \tag{2.54}$$

$$\alpha_s = \alpha_m \tag{2.55}$$

式中，l_s 代表原型的某一部位长度；l_m 代表模型相应部位的长度；α_s 代表原型的某一部位角度；α_m 代表模型相应部位角度；λ_L 为比例关系，称为"长度缩尺比"。

若保持浮式防波堤原型与模型间的几何相似，必然会使其相应的面积 A 和体积 V 保持同样的比例关系，即

$$\lambda_A = \frac{A_s}{A_m} = \lambda_L^2 \tag{2.56}$$

$$\lambda_V = \frac{V_s}{V_m} = \lambda_L^3 \tag{2.57}$$

式中，λ_A 和 λ_V 称为"面积缩尺比""体积缩尺比"。为此，可以得出浮式防波堤原型与模型间几何相似是通过比例关系 λ_L 来表达的，只要原型与模型间的对应长度均维持这一比例，就可以保持原型与模型间的几何相似。

2. 运动相似

浮式防波堤试验模型与真实原型在流体中运动时相比，在几何相似系统中，如果速度、加速度等与其对应点的瞬时同类型物理量方向相同，大小成同一比例，则这些系统称为"运动相似"，即相应质点在瞬间做出相应的位移，浮式防波堤原型和模型相应质点的速度和加速度保持相似关系，防波堤的运动相似要求如下：

$$\lambda_u = \frac{u_s}{u_m} = \frac{\lambda_L}{\lambda_t} \tag{2.58}$$

$$\lambda_a = \frac{a_s}{a_m} = \frac{\lambda_L}{\lambda_t^2} \tag{2.59}$$

式中，u_s、u_m 分别表示原型和模型质点的速度；a_s、a_m 分别表示原型和模型质点的加速度；λ_t 为"时间缩尺比"；λ_u 为"速度缩尺比"；λ_a 为"加速度缩尺比"。

对于满足运动相似的物体绕流场中的运动过程，流线、流动速度和加速度的分布也相似。

3. 动力相似

动力相似是指作用于浮式防波堤原型与模型对应点上对应瞬时的各种作用力（重力、惯性力、黏性力等）方向相同，大小均维持一定的比例关系，则这些系统称为"动力相似"，动力相似应满足如下关系：

$$\lambda_F = \frac{F_s}{F_m} \tag{2.60}$$

$$\varsigma_s = \varsigma_m \tag{2.61}$$

式中，F_s 表示原型中某点的作用力；F_m 代表模型中相应点的同性质的作用力；ς_s 表示原型中某点作用力的方向角；ς_m 表示模型中某点作用力的方向角；λ_F 为力缩尺比。

浮式防波堤几何相似、运动相似及动力相似是保持防波堤原型与模型完全相似的重要属性，这三种相似关系互相联系、互为条件，即动力相似包括运动相似，运动相似包括几何相似，所以动力相似包括力、时间和长度三个基本物理量相似。动力相似中各物理量之间的关系表示如下：

$$\lambda_\rho = \frac{\lambda_F \lambda_t^2}{\lambda_L^4} \tag{2.62}$$

式中，λ_ρ 为密度缩尺比。根据动力相似系数性质可以认为，在相似现象之间，流体围绕着浮式防波堤模型和围绕着原型运动是相似的，则模型与原型的动力系数相等。因此可以在模型试验中测得相关力的物理量，转换成动力系数的形式，然后换算到实际的原型，最终得到原型的受力情况。

2.5.2 相似原理[26]

如果试验模型与原型完全满足几何相似、运动相似和动力相似，则两个系统为全相似系统，即两个系统对应点在瞬时所有的物理量比例相同，并且遵循客观变化规律，可以采用统一微分方程表示，具有相同的初始和边界条件。根据流体力学中考虑黏性的纳维尔-斯托克斯方程（N-S方程），对于流场中的试验模型和原型，可以写出如下表达式：

$$\frac{\partial \boldsymbol{v}_s}{\partial t_s} + (\boldsymbol{v}_s \cdot \nabla_s)\boldsymbol{v}_s = \boldsymbol{f}_s - \frac{1}{\rho_s}\nabla_s P_s + \nu_s \nabla_s^2 \boldsymbol{v}_s + \frac{\nu_s}{3}\nabla_s(\nabla_s \boldsymbol{v}_s) \tag{2.63}$$

$$\frac{\partial \boldsymbol{v}_m}{\partial t_m} + (\boldsymbol{v}_m \cdot \nabla_m)\boldsymbol{v}_m = \boldsymbol{f}_m - \frac{1}{\rho_m}\nabla_m P_m + \nu_m \nabla_m^2 \boldsymbol{v}_m + \frac{\nu_m}{3}\nabla_m(\nabla_m \boldsymbol{v}_m) \tag{2.64}$$

式中，从左到右分别表示单位质量流体上的某种作用力：非定常引起的局部惯性力、非均匀引起的变位惯性力、质量力、黏性流体压力合力、黏性切向力应力、黏性法向应力。对于不可压缩流体，利用连续方程可以将 N-S 方程简化为

$$\frac{\partial \boldsymbol{v}_s}{\partial t_s} + (\boldsymbol{v}_s \cdot \nabla_s)\boldsymbol{v}_s = \boldsymbol{f}_s - \frac{1}{\rho_s}\nabla_s P_s + \nu_s \nabla_s^2 \boldsymbol{v}_s \tag{2.65}$$

$$\frac{\partial \boldsymbol{v}_m}{\partial t_m} + (\boldsymbol{v}_m \cdot \nabla_m)\boldsymbol{v}_m = \boldsymbol{f}_m - \frac{1}{\rho_m}\nabla_m P_m + \nu_m \nabla_m^2 \boldsymbol{v}_m \tag{2.66}$$

根据式（2.65）和式（2.66），并将密度缩尺比 λ_ρ 定义为 ρ_p/ρ_m，运动黏滞系数 λ_ν 定义为 ν_s/ν_m，压力缩尺比 λ_P 定义为 P_s/P_m，重力加速度缩尺比 λ_g 定义为 g_s/g_m，速度缩尺比 λ_v 定义为 v_s/v_m，时间缩尺比 λ_t 定义为 t_s/t_m，长度缩尺比 λ_L 定义为 l_s/l_m。将质量力只考虑重力作用，则质量力 f 可以用 g 替代，将上述物理量缩尺比代入式（2.65）整理可得

$$\frac{\lambda_v}{\lambda_t} \cdot \frac{\partial \boldsymbol{v}_m}{\partial t_m} + \frac{\lambda_v^2}{\lambda_L}(\boldsymbol{v}_m \cdot \nabla_m)\boldsymbol{v}_m = \lambda_g g_m - \frac{\lambda_P}{\lambda_\rho \lambda_L} \cdot \frac{1}{\rho_m}\nabla_m P_m + \frac{\lambda_\nu \lambda_v}{\lambda_L^2} \cdot \nu_m \nabla_m^2 \boldsymbol{v}_m \tag{2.67}$$

若两个运动相似，根据式（2.66）和式（2.67）恒等原则，可以认为式（2.67）是式（2.66）的同一方程的不同表达式，因此，式（2.67）需满足各项无量纲系数相等的条件，可得

$$\frac{\lambda_v}{\lambda_t} = \frac{\lambda_v^2}{\lambda_L} = \lambda_g = \frac{\lambda_P}{\lambda_\rho \lambda_L} = \frac{\lambda_\nu \lambda_v}{\lambda_L^2} \tag{2.68}$$

其中，从左到右等式各项依次为局部惯性力、变位惯性力、质量力、表面压力合力和附加黏性应力。由于流体中质量力、黏性力、压力、表面张力都是改变运动状态的力，而惯性力是维持流体原有状态的力，因此可以将式（2.68）中等式各项除以变位惯性力项 $\frac{\lambda_v^2}{\lambda_L}$，可得

$$\frac{\lambda_L}{\lambda_t \lambda_v} = 1 = \frac{\lambda_g \lambda_L}{\lambda_v^2} = \frac{\lambda_P}{\lambda_\rho \lambda_v^2} = \frac{\lambda_\nu}{\lambda_v \lambda_L} \tag{2.69}$$

将各种缩尺比关系代入上式,可得

$$\begin{cases} \dfrac{\lambda_L}{\lambda_t \lambda_v} = 1, & l_s/v_s t_s = l_m/v_m t_m \\ \dfrac{\lambda_g \lambda_L}{\lambda_v^2} = 1, & v_s^2/g_s l_s = v_m^2/g_m l_m \\ \dfrac{\lambda_P}{\lambda_\rho \lambda_v^2} = 1, & P_s/\rho_s v_s^2 = P_m/\rho_m v_m^2 \\ \dfrac{\lambda_\nu}{\lambda_v \lambda_L} = 1, & v_s l_s/\nu_s = v_m l_m/\nu_m \end{cases} \quad (2.70)$$

将式(2.70)中无量纲的相似准数定义为

$$St = l/vt \tag{2.71}$$

$$Fr = v/\sqrt{gl} \tag{2.72}$$

$$Re = vl/\nu \tag{2.73}$$

$$Eu = P/\rho v^2 \tag{2.74}$$

动力相似中系统各种作用力可分为由万有引力引起的重力,由流体黏滞性产生的黏滞力,由惯性引起的惯性力以及由压缩性引起的弹性力等,若以其他各种性质的力与惯性力的比例来表示其比例关系,则该比例关系称为表征动力相似的准数。上述相似准数分别为斯特劳哈尔数(St)、傅劳德数(Fr)、雷诺数(Re)及欧拉数(Eu)。

从式(2.71)可以看出 St 是反映流动非定常性的相似准数,表示各系统的周期性相似,和周期有关的非定常流动可以用 St 来表示,该相似准数适用于浮式防波堤系统。

从式(2.72)可以看出 Fr 反映重力对流体的作用,表示各系统的重力作用相似,和重力有关的现象可以用 Fr 来表示,该相似准数同时适用于浮式防波堤系统。

从式(2.73)可以看出 Re 反映流体黏性的作用,表示各系统流动现象的黏性相似,与黏性力有关的现象可以用 Re 来表示,该相似准数适用于层流过渡为湍流,摩擦阻力,同时 Re 的大小与黏性力成反比。

从式(2.74)可以看出 Eu 是反映压力对流体影响的相似准数,与压力有关的现象由 Eu 来表示,该相似准数适用于空泡阻力等。

如果两个考虑黏性影响的流体流动时完全相似,那么它们的相似准数必须全部都相等,但是在模型试验中要保证完全相似是不可能的,在进行具体模型试验过程中，St 和 Fr 条件较容易实现，而 Re 条件往往较难达到，较难实现 Fr 和 Re 同时相等。从理论上需要同时满足傅劳德准则和雷诺准则，然而如果满足相等条件，则模型缩尺比 $\lambda_L = 1$，失去了模型试验的意义。实际试验中需要根据各个相似准数的意义，从实际出发，抓住主要矛盾，首先满足与所研究对象密切相关的主要相似准数，略去次要的相似准数，避免 Fr 和 Re 在试验过程中矛盾，同时可采用量纲分析方法[27]指导模型试验及分析试验结果。

2.5.3 浮式防波堤模型试验相似条件

浮式防波堤系统水动力试验主要是为了研究原型结构物在风、浪、流的联合作用下的运动情况、受力情况以及波浪沿浮式防波堤的传播与变形，其中，重力和惯性力大小对其受力影响较大，根据 2.5.2 节中相似准数条件，为使浮式防波堤系统模型和原型满足 Sr 和 Fr 相等，试验过程中一般可忽略黏性对试验结果的影响，Fr 和 Sr 相等条件可表示为式（2.75）和式（2.76）。

$$\frac{v_m}{\sqrt{g_m L_m}} = \frac{v_s}{\sqrt{g_s L_s}} \tag{2.75}$$

$$\frac{v_m T_m}{L_m} = \frac{v_s T_s}{L_s} \tag{2.76}$$

式中，v 代表速度；L 代表特征线尺度；T 代表周期（下标 m 和 s 分别表示试验模型和真实原型）。

在实际试验过程中，试验环境通常与真实的海洋情况不同，常在淡水水池中进行试验，而原型是在海水中进行作业，海水与淡水密度差异会影响试验结果，所以，在进行水密度修正时，一般假设海水密度与淡水密度的比值 γ 为 1.025。考虑到该差异，根据式（2.75）和式（2.76），可推导尺度、速度、周期、质量、力、惯性矩等物理量原型和模型之间的所需满足的相似关系，如表 2.6 所示。

表 2.6 模型试验转换关系

	项目	原型—模型转换关系
(1) 模型相似性设计条件		
1	长度	$L_m = L_s / \lambda_L$
2	面积	$A_m = A_s / \lambda_L^2$
3	体积	$\nabla'_m = \nabla'_s / \lambda_L^3$
4	速度	$v_m = v_s / \lambda_L^{1/2}$
5	加速度	$a_m = a_s$

续表

项目	原型—模型转换关系
6　　　　角度	$\phi_m = \phi_s$
7　　　　角速度	$\phi'_m = \phi'_s/\lambda_L^{-1/2}$
8　　　　频率	$f_m = f_s/\lambda_L^{-1/2}$
9　　　　水的密度	$\rho_m = \rho_s/\gamma$
10　　　质量（排水量）	$\Delta_m = \Delta_s/\gamma\lambda_L^3$
11　　　力	$F_m = F_s/\gamma\lambda_L^3$
12　　　力矩	$M_m = M_s/\gamma\lambda_L^4$
13　　　惯性矩	$I_m = I_s/\gamma\lambda_L^5$
14　　　轴向刚度	$E_m A_m = E_s A_s/\gamma\lambda_L^3$
15　　　单位长度干重	$G_m = G_s/\gamma\lambda_L^2$
（2）环境载荷相似性设计条件	
1　　　　波高	$H_m = H_s/\lambda_L$
2　　　　周期	$T_m = T_s/\lambda_L^{1/2}$
3　　　　压强	$P_m = P_p/\gamma\lambda_L$
4　　　　流量	$Q_m = Q_p/\gamma\lambda_L^{5/2}$
5　　　　单宽流量	$q_m = q_p/\gamma\lambda_L^{3/2}$
6　　　　能量	$E_m = E_p/\gamma\lambda_L^4$

上述相似关系的下标 m 和 s 分别表示试验模型和真实原型，上述关系式仅给出了常见的物理量，试验过程中的刚度系数、弹性系数、阻尼系数、风力系数、流力系数等均可以通过式（2.75）和式（2.76）计算得到。

此外，系泊系统设计也需要满足系泊系统重量及重量分布相似准则。系泊系统弹性系数的相似要得到保证，即模型锚链受到的外力和产生的线变形要与实际的锚链相似，弹性系数 κ 按式（2.77）计算。

$$\kappa = \frac{\Delta F}{\Delta l} = \frac{EA}{l} \tag{2.77}$$

式中，ΔF 为作用在锚链上外载荷的变化量；Δl 为锚链受力后的伸长量；EA 为系泊锚链的轴向刚度；l 为锚链的总长度。

上述相似性条件忽略了黏性的影响，傅劳德相似准则仅能保证模型与原型间的惯性力和重力关系保持相似，如要满足模型与原型间的黏性力相似关系，则需满足雷诺相似准则，即满足模型和原型的雷诺数（Re）相等，其中，ν 为水的运动黏度。然而现有的海洋工程水动力条件中，不可能做到模型和原型两者的雷诺数相等。一般情况下，模型的雷诺数较原型的雷诺数要小两个量级（10^2）。目前，实验室在开展试验过程中，均根据实际条件一定程度地接近雷诺相似准则。为保证模型与原型周围流场的运动状态一致，大多通过改变模型表面粗糙度或安装激流装置等方式进行。目前在试验开展过程中还没有一个比较完善的方法来满足雷诺相似准则的修正方法。对于现阶段的浮式防波堤物理模型试验，在多数情况下，可以通过以下两种方式来降低由黏性不相似带来的误差：① 开展一系列不同缩尺比的物理模型试验来修正计算分析所产生的误差；② 通过具体分析来对模型尺度进行适当修正，以降低不利影响。

2.5.4 浮式防波堤柔性网相似条件

对于水下设置柔性消浪网的浮式防波堤，柔性网的存在会影响浮式防波堤的水动力性能，因此柔性网也要满足相似条件。

1. 满足几何相似关系

假定网衣原型网目的尺度为 $a_1 \times a_1$，网线的原型直径为 d_1，单片网衣原型的总尺度为 $A \times B$，如图 2.6 所示。考虑网衣模型受力特性时，第一，需要满足网衣模型的总尺度与原型满足几何相似关系，即模型网衣的总尺度应为 $\dfrac{A}{\lambda_L} \times \dfrac{B}{\lambda_L}$；第二，需要保证网线及其节点在网衣总面积中的比例保持不变，即网衣模型网目的尺度为 $\dfrac{a_1}{\lambda_L} \times \dfrac{a_1}{\lambda_L}$；第三，每根网线都要基于缩尺原则进行缩尺，即网衣模型网线的直径为 $\dfrac{d_1}{\lambda_L'}$，若网衣模型同时满足前两个相似关系，那么第三个相似关系可不满足。

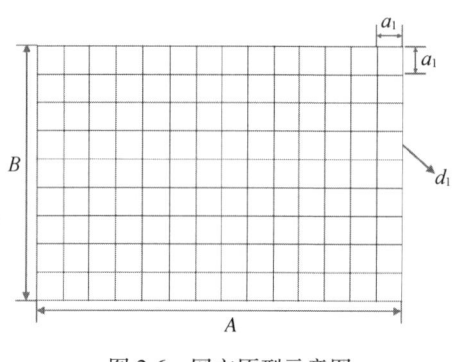

图 2.6 网衣原型示意图

2. 网衣的受力满足力学相似原则[28]

网线的受力可利用式（2.78）进行表示：

$$F = \frac{C_d d_1 \rho u^2}{2} + C_m \rho \frac{\pi d_1^2}{4} \frac{d_u}{d_t} = \frac{C_d d_1 \rho u^2}{2} \left[1 + \frac{\pi C_m d_1}{2 C_d} \frac{1}{u^2} \frac{d_u}{d_t} \right] \quad (2.78)$$

其中，C_m 为惯性力系数；C_d 为阻力系数；d_1 为网线直径；ρ 为水密度；u 为水质点速度。纯波浪条件下，式（2.78）右侧第二项用式（2.79）表示：

$$-\frac{\pi C_m d_1}{2 C_d} \frac{d}{d_1} \left(\frac{1}{u} \right) \quad (2.79)$$

基于艾力波理论，水质点的速度用式（2.80）表示：

$$u = \frac{kgH}{2\omega} \frac{chk(d+z)}{chkd} \cos(kx - \omega t) \tag{2.80}$$

式中，k 为波数；H 为波高；ω 为波浪的角频率。从量纲分析可知 u 的量纲为 $O\left[\frac{\pi H}{T}\right]$，因此 $\frac{d}{d_t}\left(\frac{1}{u}\right)$ 的量纲为 $O\left[\frac{1}{\pi H}\right]$，式（2.79）右侧第二项 [经简化后的式（2.80）] 的量纲为 $O\left[\frac{d_1}{H}\right]$。网线的直径 d_1 远小于波高 H，因此，即使网衣受到明显的波浪力干扰，但其自身受力仍以阻力为主，惯性力忽略不计。所以网衣的受力简化为满足阻力相似即可。

阻力相似中，应保证流速 u、网线直径 d_1 的相似以及原模型阻力系数 C_d 的相同。而在重力相似准则条件下，流速能自动满足相似条件，且满足总网衣面积符合要求情况。在上述相似条件下，网线直径的相似也容易满足。对于阻力系数 C_d，应考虑雷诺数 $Re = \frac{ud_1}{\nu}$ 的影响（ν 为水的运动黏滞系数），在原型条件下该雷诺数为 10^3 量级，在模型条件下还可能小一个量级，则无论是原模型，还是水流绕过网线的流态，均属层流，因此原模型中阻力系数均可取同一常数。采用重力相似准则开展网衣试验研究时，对网衣模型大小及模型网衣目数等存在两种不同大小的缩尺比，这是因为按照动力相似准则有

$$\frac{W_s S_s}{W_m S_m} = \frac{r_s S_s}{r_m S_m} = \frac{T_s L_s}{T_m L_m} = \frac{F_s}{F_m} \tag{2.81}$$

式中，W 表示单位面积网衣在水中的重力；r 为单位面积网衣的水阻力，由于网衣属于小尺度结构物，因此按照莫里森公式进行计算；T 为网衣边缘单位长度所受阻力。若取大尺度缩放比为 λ_L（网衣的缩尺比），取小尺度缩放比为 λ_L'（网目及网线直径的缩尺比），则当原型和模型的试验材料和介质相同时，式（2.81）可写为

$$\lambda_L^2 \lambda_L' = \lambda_L^2 \frac{V_s^2}{V_m^2} = \lambda_L \frac{T_s}{T_m} = \frac{F_s}{F_m} \tag{2.82}$$

从式（2.82）可以看出，仅有网衣的重力项中含有 λ_L'，即网衣在采用小尺度缩放比来缩放网线直径及网衣目数时，其水中的重力为原型的 $\frac{1}{\lambda_L^2 \lambda_L'}$ 倍，若将

网衣模型的重力调整至原型的 $\frac{1}{\lambda_L^3}$ 倍时,其余各项按照大尺度缩放比 λ_L 进行缩放,即可满足网衣模型与原型的相似要求。

3. 网衣的质量遵循相似方法

网衣的模型质量也需要进行严格缩尺,即网衣模型的总质量为 $M_m = \frac{M_s}{\gamma \lambda_L^3}$,式中,$M_m$ 为模型质量;M_s 为原型质量;γ 为海水和淡水的密度比值。

4. 网衣柔度满足相似要求

在满足上述各项条件后,需尽量满足网衣的刚度相似,这是因为网衣在水中会受波浪力的作用而产生形变,其受力大小不同,形变也会不同,为此需尽可能地满足网衣模型的刚度相似。网衣的刚度主要是指其柔挺性,可将网线假定为弹性杆件。经推导,为满足网线的刚度相似,网线直径需满足以下公式:

$$\frac{d_s}{d_m} = \lambda_L \cdot \sqrt[4]{\lambda_L' \frac{E_m}{E_s}} \tag{2.83}$$

式中,d_s 为原型的网线直径;d_m 为按刚度要求缩放的网线直径;E_m、E_s 分别为原型、模型网线的弹性模量。

5. 网衣受力试验相似性设计方法

在试验的开展过程中,有时若完全基于相似理论对网衣进行严格缩尺是较难实现的。因此在制作模型的过程中,在保证网衣受力面积满足相似的情况下,网衣的其他参数可以适当简化。在实际的试验过程中,最简单的方法就是直接采用原型网衣进行试验[28]。此时,模型网线的直径扩大了 λ_L 倍,模型网衣的目数减少 λ_L^2 倍,单个节点的面积扩大了 λ_L^2 倍,节点数目减少 λ_L^2 倍。因此,模型试验中网衣的总受力面积与原型恰好可以保持几何相似。

对于采用与原型相同消浪网衣的浮式防波堤模型的试验设计,需满足网衣与波浪相互作用的黏性消能特性相似,即孔隙率相同和网衣所受外载荷相似准则:

$$1 = \frac{S_s}{S_m} \tag{2.84}$$

$$\lambda_F = \frac{F_s}{F_m} \tag{2.85}$$

式中,S_s 表示原型网衣孔隙率;S_m 表示模型网衣孔隙率;F_s 表示原型受力;F_m 表示模型受力情况;λ_F 为受力相似准数。

这种简化方法也带来了一些弊端，例如，模型网衣的总体质量较大，但由于网线容重比接近于1，在计及浮力的作用而进行有关网衣的水下试验时，网衣所占质量在整个系统中比例很小，对试验结果影响不大；另外，由于原型网衣的网线跨距和厚度均较大，试验中网衣受力与变形和原型有些许差异，试验结果偏于保守。

参 考 文 献

[1] 曾一非. 海洋工程环境 [M]. 上海：上海交通大学出版社，2007.
[2] 福尔特森. 船舶与海洋工程环境载荷 [M]. 上海：上海交通大学出版社，2008.
[3] APL. Planning, Designing and Constructing Fixed Offshore Platforms-Working Stress Design: API RP 2A - WSD [S]. 22nd ed. 2014.
[4] ABS. Mobile Offshore drilling units-part 3 hull construction and equipment [S]. 2017.
[5] 唐松. 船舶短期波浪载荷预报及概率特性研究 [D]. 杭州：中国计量学院硕士学位论文，2014.
[6] 刘岳元，冯铁成，刘应中. 水动力学基础 [M]. 上海：上海交通大学出版社，1990.
[7] Thomas G P. The diffraction of water waves by a circular cylinder in a channel [J]. Ocean Engineering, 1987, 18: 17 - 44.
[8] Linton C M, Evans D V. Integral equations for a class of problems concerning obstacles in waveguides [J]. Journal of Fluid Mechanics, 1992, 245: 349 - 365.
[9] Kashiwagi M. Radiation and diffraction forces acting on an offshore-structure model in a towing tank [J]. International Journal of Offshore & Polar Engineering, 1991, 1 (2): 101 - 106.
[10] DNV - RP - C205. Environmental conditions and environmental loads [S]. Det Norske Veritas AS, 2014.
[11] Bitner-Gregersen E M. Joint long term distribution of Hs, Tp [R]. Det Norske Veritas Report, 1988: 87.
[12] Bitner-Gregersen E M. Joint probabilistic description for Combined Seas [C]. Halkidiki: 24th International Conference on Offshore Mechanics and Arctic Engineering, 2005: 67382.
[13] Bitner-Gregersen E M, Cramer E H, Korbijn F. Environmental description for long-term load response of ship structures [C]. Netherlands: 15th International Offshore and Polar Engineering Conference, 1995: 352 - 354.
[14] DNVGL - RP - C103. Column-stabilised units [S]. DNV GL AS, 2015.
[15] 翁长俭，张保玉. 船体振动学 [M]. 北京：人民交通出版社，1985: 1 - 100.
[16] 张向强，姜鲁华，王生，等. 飞艇动力学仿真 [J]. 计算机仿真，2008, 25 (6): 79 - 82.
[17] 刘丹，王晓亮，单雪雄. 平流层飞艇的附加质量及其对飞艇运动的影响 [J]. 计算机仿真，2006, 23 (6): 52 - 56.
[18] 林超友，朱军. 潜艇近海底航行附加质量数值计算 [J]. 船舶工程，2003, 25 (1): 26 - 29.
[19] 马烨，单雪雄. 数值计算复杂外形物体附加质量的新方法 [J]. 计算机仿真，2007, 5: 75 - 78.
[20] 黄翔鹿. 船舶与海洋结构物运动的随机理论 [M]. 上海：上海交通大学出版社，1994.
[21] Brorsen M, Larsen J. Source generation of nonlinear gravity waves with boundary integral equation method [J]. Coastal Engineering, 1987, 11: 93 - 113.
[22] 嵇春艳，程勇. 浮式防波堤水动力分析方法和消浪机理 [M]. 北京：科学出版社，2018.
[23] Ji C Y, Cheng Y, Oleg G. Numerical and experimental investigation of hydrodynamic performance of a cylindrical dual pontoon-net floating breakwater [J]. Coastal Engineering, 2017, 129: 1 - 16.
[24] Ji C Y, Cheng Y, Cui J, et al. Hydrodynamic performance of floating breakwaters in long wave regime: an experimental study [J]. Ocean Engineering, 2018, 152: 154 - 166.
[25] Ji C Y, Guo Y C, Cui J, et al. 3D Experimental study on a cylindrical floating breakwater system [J]. Ocean Engineering, 2016, 125: 36 - 50.

[26] 朱仁庆, 杨松林, 王志东. 船舶流体力学 [M]. 北京: 国防工业出版社, 2015.
[27] 谈庆明. 量纲分析 [M]. 合肥: 中国科学技术大学出版社, 2005.
[28] 桂福坤, 李玉成, 张怀慧. 网衣受力试验的模型相似条件 [J]. 中国海洋平台, 2002, 17 (9): 22 – 25.

第3章 浮式防波堤模型设计及海洋环境模拟

在进行浮式防波堤水动力性能试验时，只有完成试验模型缩尺比的选择，才可进行浮式防波堤模型的设计与制作。浮式防波堤主体模型不仅要保证与实体外形的几何相似，其相关性能参数如惯量、重量及重心位置等也必须满足相似性原则。与此同时，在模型试验中，系泊系统及连接结构等也要满足几何相似、力学性能相似等原则。由于在进行试验模型加工和海洋环境相关参数的调整时需要耗费较长时间，浮式防波堤模型在制作过程中可以同步展开各项海洋环境条件的试验模拟，以便缩短模型试验周期。本章主要对浮式防波堤模型缩尺比选择方法、海洋环境的模拟方法、浮式防波堤模型的主体结构、系泊系统和连接结构设计方法等相关内容进行介绍。

3.1 模型缩尺比选择方法

开展浮式防波堤模型试验通常需要的相关技术资料主要有：
（1）浮式防波堤原型的主体结构设计图纸，包括主尺度、重量、重心位置和惯量等重要的特征参数。
（2）浮式防波堤原型系泊系统及连接结构设计图纸，包括系泊系统材料、选型、长度、布置方式等，连接结构包括结构形式、材料及刚度等。
（3）海域地形和海洋环境特征参数，包括地形和水深布置图、波浪方向、波浪谱型、波高和浪向的统计值等。
（4）试验项目目的、测试内容、试验测得的数据种类等。

为了顺利开展模型试验研究，首先需要选定一个合适的模型缩尺比 λ_L。在实际情况中，模型缩尺比的选择必须综合考虑试验任务中提出的各项要求及水动力试验装置的工作能力范围，具体要考虑模型尺度、水池尺度、造波、造流及造风能力等影响因素，通过综合分析最终确定模型试验的缩尺比 λ_L。

3.1.1 模型尺度的影响

作为影响模型缩尺比的首要因素，模型的大小对试验精度影响较大。浮式防波堤的模型尺度包含主体结构模型尺度和系泊系统模型尺度。对于主体结构模型,为了便于观察试验现象,一般希望缩尺比 λ_L 小一些、模型大一些,但是水池模型试验中模型尺度过大,容易受水池池壁效应的影响,产生过量的波浪反射,从而影响试验结果;尺度过小使尺度效应问题更加突出,增大模型制作难度和试验测量数据的相对误差,影响试验精度。目前在国际海洋工程界公认的水动力模型试验较佳模型尺度缩尺比为 60~80,一方面可以节约试验成本,另一方面也可以将尺寸效应进行合理的控制。浮式防波堤系统相对于海洋工程结构物在结构形式与总布置形式方面差别较大,主要表现在浮式防波堤系统由多模块组成,并且长度方向较长,宽度方向相对较短。因此,在水池开展单模块浮式防波堤系统模型试验时,可以参考海工试验的缩尺比例;如果开展由多模块组成的浮式防波堤整体系统试验,也可根据试验原型进行具体分析。例如,在受地形影响的探索性试验中,为了模拟更多的地形区域,研究地形对浮式防波堤消波效果的影响,可以适当增大缩尺比至 100;在研究大比例模型的消波效果时,为了降低尺度效应的影响,可以适当减小缩尺比至 5。从上面分析可以看出,仅从模型尺度方面分析,浮式防波堤水池模型试验的缩尺比的取值范围通常在 5~100。

3.1.2 水池尺度的影响

海洋工程水池的规模、能力及装备水平往往决定了其开展浮式防波堤试验的能力。水池规模越大,所能开展的试验就越接近自然状态下的海洋环境,能够更加真实地反映试验模型在真实工作状态下的特性。

根据浮式防波堤的真实工作水深及水池所能调节的最大水深,按照水深的模拟要求可以获得模型缩尺比的下限为

$$\lambda_1 = \frac{D_s}{D_{max}} \tag{3.1}$$

式中,D_s 表示浮式防波堤的真实工作水深;D_{max} 表示水池最大工作水深。根据浮式防波堤在海上系泊系统的布置及试验水池的长宽,按照系泊系统伸展范围的模拟要求得出模型缩尺比的下限:

$$\lambda_2 = \frac{L_s}{L_{max}} \tag{3.2}$$

式中,L_s 表示浮式防波堤系统的真实长度;L_{max} 表示水池最大工作相对长度。

同时可以根据模型系泊系统宽度伸展范围得到模型缩尺比下限为

$$\lambda_3 = \frac{B_s}{B_{max}} \tag{3.3}$$

式中，B_s 表示浮式防波堤系统的真实宽度；B_{max} 表示水池最大工作相对宽度。

此外，在缩尺比的考虑中还需要兼顾如下条件：

(1) 在波浪传播方向上，为保证波浪充分稳定，避免反射波影响，浮式防波堤需距离造波机 6 倍平均波长以上。

(2) 在模型布置方向上，为减少池壁的影响，需要在水面上主体结构模型长度方向的两侧各增加 3~5 个平均波长。

(3) 在波浪水槽中进行断面试验时，浮式防波堤与造波机之间距离应大于 6 倍平均波长，为减少反射波影响，浮式防波堤距离尾部滤波装置之间距离应大于 4 倍平均波长。

3.1.3 水池的造波、造流及风能力影响

根据试验任务中需要产生的最大波浪与造波机所能造出的最大波高两者的比值确定模型缩尺比的下限为

$$\lambda_4 = \frac{H_s}{H_{max}} \tag{3.4}$$

其中，H_s 代表试验实际要求的最大波高值；H_{max} 代表造波机所能造出的最大波高值。

水池造波能力的上下限是指可以造出的最长的波（长周期、低频波）和最短的波（短周期、高频波）。另外，造波机的高频造波能力决定了缩尺比的下限。在进行不规则波试验时，常用波谱表示其性质，它覆盖的波频范围相对宽广。高频造波能力往往会因为造波机的机械和控制属性而受到限制，在模拟不规则波谱时需要做出一定程度的高频截断，缩尺比越大，因截断而产生的试验误差也会越大。根据《波浪模型试验规程》[1]，对于入射波为规则波的情况，波高不能小于 2 cm，波浪周期不小于 0.5 s；对于入射波为不规则波的情况，有效波高不小于 2 cm，谱峰周期不小于 0.8 s。

试验水池中所配置的造风及造流系统都存在一定的使用极限，即试验水池所产生的稳定风速和流速均存在上限。由于在速度方面，实体与模型速度之间的比值为缩尺比的开方，可依据试验需要的最高风速和流速，从水池的造风、造流系统的功能上限中初步确定模型缩尺比的下限。

当以最大风速作为缩尺比的限制条件时，缩尺比下限为

$$\lambda_5^{1/2} = \frac{V_{ws}}{V_{wmax}} \tag{3.5}$$

其中，V_{ws} 表示浮式防波堤系统在真实环境中的最大风速；V_{wmax} 表示试验条件所能产生的最大风速。

当以最大流速作为缩尺比的限制条件时，缩尺比下限为

$$\lambda_6^{1/2} = \frac{V_{fs}}{V_{fmax}} \tag{3.6}$$

其中，V_{fs} 表示浮式防波堤系统在真实环境中的最大流速；V_{fmax} 表示试验条件所能产生的最大流速。

3.1.4 缩尺比确定方法

在综合考虑模型尺度、水池尺度、水池造波、流、风能力的影响后，可以获得试验模型缩尺比下限，模型缩尺比下限计算公式为

$$\lambda_L = \max\{\lambda_1, \lambda_2, \lambda_3, \lambda_4, \lambda_5, \lambda_6\} \tag{3.7}$$

对于模型缩尺比 λ_L 大于 10 的情况，λ_L 一般选取为 5 的整数倍。

此外，在开展有关浮式防波堤的模型试验过程中，如果选择的缩尺比 λ_L 过大（试验模型较小），模拟的原始入射波高和周期都较小，水的黏滞力和表面张力将起到显著的作用，会引起模型的流态与原型不同，无法满足 2.5 节中所论述的相似条件，同时会影响测量的精度。关于缩尺比的选取，要尽量减少由雷诺数 Re 不满足相似条件带来的影响，因为原型一般在紊流范围内，才能保证流态的相似。如果缩尺比选择过大时，很可能使得试验模型处于过渡区或层流区，需要结合《修正系数与雷诺数、波陡关系图》对所选取的缩尺比进行验证，若计算得到模型处于紊流区，则不需要修正缩尺比，反之，需要进一步对缩尺比进行修正[2]。

3.2 波浪相似性模拟方法

目标波浪作为基准波浪，是浮式防波堤水动力性能研究工作的基础，试验过程中需要准确模拟。在试验水池中对波浪环境的模拟主要依靠造波机来实现，造波机的首要任务是生成符合试验要求的波浪，包括规则波和不规则波的模拟、二维波和三维波及特殊波浪的模拟。其中，规则波的模拟包括对波高、周期的精度和稳定性的要求；不规则波的模拟包括对有义波高、谱峰周期、能量和重复性的要求等。

造波机根据其工作原理分为五种，分别是推板式造波机、摇板式造波机、冲箱式造波机、转筒式造波机及气压式造波机。各种造波机的适用范围、工作特性

等均不相同,在开展相关试验时可根据试验大纲的需要来选择合适的造波设备进行试验。目前,实验室使用较广泛的是推板式造波机。

上位机作为造波系统中较为常见的一种,承担着人机交互、运行监控等多项重要任务。下位机接受上位机的控制命令,操纵机构完成造波,并将造波情况实时传回上位机。基于 PC 的运动控制卡、嵌入式运动控制器及独立的 PLC 运动控制器都可控制造波系统中推波板的运动。

造波机作为实验室中对预设波浪进行模拟的专业海洋工程试验装置,其造波精度的高低、造波范围的大小等核心参数对海洋工程模型试验测试有着极其重要的影响。作为核心部件,造波机的运动控制部件对造波板的实际控制能力直接决定了整个造波系统的造波能力大小及造波精度高低。现有的波浪水槽、综合试验水池的几何尺度往往从几十米到上百米不等,其造波系统的有关设备数量众多,系统较为复杂。通常采用层级网络作为造波机控制室和造波机各运动执行机构间的信息传输媒介。其中,由下位机、运动控制器、功率驱动设备、伺服电机、机械执行机构组成的层级网络控制负责造波指令转化及造波板实际运动,是涉及造波机工作能力的重要部件。不同类型的造波机结构示意图,如图 3.1 所示。

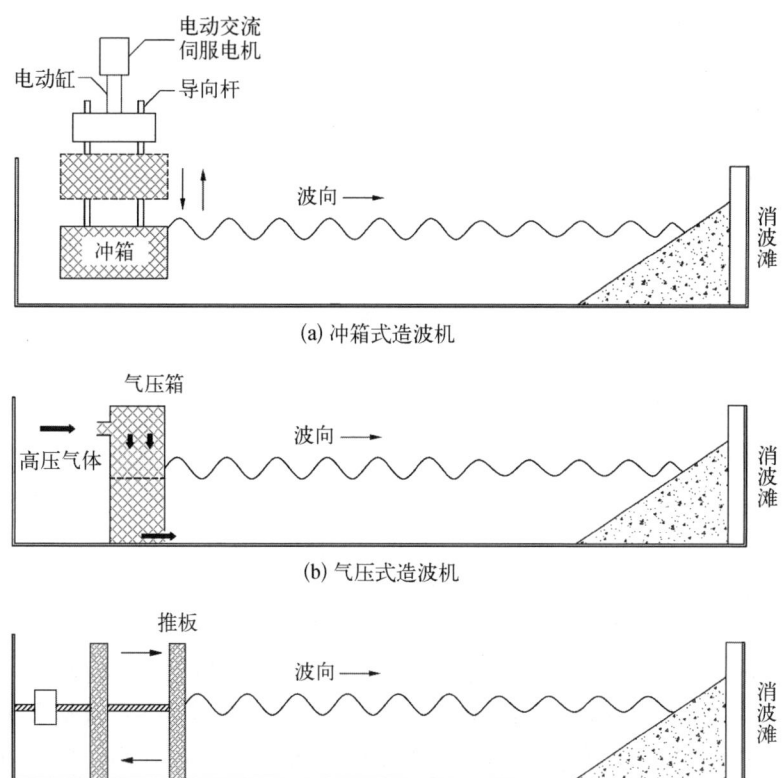

(a) 冲箱式造波机

(b) 气压式造波机

(c) 推板式造波机

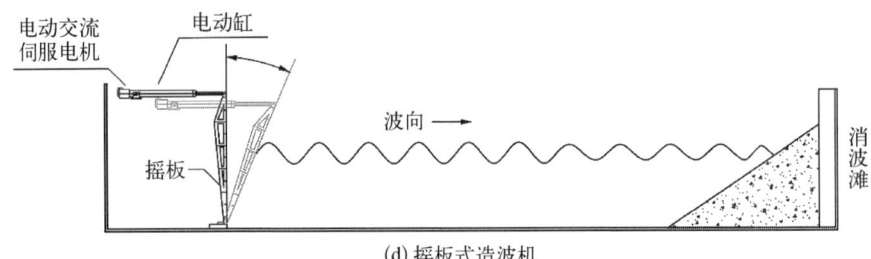

(d)摇板式造波机

图 3.1 不同类型造波机结构示意图

3.2.1 规则波浪的相似性模拟

在规则波中开展浮式防波堤模型试验，通过对试验数据的分析得到相应的透射系数和反射系数。使用规则波对防波堤进行试验相对简单稳定，因此可以用于观察、对比浮式防波堤对不同波浪工况的消波差异。

造波机在水池中所产生的规则波的波高与波长之比以 1/50~1/35 最为合适，因为这样能够保证试验在线性范围内浮动，同时保证波高的变化不会影响频率响应函数。如果试验波高过大，频率响应函数会随着波高的增加而减小。因此，能否在试验水池中开展规则波试验是由上述原则和造波机的实际造波能力共同决定的。若试验模型缩尺比为 λ_L，则试验中波浪的周期和波高为

$$T_m = \frac{T_s}{\lambda_L^{1/2}} \tag{3.8}$$

$$H_m = \frac{H_s}{\lambda_L} \tag{3.9}$$

式中，T_m 为模型周期；T_s 为原型周期；H_m 为模型波高；H_s 为原型波高。

其具体模拟步骤如下：

（1）将造波机实际产生规则波的频率上限至下限范围等分为 10~12 个造波的频率。

（2）计算各频率相对应的规则波的波长及周期。

（3）以适宜的波高与波长之比为基础，确定各频率相应的规则波的波高。

（4）确定造波机控制系统相对于各频率的摇板运动周期和振幅大小。

（5）在试验水池中对 10~12 个造波频率逐一进行模拟，即在试验水池中总共需要模拟 10~12 个规则波，同时记录浪高仪所模拟的各规则波的时历曲线。图 3.2 给出了某一规则波模拟结果的实例。

(6) 规则波的平均波高和周期的允许误差为2%。

当实际海域波高与试验实际所测的波浪高度、实际海域波浪周期与实际所测的波浪周期均满足缩尺比关系时，即可判定规则波模拟满足试验需求。

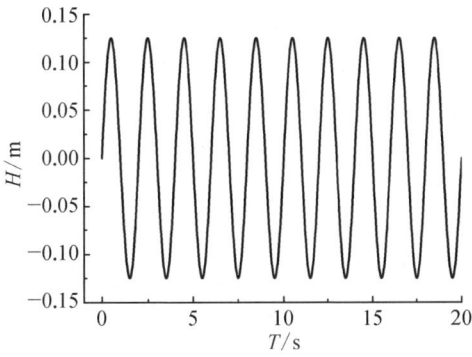

图 3.2 某一规则波模拟结果

3.2.2 不规则波的相似性模拟

在实际海况中浮式防波堤面临着复杂的波浪环境，因此在模型试验中，如何模拟实际海洋环境中不规则波浪下浮式防波堤模型水动力性能显得尤为必要。模型试验中一般以随机波浪谱的模拟满足相似性准则为依据进行模拟，主要包括谱峰周期、浪向（波浪作用于防波堤的方向）及有义波高等主要参数的模拟。试验模拟的波谱在浪向上以及谱的形式上要与实际海域的波谱保持一致，其他参数（如有义波高、谱峰周期）的主要公式如下：

$$H_{(1/3)\mathrm{m}} = \frac{H_{(1/3)\mathrm{s}}}{\lambda_L} \tag{3.10}$$

$$T_{\mathrm{Pm}} = \frac{T_{\mathrm{Ps}}}{\lambda_L^{1/2}} \tag{3.11}$$

式中，$H_{(1/3)\mathrm{m}}$ 为模型有义波高；$H_{(1/3)\mathrm{s}}$ 为原型有义波高；T_{Pm} 为模型谱峰周期；T_{Ps} 为原型谱峰周期。

海流的走向会直接或间接影响波浪的形状，例如，反向流会缩短波形，而同向的流会拉长波形，现阶段使用的波谱是依据海流存在情况下实际观测的结果而绘制成的。因此，在模拟生成不规则波浪的同时，需要保证水流具有一定的流速。通常在生成规定的流速和流向后，模拟生成不规则波。在开展不规则波试验时，可以编制 ISSC 谱、ITTC 谱、JONSWAP 谱、PM 谱等波浪谱计算机程序来开展试验。根据目标波浪谱模拟生成不规则波，其主要步骤如下。

(1) 初步生成不规则波浪。依据试验大纲要求，调用计算机控制程序，从而生成控制造波机的时间序列信号，借此控制造波板的冲程和频率，最后在水池内生成不规则波浪。

(2) 计算模拟波谱。根据标定的浪高仪，在预定的持续时间内不间断地测量水池内的不规则波浪高程，通过谱分析获得模拟波谱，并与给定的目标波谱进行比较，如果差距较大，则应修正控制信号的时间序列，重新生成不规则波浪。

（3）对波谱进行迭代修正。在模拟不规则波浪的过程中，首次是以给定的目标谱 S_T 作为驱动谱 S_{c1} 生成驱动信号，在试验水池中产生不规则波实测波谱 S_{m1}，若与给定的目标谱 S_T 差异较大，则需对驱动谱做如下修正：

$$S_{c1}/S_{m1} = S_{c2}/S_T \text{ 或 } S_{c2} = S_T(S_{c1}/S_{m1})$$

在水池中第二次模拟时采用修正后的驱动谱 S_{c2} 模拟不规则波浪，测量分析得到的波谱记为 S_{m2}。如果修正后的 S_{m2} 波谱可以满足目标波谱 S_T 的使用要求，便完成了给定条件下不规则波浪的波谱修正模拟工作，如果修正后的 S_{m2} 波谱仍然不满足目标波谱 S_T 的使用要求，则需要开展迭代修正工作，直至符合试验要求。根据实际模拟经验，一般情况下，迭代1~3次之后，即可获得满足开展试验需求的不规则波谱。根据《波浪模型试验规程》[1]对不规则波模拟做出如下要求：

（1）试验中需采用目标海域实测谱，若没有，可采用行业标准《港口与航道水文规范》[3]规定的波谱或2.1节中的波谱；

（2）波能谱总能量的测量值与目标值误差为±10%；

（3）峰频模拟值的测量值与目标值误差为±5%；

（4）在谱密度大于或等于0.5倍谱密度峰值的范围内，谱密度分布的测量值与目标值误差为±15%；

（5）波浪谱的有义波高和谱峰周期的测量值与目标值误差为±5%；

（6）模拟的波列中1%累计频率波高、有效波高与平均波高的测量值与目标值偏差为±15%。

图3.3给出了试验中不规则波模拟示意图。

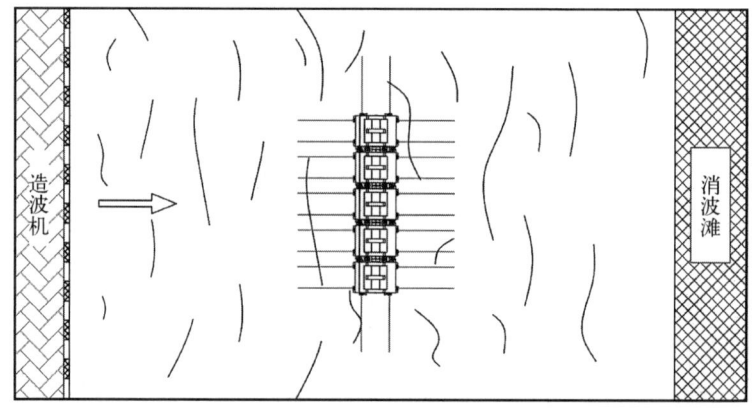

图3.3 综合试验水池不规则波模拟示意图

3.2.3 浪向的相似性模拟

浮式防波堤在海上作业时会受到不同方向波浪的作用,在水动力试验中,通常需进行若干不同浪向作用下浮式防波堤的运动和受力情况的试验。浪向是指波浪传播方向与浮式防波堤坐标系之间的相对角度。本书定义防波堤长度方向与波浪传播方向相同时为0°浪向,防波堤长度方向垂直于波浪传播方向时为90°浪向,防波堤长度方向与波浪传播方向相反时为180°浪向。在模型试验研究中,试验中的浪向角需要与实际浪向角保持一致。

为实现模型在不同浪向波浪中的试验,以下两种方法都是国际海洋工程界认可的方法。

(1)浮式防波堤位置不动,造波机位置变化,产生斜浪,该方法适用于水池两侧均配置造波机,其中一侧的造波机为多单元蛇形造波机,在模拟给定波浪时,只需要输入试验设计的浪向的相关参数即可。在水池中的目标位置放置模型,即可根据试验程序逐一开展相关试验,如图3.4所示。

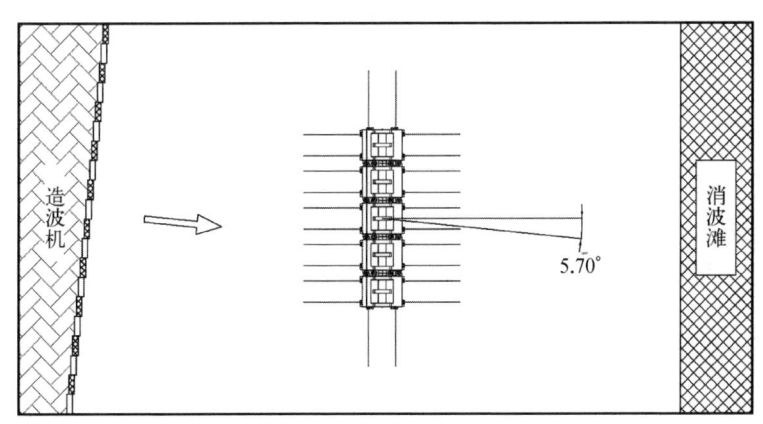

图 3.4　蛇形造波机

(2)调整浮式防波堤布置位置和倾斜角度,造波机产生的浪向不变。当水池中仅一侧配置造波机时,这种布置方式只能产生单一方向的波浪,因此可通过对试验模型旋转来完成不同浪向的试验模拟。在试验中,这种布置方式在一次试验过程中只能完成某一规定浪向的斜浪试验,在完成一次试验后需要旋转试验模型,重新布置防波堤与波浪的相对方向,因此每完成一次斜浪试验,均需调整试验模型与浪向的相对位置,以完成试验模型在不同浪向下的试验,如图3.5所示。

以上两种方法目前在海洋工程界得到普遍接受,但这两种方法都有一定的不足之处。前者是将试验模型的位置固定不变,但是要求逐一模拟试验中不同浪向

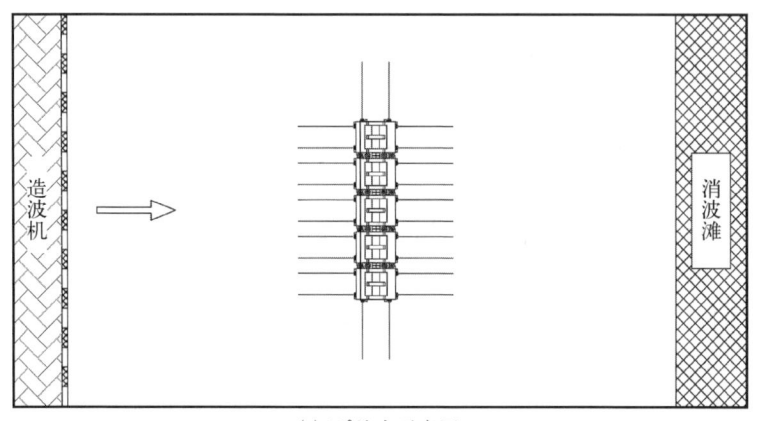

(a) 90°浪向示意图

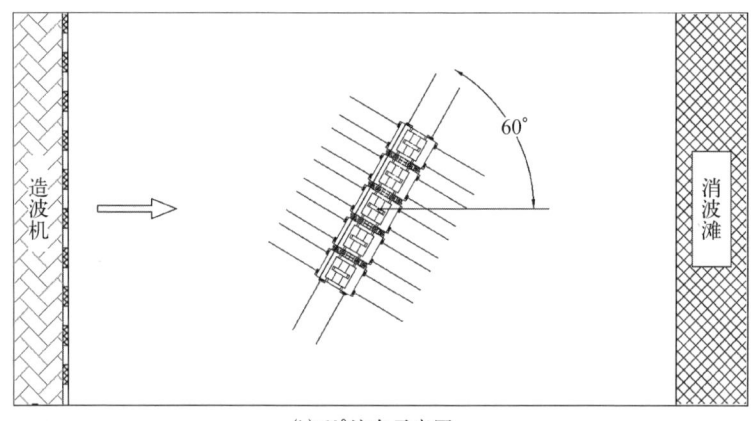

(b) 60°浪向示意图

图 3.5 改变模型方位来调整模型模拟浪向

的波浪,这会增加模拟波浪的工作量。而后者优缺点恰恰与前者相反,对于不同浪向的试验,不需改变造波机位置,但是需要逐一变换试验模型在水池中的位置,这又使得变换试验模型位置的工作量增大。

此外,在浮式防波堤的模型试验研究中,各种海况(如风、浪、流不同方向的组合)都需要较为准确地模拟出来,这些组合通常以浪向为标准,因此需要改变水池中造风系统和造流系统与造波机的相对位置,从而准确地模拟出不同的海况条件,该工作实施起来较为复杂。

3.3 风的相似性模拟方法

水池试验中风环境的模拟是由专门的造风系统来实现的。整个造风系统由交流电动机、轴流风机组、测量风速的相关仪器,以及计算机控制、数据采集系统等组成。为便于产生不同风向的风速，造风系统通常设计成可移动式，并且普遍采用局部造风，但造风的稳定区域必须涵盖模型试验的运动范围。

试验风速是靠轴流风机组在电机驱动下旋转形成的，而风速的调节既可由变压器调节电压控制，也可由数字变频仪控制输入驱动电机的电压来进行。常见的风模拟系统如图 3.6 所示。

图 3.6　综合造风系统

3.3.1　定常风的模拟方法

定常风指的是风速恒定不变的风，目前大部分浮式结构物的模型试验对风场的要求仅为定常风。根据国际规定，平均风速一般为海平面以上 10 m 高度处的风速。因此，在进行模型试验时，需要将风速仪按照缩尺比放置于水面上规定的位置以测量模拟风速。

在模型试验中，可根据第 2 章中表 2.1 的实体风速，通过相似关系获得模拟风速，模拟风速 V_{wm} 与实体平均风速 V_{ws} 的关系为

$$V_{wm} = \frac{V_{ws}}{\sqrt{\lambda_L}} \tag{3.12}$$

式中，λ_L 为模型试验的缩尺比。

风向的模拟可以通过移动风机组的位置实现。与非定常风的模拟相比，定常风的模拟较为简单，靠手动调节变频仪的频率，控制电机的输出电压和轴流风机的转速，满足模拟风速的要求即可。平均风速通过叶轮风速仪便能直接测得。

在模拟风速的整个试验中，稳定的造风范围是重中之重。其主要目的是使稳定的造风区域能够覆盖试验中模型的运动区域。检测主要包括沿着风向和垂直风

向的若干位置点处的平均风速,并与试验要求的目标平均风速对比,要求两者误差在10%以内。

3.3.2 非定常风的模拟方法

非定常风的模拟较为复杂,一般人工难以控制,主要靠计算机的自动控制来实现,同时,测量风速也不能用简单仪器,需要用灵敏度较高的热线风速仪,将实时风速录入计算机数据采集分析系统,其具体模拟步骤如下:

(1) 在模拟非定常风时,输入给定风谱及相关控制参数,时间序列信号由计算机控制程序自动实时生成。

(2) 变频仪依据输入信号自动改变频率,输出不同大小的电压信号,进而控制电机和风机转动,不规则变化的风速便由此形成。

(3) 热线风速仪将数据进行 A/D 转换,并结合 FFT 数据处理系统和谱分析,获得模拟的平均风速和风谱。

(4) 与目标模拟风速对比,如果误差较大,便修正输入的平均风速控制参数,如果风谱与目标谱相差较大,便修正脉动控制参数。

3.4 流的相似性模拟方法

在风、波浪、海流三种环境载荷条件中,需要最先完成流场的条件模拟。水池中流的模拟由特定的造流系统完成。造流过程一般较为简单,这里不进行赘述,但如果需要均匀、稳定的流场,需要后续的整流和循环等对应措施。模型试验中需要模拟的流场通常有以下两种。

(1) 均匀流,是指以空间为标准,其运动要素(主要指流速)不随空间位置的变化而改变(包括大小和方向)。均匀流的特点是,流线是彼此平行的直线,与流线垂直的各个截面上的流速分布相同。

(2) 分层流意味着密度(不可压缩流体)或熵(可压缩流体)的不均匀流体运动。在液体运动中,分层流是否满足稳定性要求,通常取决于液体的密度分布。它分为两种情况:不稳定的密度分层和稳定的密度分层。稳定的密度分层一般可分为连续分层流与二层流。连续分层流内垂向密度存在密度差及中间区域的密度过渡区,而二层流与连续分层流不同,其垂向密度有很明显的密度分层区。分层流密度的不均匀性对水流的单位体积流体质量、水平密度梯度及均匀压力梯度会产生较大影响,因此分流层流动运动规律与均质流体的运动规律完全不同。

根据 2.1 节中的实体海流，通过相似关系获得模拟海流，模拟流速 V_{cm} 与实体平均流速 V_{cs} 的关系如下：

$$V_{cm} = \frac{V_{cs}}{\sqrt{\lambda_L}} \tag{3.13}$$

式中，λ_L 表示缩尺比。

在测量水流方面，一般有两种方法。如果只需要获取平均流速，可选用一般的叶轮式流速仪获取平均值；如果对流速的稳定程度有要求，需要实时获取测量数据，则需要灵敏度较高的流速仪。

对于均匀流场的模拟要求较低，一般只需要测量试验区域内某一指定位置处的平均流速。如果平均流速与目标值差距较大，则可调节水泵电机的转速，修正它们之间的误差。一般要求模拟的平均流速与目标值之间的误差在10%以内。

对于浮式防波堤水动力试验，一般均满足平均流速相似性准则即可，即测量平均流速均方差与目标平均流速的比值小于10%。

3.5 地形相似性模拟方法

3.5.1 地形几何相似

从深远海至近沿海附近时，海底地形会产生非常明显的变化，这种地形的变化会导致波浪在产生到传播至近沿海时经历一系列（如衍射、折射、反射、绕射和破碎等）异常复杂的变化。地形的起伏对波浪传播沿程的高度影响较大，对波浪的周期变化影响较小，这是由于地形逐渐由深水区转向浅水区域时，波浪受地形影响会逐渐演变为坦谷波，此时峰值骤增，当沿程水深进一步降低时，波浪会发生破碎、反射等复杂变化。

如果要研究浮式防波堤在岛礁地形影响下的水动力性能，则需要在浮式防波堤模型试验中模拟地形对波浪的影响。在模型试验中，经常会面临地形比较复杂情况，如暗礁、珊瑚礁、潟湖等，无法做到十分精细的地形形状相似，因此，需要对地形原型进行适当简化，主要保证地形坡度变化明显部分的相似性，在此基础上，按照简化地形除以缩尺比进行缩放，并对试验水池进行改造。

地形的几何相似主要考虑岛礁的坡度、面积、体积、高度等几何尺寸是否满足设计的缩尺比。在进行地形制作的过程中需要控制由实际施工环节导致的几何尺寸的误差，以提高试验的精度与可靠性。

3.5.2 地形材质相似

真实地形结构往往复杂多变,大多由石质、砂质、珊瑚礁等地形组成,其中,珊瑚礁地形较为典型,表面特征也较为特殊,其凹凸不平的表面会产生较大的摩擦阻力,因此在模拟不同地形时,需要依据相似理论对其摩擦系数进行相似性设计。在对模拟的地形进行选材时,除了考虑施工材料与真实地形在摩擦阻力上的相似性,还需要考虑真实岛礁的透水特性。一般情况下,这些因素难以同时得到满足,因此需要保留关键因素的相似。在采用材质时,可选用水泥、砂石混凝土等材料进行施工。

3.6 模型相似性设计方法

3.6.1 主体结构相似性设计

根据 2.5 节中浮式防波堤模型试验相似条件,开展浮式防波堤主体结构相似性设计,浮式防波堤水动力试验模型需要满足斯特劳哈尔数(Sr)和弗劳德数(Fr)相似,浮式防波堤主体结构需要满足的相似性关系见表 2.6。按照表 2.6 中的相似条件对浮式防波堤主体结构模型的长、宽、高、吃水、质量、重心位置、转动惯量、材料等参数进行设计。

3.6.2 系泊系统相似设计

浮式防波堤系泊系统提供恢复力,因此从力学角度而言,主要保证系泊系统恢复力具有相似性。然而浮式防波堤系泊系统设计与布置比较复杂,系泊系统恢复力并非是一个固定值,而是随着时间变化,且与浮式防波堤运动耦合在一起的非线性力。同时,系泊系统布置空间较大,在相似性设计之初,首先判断是否需要进行截断设计,具体判断方法为:若满足 $\dfrac{L_s}{\lambda_L} > L_{max}$,则需要进行截断系泊设计。$L_s$ 表示浮式防波堤含系泊系统的真实长度;L_{max} 表示水池最大工作长度或宽度。反之,则不需进行截断设计,系泊系统的相似性设计从以下几个方面进行设计。

1. 系泊系统几何相似

1)系泊系统几何相似

根据系泊系统布置方案,布置参数需要保证几何相似性(系泊系统模型也可根据试验条件限制进行简化设计,不在本章讨论范围),具体详见第 5 章和第

6 章。

2）系泊模型材料选择及质量分布相似

在开展浮式防波堤系泊系统试验过程中，可根据实体系泊锚链的材料、长度和直径按照表 2.6 进行缩比，得到系泊系统几何相似方案。通常使用微型锚链和钢丝绳作为真实系泊系统中锚链和钢丝绳的替代品，用软绳或微型钢丝绳作为实际系泊系统中尼龙缆的替代品。对于悬链线式系泊系统，需满足单位长度重量相似关系。

3）系泊布置形状相似

如果系泊系统为悬链线系泊系统，除了满足尺寸相似、质量分布相似，还需满足系泊链布置形状相似。悬链线系泊系统在静水中的悬链状态及形状与系泊缆单位长度的质量关系密切，在相关试验过程中，为保证模型与原型的系泊链的悬链状态及形状在静水中一致，需对模型使用的系泊缆的单位长度质量做严格缩尺。在试验过程中常选用单位质量较轻的系泊缆作为基础，通过配置浮筒和重块来调节质量差以及悬链线形状。

2. 系泊系统刚度相似

浮式防波堤在受风、波浪、水流和其他各项复杂载荷作用时，其系泊系统的系泊链会因外力而产生一定程度的形变。在试验过程中，为保证模型系泊缆在受各项外力情况时与原型系泊缆在变形及伸长量等各项指标满足相似要求，模型系泊缆需要在制作过程中满足与原型系泊缆弹性系数相似，其相似关系参见 2.5 节，具体实施方法如下。

在实际的模型试验中，若系泊链模型仅满足几何相似设计，则一般情况下较难满足系泊缆模型对弹性系数相似的有关要求。因此，在试验过程中常为系泊缆模型配置满足弹性系数要求和长度要求的弹簧。配置的弹簧要满足以下要求：

① 长度几何相似，即模型系泊链加上弹簧的长度要相似于实物锚泊线的长度。
② 模型系泊缆加装弹簧后，其变形必须处于弹性恢复范围内，并且不会发生塑性变形。对于锚链和钢丝绳，实物的受力 F 与应变 $\Delta l/l$ 之间呈线性关系（即 EA 为常数），一般可根据式（2.77）计算得到。试验中采用一根弹性系数恒定的弹簧即可满足要求。对于弹性系数的模拟过程如下：

（1）将计算得到的实体弹性系数换算至模型试验所需要的值。

（2）采用根据几何相似制作完成的系泊链模型，测量弹性系数，并计算配接弹簧所需要的弹性系数值。

（3）挑选弹性合适的弹簧，计算并截取所需要的弹簧长度。

（4）组合成系泊链模型，通过所挂砝码重力 F 测量对应伸长量 Δl，得到 F 与 $\Delta l/l$ 的关系，如果与所要求的 $F - \Delta l/l$ 曲线差异较大，则重新进行调整和测量，直至满足设计要求。

浮式防波堤在深水系泊条件下的系泊链系统通常采取组合形式,其中包括锚链、钢丝绳、强力尼龙缆等。同样,在进行模型试验时,为保证试验结果的准确性,在制作浮式防波堤系泊系统的系泊缆模型时,需要和真实情况下的系泊缆一样采用分段设计,且每一个分段模型都要与浮式防波堤原型保持几何相似等各类相似条件。

3. 锚固系统相似性设计

浮式防波堤通常采用打桩、大抓力锚、沉箱等方式进行水下锚定,在进行模型试验过程中,根据设计浮式防波堤锚固点水平和垂向的受力情况,对其进行动力相似性设计,通过计算锚固的重量和摩擦系数,对其锚固点进行设计。在构型优选试验中可采取增加锚点重量的形式使其固定,试验测量浮式防波堤的透射系数;在进行工程实例缩比模型试验中,则需严格按照工程参数对其锚点参数进行设计。

具体设计需满足以下具体要求:

(1)满足原型与模型间的物理条件相似,即要求试验锚固模型在受力之后的力学特性及有关变形满足与锚固原型相似。

(2)满足原型与模型间的边界条件相似,即要求试验锚固模型表面所受各项外力的初始条件、约束条件及载荷作用顺序与原型保持相似,在实际试验开展过程中,允许约束条件在不影响结构工作状态的前提下根据试验环境不同做出一定程度的简化。

(3)满足原型与模型间的重力相似,即要求试验锚固模型与原型间的振动惯性力与重力保证相似。

(4)满足原型与模型间的时间相似,即要求试验锚固模型与原型间的各参数变化满足时间相似原则。

(5)满足原型与模型间的物性相似,即要求试验锚固模型与原型对应点上的如密度、黏性系数等物性参数保持相似原则。

3.6.3 水深截断系泊系统设计

当3.6.2节给出的判断条件不满足时,系泊系统需要进行截断设计。在开展截断系泊有关设计时必须满足静力相似原则,同时,若试验精度要求较高,则还需按照动力相似设计。

3.6.3.1 系泊缆索静力计算方法

在进行系泊系统截断设计时,首先要获得原型系泊系统的静力特性。目前,可采用悬链线法[4]和分段外推法[5]对系泊缆开展静力计算分析。这两种方法不仅能够对多成分的系泊缆开展有效的静力分析,而且可计算系泊缆的弹性变形。

1. 悬链线法[4]

图 3.7 为复合系泊缆索，其三段缆索之间一般用浮筒或者重块相连，每段缆索都要考虑受力后的弹性变形。若假设其中的连接物长度为零，可将浮筒或者重块质量看成一点的情况进行计算，若假设其质量和长度都为零，可将缆索做直接相连处理。

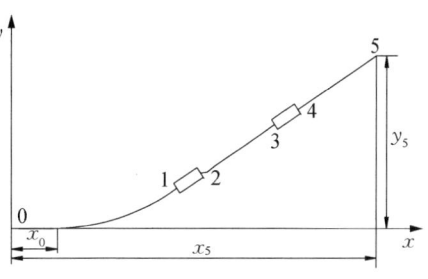

图 3.7 多成分系泊缆索

从锚点 0 开始，各段缆索的初始长度分别为 L_{01}、L_{12}、L_{23} 和 L_{45}，每段缆单位长度在单位长度水中的重力分别为 ω_{01}、ω_{12}、ω_{23} 和 ω_{45}，其轴向刚度分别代表 EA_{01}、EA_{12}、EA_{23} 和 EA_{45}，l_{12} 代表浮筒长度，l_{34} 代表重块的长度，G_{12} 代表重块在水中的重力，G_{34} 代表重块在水中的重力（假设 G_{34} 始终离地），则复合系泊缆索可能存在下述四种形式。

（1）系泊系统不存在躺底段，此时所有类型的系泊缆都离地，锚点 0 处仅受垂向力作用。

（2）系泊系统的第一段系泊缆在接近锚地部分存在躺底段或者第一段缆索在锚点处刚好与地面呈相切关系。

（3）系泊系统的第一段系泊缆 L_{01} 全部躺底，而重块 G_{12} 仅有一端躺底，另一端离地。

（4）系泊系统的第一段系泊缆 L_{01} 及重块 G_{12} 全部躺底，且切点在点 2 处，或者第二段系泊缆 L_{23} 存在部分躺底段。

定义缆索上各点的坐标为 (x', y')，以上述（1）、（2）两种情况为例，每段缆的悬链线方程（忽略缆的弹性变形）为

$$\tan\theta = \frac{\mathrm{d}y'}{\mathrm{d}x'} = \mathrm{sh}\left[\frac{\omega_{ij}(x'-x_0)}{T_\mathrm{H}} + \alpha_{ij}\right] \tag{3.14}$$

$$y' = \frac{T_\mathrm{H}}{\omega_{ij}}\mathrm{ch}\left[\frac{\omega_{ij}(x'-x_0)}{T_\mathrm{H}} + \alpha_{ij}\right] + \beta_{ij} \tag{3.15}$$

$$s - x_0 = \frac{T_\mathrm{H}}{\omega_{ij}}\mathrm{sh}\left[\frac{\omega_{ij}(x'-x_0)}{T_\mathrm{H}} + \alpha_{ij}\right] + \gamma_{ij} \tag{3.16}$$

$$T = T_\mathrm{H}\mathrm{ch}\left[\frac{\omega_{ij}(x'-x_0)}{T_\mathrm{H}} + \alpha_{ij}\right] \tag{3.17}$$

$$T_\mathrm{V} = T_\mathrm{H}\mathrm{sh}\left[\frac{\omega_{ij}(x'-x_0)}{T_\mathrm{H}} + \alpha_{ij}\right] \tag{3.18}$$

式中，T 代表系泊缆索顶端张力；T_H 代表张力的水平分量；T_V 代表张力的垂向分量；s 代表系泊缆索的长度；x_0 代表躺底段长度；θ 代表缆索切线与水平线之间的夹角；$j=i+1$，$i=0$，2，4；α_{ij}、β_{ij}、γ_{ij} 为积分常数。

当不考虑缆索的变形时，由以上各式可得

$$x'_j - x'_i = \frac{T_H}{\omega_{ij}} \ln \frac{T_j + T_{Vj}}{T_i + T_{Vi}} \tag{3.19}$$

$$y'_j - y'_i = \frac{T_j - T_i}{\omega_{ij}} \tag{3.20}$$

式中，$j=i+1$，$i=0$，2，4。

设浮式防波堤、重块与水平线的夹角为 δ_{ij}，即

$$\delta_{ij} = \arctan\left[\frac{T_{Vj}}{T_H} + 0.5\frac{G_{ij}}{T_H}\right] \tag{3.21}$$

式中，$j=i+1$，$i=1$，3。

计算系泊缆的弹性变形（伸长量 ε_{ij}、投影 ε_{xij} 和 ε_{yij}）时，可选用近似公式计算，即

$$\varepsilon_{ij} = \frac{\overline{T}_{ij} L_{ij}}{EA_{ij}} \tag{3.22}$$

$$\varepsilon_{xij} = \frac{T_H L_{ij}}{EA_{ij}} \tag{3.23}$$

$$\varepsilon_{yij} = \frac{\overline{T}_{Vij} L_{ij}}{EA_{ij}} \tag{3.24}$$

式中，$j=i+1$，$i=0$，2，4；$\overline{T}_{ij}$ 代表每段缆索张力；$\overline{T}_{Vij}$ 代表张力垂直分量的平均值。

依据 $y_5 = H$ 计算 y 方向的控制方程，即

$$\frac{T_5^2 - T_4^2}{2\omega_{54} EA_{54}} + \frac{T_3^2 - T_2^2}{2\omega_{23} EA_{23}} + \frac{T_1^2 - T_0^2}{2\omega_{01} EA_{01}} + \frac{T_5 - T_4}{\omega_{45}} + \frac{T_3 - T_2}{\omega_{23}} + \frac{T_1 - T_0}{\omega_{10}} \tag{3.25}$$
$$+ l_{12}\sin\delta_{12} + l_{34}\sin\delta_{34} - H = 0$$

式中，$T_k = \sqrt{T_H^2 + T_{Vk}^2}$，$k = 0 \sim 5$；$T_{V2} = T_{V1} + G_{12}$；$T_{V3} = T_{V2} + L_{23}\omega_{23}$；$T_{V4} = T_{V3} + G_{34}$；$T_{V5} = T_{V4} + L_{45}\omega_{45}$；$T_{V0} = \begin{cases} T_{V1} - \omega_{01}L_{01}/T_H, & \theta_0 > 0 \\ 0, & \theta_0 = 0 \end{cases}$，其中 θ_0 为地面

与缆索之间的角度。

上述方程在给定 T_5 时可通过二分法求解，T_H、T_{Vk}、$T_k(k = 0 \sim 5)$、$\delta_{ij}(j = i + 1,\ i = 1,\ 3)$，即 x_k、y_k，$k = 0 \sim 5$。因此，缆索上端离锚点的水平距离计算公式为

$$x_5 = x_5' + \varepsilon_{x1} + \varepsilon_{x2} + \varepsilon_{x3} \tag{3.26}$$

从式（3.26）可得 x_5 与 T_5、T_H 之间的关系及每段缆索的 α_{ij}、β_{ij} 和 γ_{ij}。各段的坐标可由以下各式求得。

第一段缆索（$x_0 \leqslant x' \leqslant x_1'$）：

$$x = \frac{T_H^2}{\omega_{01} E A_{01}} \left\{ \text{sh} \left[\frac{\omega_{01}(x' - x_0)}{T_H} + \alpha_{01} \right] - \frac{T_{V0}}{T_H} \right\} + \frac{T_H x_0}{E A_{01}} \tag{3.27}$$

$$y = \frac{T_H^2}{2\omega_{01} E A_{01}} \text{ch}^2 \left[\frac{\omega_{01}(x' - x_0)}{T_H} + \alpha_{01} \right] + \frac{T_H}{\omega_{01}} \text{ch} \left[\frac{\omega_{01}(x' - x_0)}{T_H} + \alpha_{01} \right]$$

$$- \frac{T_0^2}{2\omega_{01} E A_{01}} - \frac{T_0}{\omega_{01}} \tag{3.28}$$

第二段缆索（$x_2' \leqslant x' \leqslant x_3'$）：

$$x = x' + \varepsilon_{x01} + \frac{T_H^2}{\omega_{23} E A_{23}} \left\{ \text{sh} \left[\frac{\omega_{23}(x' - x_0)}{T_H} + \alpha_{23} \right] - \frac{T_{V2}}{T_H} \right\} \tag{3.29}$$

$$y = y_2' + \varepsilon_{y01} + \frac{T_H^2}{2\omega_{23} E A_{23}} \text{ch}^2 \left[\frac{\omega_{23}(x' - x_0)}{T_H} + \alpha_{23} \right]$$

$$+ \frac{T_H}{\omega_{23}} \text{ch} \left[\frac{\omega_{23}(x' - x_0)}{T_H} + \alpha_{23} \right] - \frac{T_2^2}{2\omega_{23} E A_{23}} - \frac{T_2}{\omega_{23}} \tag{3.30}$$

第三段缆索（$x_4' \leqslant x' \leqslant x_5'$）：

$$x = x' + \varepsilon_{x01} + \varepsilon_{x23} + \frac{T_H^2}{\omega_{45} E A_{45}} \left\{ \text{sh} \left[\frac{\omega_{45}(x' - x_0)}{T_H} + \alpha_{45} \right] - \frac{T_{V4}}{T_H} \right\} \tag{3.31}$$

$$y = y_4' + \varepsilon_{y01} + \varepsilon_{y23} + \frac{T_H^2}{2\omega_{45} E A_{45}} \text{ch}^2 \left[\frac{\omega_{45}(x' - x_0)}{T_H} + \alpha_{45} \right]$$

$$+ \frac{T_H}{\omega_{45}} \text{ch} \left[\frac{\omega_{45}(x' - x_0)}{T_H} + \alpha_{45} \right] - \frac{T_4^2}{2\omega_{45} E A_{45}} - \frac{T_4}{\omega_{45}} \tag{3.32}$$

用上述方法计算第一段缆索 L_{01} 全部躺底，G_{12} 一端躺底，一端离地时的控制方程为

$$\frac{T_5^2 - T_4^2}{2\omega_{45}EA_{45}} + \frac{T_3^2 - T_2^2}{2\omega_{23}EA_{23}} + \frac{T_5 - T_4}{\omega_{45}} + \frac{T_3 - T_2}{\omega_{23}} + l_{12}\sin\delta_{12} + l_{34}\sin\delta_{34} - H = 0$$

(3.33)

第三种情形时的控制方程为

$$\frac{T_5^2 - T_4^2}{2\omega_{45}EA_{45}} + \frac{T_3^2 - T_H^2}{2\omega_{23}EA_{23}} + \frac{T_5 - T_4}{\omega_{45}} + \frac{T_3 - T_2}{\omega_{23}} + l_{34}\sin\delta_{34} - H = 0 \quad (3.34)$$

2. 分段外推法[5]

在组合系泊缆索（图3.7）上任取某一微段，图3.8为对该段进行受力分析的简图。

根据静力平衡方程并略去二阶无穷小量[6]后可得

$$\frac{dT}{ds} = P\sin\theta - F(1+\varepsilon) \quad (3.35)$$

$$\frac{d\theta}{ds} = \frac{1}{T}[P\cos\theta + D(1+\varepsilon)]$$

(3.36)

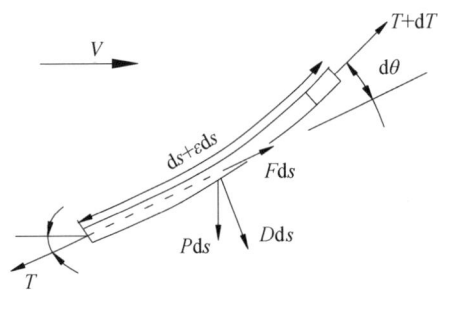

图3.8 缆索上任一微段受力图

式中，T代表缆索微段两端的张力；P代表缆索单位长度的水中重力；θ代表张力T与水平方向的夹角；D代表单位长度上缆索受到的法向流力；F代表单位长度上缆索受到的切向流力；ds代表微段长度；dT代表拉力的增量；$d\theta$代表角度的增量；$\varepsilon = \frac{T}{EA}$代表缆索的单位长度的弹性伸长量，$EA$为缆索的轴向刚度。

式（3.35）切向流力表示为

$$F = \frac{1}{2}\rho C_t \pi d V^2 \cos^2\theta \quad (3.37)$$

式（3.36）法向流力表示为

$$D = \frac{1}{2}\rho C_D d V^2 \sin^2\theta \quad (3.38)$$

式中，V为流速；C_D、C_t分别为法向、切向阻力系数；ρ为海水密度。

式（3.35）和式（3.36）为所需求解的控制方程。

由几何关系可得

$$dx = (1+\varepsilon)\cos\theta ds \quad (3.39)$$

$$dy = (1+\varepsilon)\sin\theta ds \tag{3.40}$$

由式（3.39）、式（3.40）可求得缆索上任意一点的坐标值 (x, y)。

将缆索划分成若干单元，如图3.9所示。

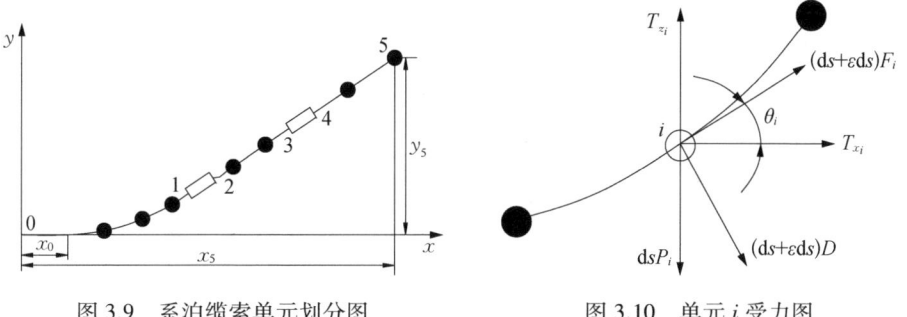

图3.9 系泊缆索单元划分图　　图3.10 单元 i 受力图

作用在单元中心上的外载荷有流力和重力。图3.10为单元 i 受力图，其平衡方程为

$$T_{x_{i+1}} = T_{x_i} - F_i\cos\theta_i(ds+\varepsilon ds) - D_i\sin\theta_i(ds+\varepsilon ds) \tag{3.41}$$

$$T_{z_{i+1}} = T_{z_i} - F_i\sin\theta_i(ds+\varepsilon ds) + D_i\cos\theta_i(ds+\varepsilon ds) + P_i ds \tag{3.42}$$

$$T_{i+1} = \sqrt{T_{x_{i+1}}^2 + T_{z_{i+1}}^2} \tag{3.43}$$

$$x_{i+1} = (ds+\varepsilon ds)\cos\theta_i + x_i \tag{3.44}$$

$$y_{i+1} = (ds+\varepsilon ds)\sin\theta_i + y_i \tag{3.45}$$

式中，T_{x_i}、$T_{x_{i+1}}$ 分别为第 i、$i+1$ 单元的水平力；T_{z_i}、$T_{z_{i+1}}$ 分别为第 i、$i+1$ 单元的垂向力；F_i 为第 i 单元切向单位长度的流力；D_i 为第 i 单元垂向单位长度的流力；F_{i+1} 为第 $i+1$ 单元切向单位长度的流力；D_{i+1} 为第 $i+1$ 单元垂向单位长度的流力。

将上述式子转化成以下形式，即

$$T_{x_i} = Q_x - \sum_{k=1}^{i} F_{(x, k)} \tag{3.46}$$

$$T_{z_i} = Q_z - \sum_{k=1}^{i} [F_{(x, k)} - P_k] \tag{3.47}$$

$$T_i = \sqrt{\left[Q_x - \sum_{k=1}^{i} F_{(x, k)}\right]^2 + \left\{Q_z - \sum_{k=1}^{i} [F_{(x, k)} - P_k]\right\}^2} \tag{3.48}$$

式中，Q_x 代表第一单元在 x 方向的受力；Q_z 代表第一单元在 z 方向的受力；F 为流力。

迭代法可用作求解上述公式：

（1）将水平方向与系泊缆顶端张力方向的夹角定义为 θ。

（2）以材料性质为依据，将不同材料的系泊缆划分成多个单元，且将单元上的重力和流力看作在单元中心位置进行计算。

（3）不同材料的系泊缆的交点既是上一系泊缆的终点，也是下一系泊缆的起点。

（4）计算得到系泊缆上各微段的张力 T 的大小和各端点的坐标值 (x, y)。

（5）计算结束的条件是满足水深边界条件，反之，重复步骤（1）直至满足水深边界条件为止。

3.6.3.2 截断系泊系统静力设计

1. 静力等效设计准则

截断系泊系统设计时需要遵循静力等效原则，具体如下：

（1）确保系泊系统对浮式防波堤的水平和垂向回复力保持一致。

（2）确保浮式防波堤主要运动准静定耦合下系泊系统静力特性相似。

（3）确保每一根系泊缆模型与原型的张力特性保持一致。

在开展水深截断系泊系统试验时，一般通过改变截断系泊缆的相关参数的方式来保证截断系泊系统和全水深系泊系统具有静力相似，此外，要确保预张力大小和系泊缆的布置形式与原型保持一致。

2. 系泊系统静力特性

一般情况下，由悬链线系泊缆组成的系泊系统的水平方向的跨距较大，当浮式防波堤受外界载荷作用产生较大位移运动时，系泊系统水平回复力曲线通常分成三个部分，如图 3.11 所示。

（1）区域 1 表示几何刚度控制区域。此时系泊系统仍能保证悬链形式，且回复力主要由系泊缆自身的重力提供，因此，系泊缆单位长度湿重大小直接决定了该区域内系泊系统的静力特性表现。

（2）区域 2 表示轴向刚度控制区。此时系泊缆由悬链形式转变为张紧状态，且系泊缆的轴向刚度大小直接决定了该区域内系泊系统静力特性的具体表现。

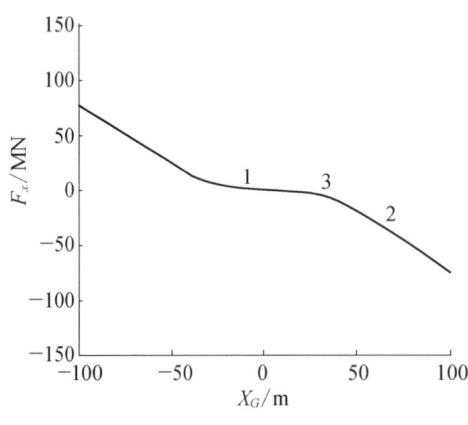

图 3.11 系泊系统水平回复力曲线

(3) 区域 3 表示过渡区。在这个区域内,系泊缆的长度决定了该区域的具体范围。

3. 静力设计方法

目前,可采用优化算法[7-9]及经验公式法[10-12]对截断系泊系统开展静力分析研究。前者主要通过模拟退火算法、遗传优化算法等优化算法寻找能够使截断系泊系统与全水深系泊系统保持静力特性相似的最优系泊缆参数。后者与前者不同,主要以经验公式为基础,辅以迭代算法,从而确定能够使截断系泊系统与全水深系泊系统保持静力特性相似的最优系泊缆参数。可以看出,经验公式法比优化算法更加便捷,在实际的工程问题中,可依据计算精度要求及计算时间等来选取合适的计算方法。

静力设计方法的步骤如图3.12所示。

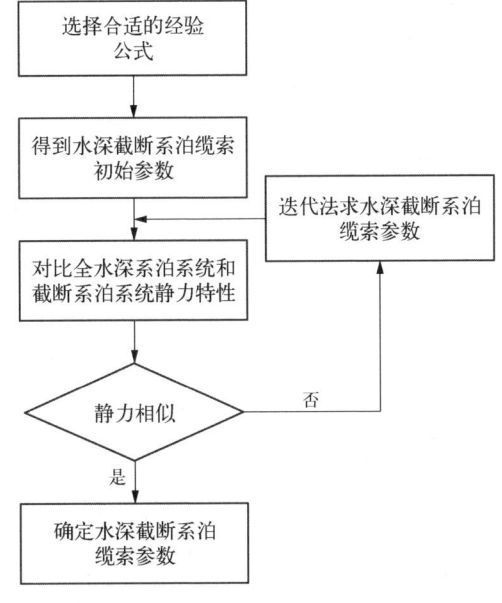

图 3.12 水深截断系泊缆索设计流程图

3.6.3.3 非均质截断系泊缆索经验公式设计[13]

当水池的试验尺度与模型尺寸的吻合不当时,需要对系泊系统进行截断处理。水深截断因子定义为

$$\gamma_\nu = \frac{h_\mathrm{f}}{h_\mathrm{t}} \tag{3.49}$$

式中,h_f 代表全水深系泊系统作业水深;h_t 代表截断水深。

宽度截断因子定义为

$$\gamma_h = \frac{b_\mathrm{f}}{b_\mathrm{t}} \tag{3.50}$$

式中,b_f 代表全水深系泊缆索水平跨距;b_t 代表水池能模拟的最大宽度。

获得上述水深截断因子和宽度截断因子后,通过截断因子获取水深截断系泊缆索的初始参数,即

$$L_\mathrm{t} = L_\mathrm{f}/\gamma_\nu \tag{3.51}$$

$$q_\mathrm{t} = q_\mathrm{f}\gamma_\nu \tag{3.52}$$

$$EA_\mathrm{t} = EA_\mathrm{f}/\gamma_\nu^{\frac{4}{3}} \tag{3.53}$$

式中，L_t 为截断缆索的长度；L_f 为全水深缆索的长度；q_t 为截断缆索单位长度水中重量；q_f 为全水深缆索单位长度水中重量；EA_t 为截断缆索轴向刚度；EA_f 为全水深缆索的轴向刚度。

截断因子不同，在进行截断系泊设计时所采用的具体方法也有差异。以深水系泊常用的三段式系泊缆为例，若截断因子较小，则只需对系泊缆的中间段进行截断，具体截断参数可依据式（3.51）~式（3.53）得到；若截断因子较大，则只需对中间段系泊缆及底端系泊缆进行截断，保持顶端系泊缆不变。迭代因子可通过截断系泊的静力特性与全水深系泊系统的静力特性之比得到。

$$\mu_q = K_{1t}/K_{2f} \tag{3.54}$$

$$\mu_{EA} = K_{2t}/K_{2f} \tag{3.55}$$

式中，μ_q 代表单位长度水中重量迭代因子；μ_{EA} 代表缆索轴向刚度迭代因子；K 为系泊系统水平回复力曲线中的曲线刚度；曲线刚度 K 的下标 1 表示水平回复力曲线中的区域 1；曲线刚度 K 的下标 2 表示水平回复力曲线中的区域 2；曲线刚度 K 的下标 t 代表截断水深；曲线刚度 K 的下标 f 代表全水深。

进行上述式子进行迭代计算，求得

$$q_{i+1} = \mu_q q_i \tag{3.56}$$

$$EA_{i+1} = \mu_{EA}^{-1} EA_i \tag{3.57}$$

对于截断系泊缆长度的选取，可使用迭代算法计算得出。对于悬链线式系泊缆，需以截断系泊与全水深系泊的静力特性比对为基础进行迭代；对于张紧式系泊缆，需以轴向刚度为基础进行迭代。

3.6.3.4 均质截断系泊缆索经验公式设计

有时截断因子较大，就必须将系泊缆索中的每段都进行截断处理，该处理过程会非常耗时，所以在设计中常采用均质截断系泊缆。

对全水深多成分系泊缆进行均质截断设计时，需做如下处理。以深水系泊常用的三段式系泊系统为例进行介绍，如下：

$$q = \frac{q_1 L_1 + q_2 L_2 + q_3 L_3}{L} \tag{3.58}$$

$$EA = \frac{L EA_1 EA_2 EA_3}{L_1 EA_2 EA_3 + L_2 EA_1 EA_3 + L_3 EA_1 EA_2} \tag{3.59}$$

式中，q 代表等效处理后系泊缆索单位长度水中重量，下标 1 表示系泊缆索上段、下标 2 表示系泊缆索中段，下标 3 表示系泊缆索下段；L 代表系泊缆索中各段缆索的长度总和，下标 1、2、3 代表含义参考 q；EA 代表等效处理后系泊缆索轴向刚度，下标 1、2、3 代表含义参考 q。

下述经验公式可求得截断系泊缆索的初始参数。

$$L_\mathrm{t} = L/\gamma_\nu \tag{3.60}$$

$$q_\mathrm{t} = q/\gamma_\nu^{\frac{3}{4}} \tag{3.61}$$

$$EA_\mathrm{t} = EA/\gamma_\nu \tag{3.62}$$

3.6.3.5 动力相似设计方法

对完成静力相似设计的截断系泊系统进行动力相似修正是非常有必要的，否则在试验过程中会产生试验结果误差，甚至导致浮式防波堤试验模型运动响应误差较大。在进行系泊系统动力相似修正设计时，常通过增大截断系泊缆直径来保证单位长度湿重，从而使截断后的系泊系统与原型系泊系统的静力特性保持一致[10,14]。以往对截断系泊缆做动力相似修正时，仅将单根系泊缆作为修正研究对象，通过比对截断系泊缆与全水深系泊缆在顶端做规则振荡或者不规则振荡所产生的系泊缆的动力响应，来确定合适的截断系泊缆的直径大小。然而，在工程背景下，仅对单根系泊缆进行动力分析并不符合浮式防波堤的系泊系统在实际作业环境中的状态，且在动力修正过程中，顶端振荡频率一旦选择不当，会对截断系泊的动力特性产生误判。因此，当试验精度要求较高时可采取对整套截断系泊系统与顶端浮式防波堤相连接的方法，并结合全时域动力耦合分析的动力修正方法，具体可参考徐胜等给出的动力修正方法[10,15]。

在进行系泊系统的水深截断设计后，可获得水深截断设计后的系泊参数，根据该参数按 2.5 节给出的方法进行系泊系统的模型相似性设计。

3.6.4 连接结构刚度相似

浮式防波堤通常需要足够的长度来提供掩护海域的需要，针对目标海域建造多个浮式防波堤单模块，利用弹性连接器将其连接在一起。一方面，可以解决单体浮式防波堤过长，不利于建造和运输；另一方面，可以降低浮式防波堤总体的受力。在研究浮式防波堤水动力性能及消波性能试验过程中，对连接结构采用刚度等效的原则进行设计，对于线性连接结构，若采用相同材料和弹性模型，则刚度相似设计按以下公式计算：

$$\frac{K_\mathrm{s}}{K_\mathrm{m}} = \gamma\lambda_L^2 \tag{3.63}$$

式中，K_s、K_m 为原型和模型的刚度；γ 为海水和淡水的密度比值；λ_L 为模型缩尺比。

对于非线性连接结构,则需要进行具体分析,具体见6.2节内容。

为了防止浮式防波堤之间碰撞损伤主体结构,在防波堤端部结构四周设置若干防护垫,用以缓冲,从而起到保护作用。防护垫在模型设计方面要求接触表面和厚度几何相似,在性能上要求结构刚度相似。在防护垫制作过程中常以防护垫上的压力 F 和压缩变形 $\Delta t/t$ 之比大小反映防护垫的弹性性能,其中,t 为防护垫的厚度,Δt 为受压力 F 后的厚度压缩。

3.7 模型主要参数相似性调整方法

浮式防波堤模型在制作过程中通常要预留足够的质量差,通过配重的方式对重量、重心以及转动惯量进行调解,直至满足相似性准则。

3.7.1 重量调节

对浮式防波堤模型和所有必要的检测仪器等进行称重,标记其重量为 W_0,并通过模型排水量 Δm 计算 $W_t = \Delta m - W_0$,即需要配置的压载重量,选择合适的铁块或铁丝称重并调节,使压载重量的总重量达到 W_t。

3.7.2 重心和惯量调节

浮式防波堤模型在加工制作过程中较难精准地满足实际的重心和转动惯量的要求。因此,待模型制作完成后,需对模型的重心和惯量大小进行测量和校正。测量及校正工作需使用专业的调节架进行修正。相关调节方法可参考海洋工程模型试验惯量调整方法[16],调节架的上部位置两侧安装有承载调节架及模型重量的刀口,模型放置完成之后调整调节架,可以以支撑轴线为中心,在纵向上自由摆动。具体情况如图3.13所示。

图3.13中,O 代表支撑点;G 代表调节架的重心(G_1)和模型的重心(G_2)共同合成的重心。由于调节架的转动部分体积比浮式防波堤模型小,所以能够将调节架转动部分直接归于模型中,这样有利于简化试验计算而不太影响最终结果。计算中只需要用

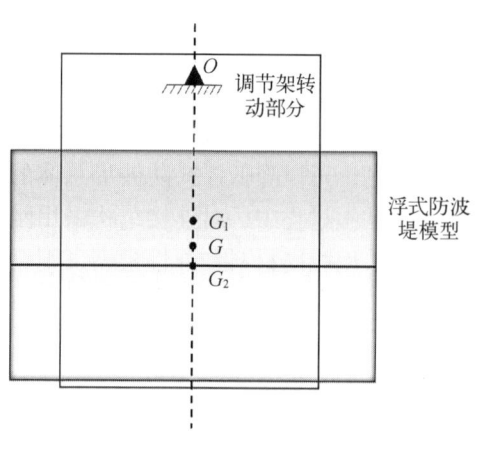

图 3.13 浮式防波堤模型及调节架

到两者合成的重心 G, 即模型的重心 $G_2(X_{G_2}, Z_{G_2})$。基准面至刀口转动轴的垂向高度 Z_0 是已知的，调节模型的重心位置 $G_2(X_{G_2}, Z_{G_2})$，使模型的重心位置 $G_2(X_{G_2}, Z_{G_2})$ 符合规定的要求。

倾斜试验的原理图如图 3.14 所示，将质量已知的砝码 P 放置在与位于刀口垂直面内的模型上，若将砝码 P 向后移动距离 d，模型连同调节架一起发生纵倾现象，设纵倾角为 θ，则对于支点 O 的力矩，有

$$Pd\cos\theta = \Delta m(Z_0 - Z_{G_2})\sin\theta \tag{3.64}$$

$$\Delta h = \frac{Pdl}{\Delta m(Z_0 - Z_{G_2})} \tag{3.65}$$

式中，Δh 代表倾斜值，且 $\Delta h = h_1 - h_2$，h_1 代表防波堤模型在水平位置未移动时的指针读数，h_2 代表将砝码移动距离 d 后模型平衡于纵倾位置时指针的读数。

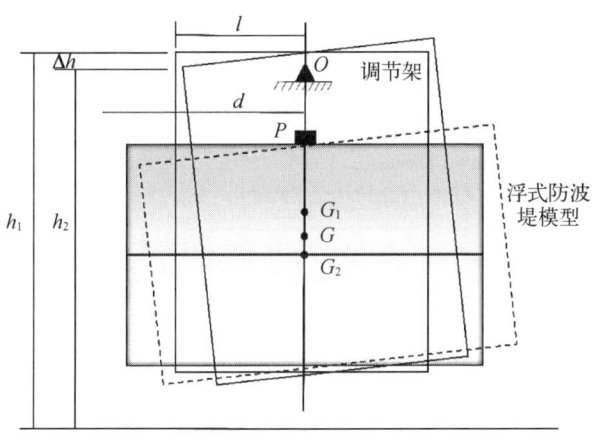

图 3.14　倾斜试验原理

式（3.65）等号右边各项都为已知数值，可通过计算得到目标的倾斜值。将模型的压载重量沿垂向上下移动，直到调节 Δh 达到目标值，可以进行对重心高度 Z_{G_2} 的调节。

参 考 文 献

[1] 中华人民共和国交通部. 波浪模型试验规程 JTJ/T234 - 2001 [M]. 北京：人民交通出版社，2002.
[2] 董胜，张华昌，宁萌，等. 海岸工程模型试验 [M]. 青岛：中国海洋大学出版社，2017.
[3] 中华人民共和国交通运输部. 港口与航道水文规范 JTS 145 - 2015 [M]. 北京：人民交通出版社，2016.
[4] Pangalila E V, Martin J P. A method of estimating line tensions and motions of a semi-submersible based on empirical data and model basis results [C]. Houston：Offshore Technology Conference，1969，2：90 - 96.
[5] 郝春玲，滕斌. 不均匀可拉伸单锚链系统的静力分析 [J]. 中国海洋平台，2003，18（4）：19 - 22.

[6] 潘斌, 高捷, 陈小红, 等. 浮标系泊系统的静力计算 [J]. 重庆交通学院学报, 1997, 16 (1): 68-73.

[7] Zhang H M, Yang J M, Xiao L F. Hybrid model testing technique for deep-sea platforms based on equivalent water depth truncation [J]. China Ocean Engineering, 2007, 21 (3): 401-416.

[8] Zhang H M, Gao W J, Wang Q, et al. Investigation on optimization design of an equivalent water depth truncated mooring system based on INSGA-II [J]. Journal of Marine Science and Application, 2012, 11 (2): 208-215.

[9] Zhang H M, Sun Z L, Yang J M, et al. Investigation on optimization design of equivalent water depth truncated mooring system [J]. Science in China Series G: Physics Mechanics and Astronomy, 2009, 52 (2): 277-292.

[10] Waals O, Van Dijk R R T. Truncation methods for deep water mooring systems for a catenary moored FPSO and a Semi taut moored semi submersible [C]. New Orleans: DOT Conference, 2004.

[11] Luo Y, Baudic S. Predicting FPSO responses using model tests and numerical analysis [C]. Hawaii: Proe of the l3th International Offshore and Polar Engineering Conf, 2003.

[12] 王宏伟, 罗勇, 苏玉民. 悬链线式系泊及立管系统等效截断设计 [J]. 哈尔滨工程大学学报, 2010, 31 (12): 1565-1572.

[13] 徐胜. 半潜式平台运动耦合分析方法及水动力模型试验研究 [D]. 镇江: 江苏科技大学硕士论文, 2013.

[14] 苏一华. 混合模型试验中截断系泊缆动力特性差异研究 [D]. 上海: 上海交通大学硕士论文, 2009.

[15] 徐胜, 嵇春艳. Dynamics of large-truncated mooring systems coupled with a catenary moored semi-submersible [J]. China Ocean Engineering. 2014, 28 (2): 149-162.

[16] 杨建民, 肖龙飞, 盛振邦. 海洋工程水动力学实验研究 [M]. 上海: 上海交通大学出版社, 2008: 31.

第 4 章　浮式防波堤试验测量系统及校验方法

浮式防波堤水动力学试验是一种复杂程度较高的试验，涉及较多测量参数及试验设备。其测量参数包括浮式防波堤系泊系统的张力、堤前与堤后的波高时间历程及浮式防波堤运动响应等。其试验设备包括浪高仪、六自由度运动测量仪、拉力测量仪、数据采集器、水下摄像机等。试验设备种类和数量繁多，尤其在开展三维浮式防波堤水动力试验时，试验复杂程度高，需要设置多个浪高仪器来检测不同区位的波浪高度，还需要设置多个拉力传感器测量不同位置系泊系统张力的变化情况。本章对浮式防波堤试验所需的测量系统及校验方法进行介绍。

4.1　试验测量仪器的类别和标定

4.1.1　浪高仪

在试验中为了观察和量化浮式防波堤的堤前、堤后的波高变化，通常会在浮式防波堤的堤前与堤后布置若干个浪高仪记录和测量波高的变化。浪高仪除了有测量和记录波浪高度的功能，还可以用来测量波浪的波形、波幅以及上浪等现象。使用浪高仪进行持续测量和记录，可得到包括波高、波长、周期等在内的相关波浪要素。目前，浪高仪的种类较多，如有超声波式浪高仪、伺服式浪高仪、电阻式浪高仪及电容式浪高仪，其原理、性能、精度及使用方法等方面存在很多不同[1]。在开展试验的过程中，可依据波浪特性、试验精度要求、试验费用等因素选取合适的浪高仪进行试验。仪器选用不当会导致测量精度的下降，如浪高仪的测量量程应根据试验所模拟的波浪要素进行合理选择，量程过大会导致试验精度过低，量程过小会导致试验数据记录不完整。目前大多采用电阻式浪高仪或电容式浪高仪开展浮式防波堤的相关水动力学试验。浪高仪测量分析系统如图 4.1 所示。

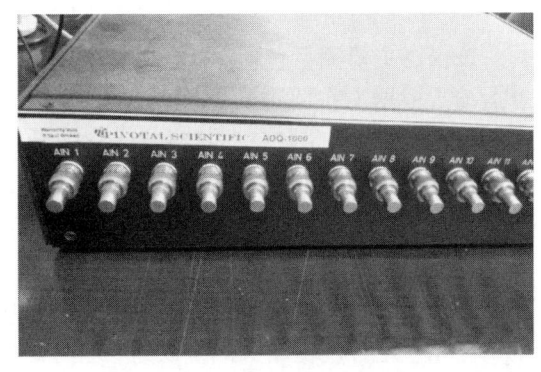

图 4.1　浪高仪测量分析系统

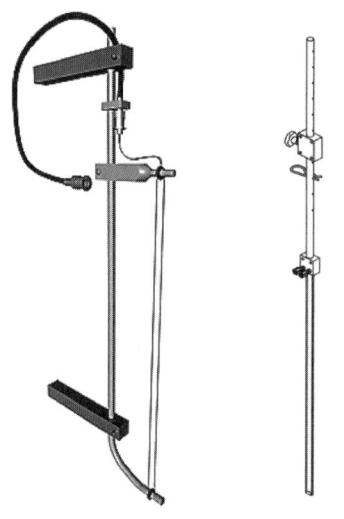

(a) 电容式浪高仪　(b) 电阻式浪高仪

图 4.2　浪高仪

电阻式浪高仪［图 4.2（b）］的传感器是两根平行镶嵌的不锈钢丝，钢丝的端部通过不锈钢细管直接固定在有机玻璃的两端。它的探极是两根隔开的不锈钢丝，它的两个导电体为同一种导电材料，每个探极的上下、大小、形状应相匹配。随着入水深度的变化，传感器中的不锈钢丝的电阻会变化，以达到测量浪高或获得水位变化数据的目的。

电容式浪高仪［图 4.2（a）］的传感器是一根表面存在薄绝缘层的细金属丝。钽丝以氧化膜为绝缘层，而钼丝使用绝缘漆。当这些金属丝浸入水中后，能够与周围的水体构成一个圆筒形的电容器，并且可以随着水位的升降而改变其电容量的大小。因此，可以根据其电容的变化，推算出水位的变化量。

超声波式浪高仪不与水直接接触，不会扰乱波浪，不受水温、水质的影响，测量精度较高，因此它的研制和应用越来越受到重视。但是超声波式浪高仪的频率响应较窄，当波浪的波陡接近 1/10 时，会产生较大误差，因此使用超声波式浪高仪测量不规则波有些困难，目前部分学者正在研究改进其感应接头，以期能解决这个问题。

跟踪伺服式浪高仪的探头始终跟踪水面，测量精度和稳定性都比较好，但其跟踪速度有限制，频率响应较窄，同样，当波浪的波陡接近 1/10 时，也会产生较大的误差。另外，其体积较大，安装不便，从而影响了其推广和使用。

4.1.2　六自由度运动测量仪器

该仪器主要测量包括浮式防波堤在内的各种船舶与浮式结构物模型的六自由度运动，根据工作原理的不同，其主要类型可分为加速度运动测量仪、机械式（接触式）运动测量仪、非接触式光学运动测量仪等，各种运动测量仪的工作特性、造价、使用方法、适用范围等各不相同，在进行试验时可根据试验大纲的需要选取合适的运动测量仪器开展试验。

早期的机械式运动测量仪主要由电位器及陀螺仪部件组合而成，可以用来测量被测物的六自由度运动。仪器在使用过程中存在自身惯性和受摩擦等因素的影响，会在一定程度上增大测量误差，且导致响应较慢，与此同时，接触式的机械连接装置在实际使用过程中也会干扰试验模型的自由运动。加速度运动测量仪是通过加速度仪测得模型运动的加速度，对其进行二次积分，算得模型的空间位置和运动时历[1]。进行时间积分时必然会产生误差，随着测试时间的增长，累积的误差也会增大。因此，对试验精度要求较高的试验不适宜采用此类测量仪开展试验。

非接触式光学运动测量仪的工作原理与传统的机械式运动测量仪有很大不同，这种新式测量仪在工作时，首先需要利用光学运动测量相机捕捉布置在浮式防波堤等海洋结构物上的光源信号，且在试验过程中会实时捕捉发光球随浮式防波堤等海洋结构物运动而变化的三维运动参数。随后，配套的专业软件会对采集到的数据进行后期处理，并计算出试验模型在预设工况下的运动数据，包含三个方向上的平动及转动。模型参考点 P 与模型上任意一个相对固定点 S 之间的位置坐标关系式[1]为

$$x = x_P + c\psi x\psi + c\delta x\delta + c\varphi x\varphi \tag{4.1}$$

$$y = y_P + c\psi y\psi + c\delta y\delta + c\varphi y\varphi \tag{4.2}$$

$$z = z_P + c\psi z\psi + c\delta z\delta + c\varphi z\varphi \tag{4.3}$$

式中，(x_P, y_P, z_P)、(x, y, z) 分别是 P 点、S 点的空间运动坐标；(ψ, δ, φ) 是 S 点在模型上随体坐标系的相对坐标。九个方向的余弦与模型运动的三个欧拉角（即三个转角运动）相关。试验得到至少三个光点的相对位置坐标以及至少九个光学坐标，接下来可以通过式（4.1）~式（4.3）算出模型参考点 P 点位置的六自由度运动。

由于非接触式运动测量仪在实际试验过程中是通过跟踪红外光源的方式对被测模型展开测量，因此从原理上不存在试验环境对试验测量结果产生影响的因素。这使得该测量方式的测量误差极小，且精度相比传统的机械式运动测量仪高很多，目前对平动的测量精度可达 1 mm，对转动的测量精度可达 0.1°；若同时采用多个镜头跟踪，并在每个模型上都放置红外线发光源，便可以实时跟踪并测量多个模型的六自由度运动。目前，非接触式光学运动测量仪已经广泛应用于国内外的海洋工程水池试验测量中。

非接触式光学运动测量仪在工作时利用光学跟踪和识别发光源的方法对被测物体进行测量，因此试验中对运动测量仪的跟踪镜头及发光灯球的安装布置要求也较高。特别是当采用多个跟踪镜头且需要同时测得多个物体的六自由度运动时，安装布置工作的难度更大，需要通过反复的修正才能达到试验开展的要求。非接触式光学运动测量系统在试验过程中要遵循以下布置原则：① 在试验开展的全过程中，各个被测模型上所安装的灯球不能互相干扰；② 不能出现相互重叠遮光的情况；③ 所有灯球都不能超出跟踪镜头所覆盖的测量区域。其安装布置没有固定的方式，可依据试验场地进行灵活布置。非接触式光学运动测量仪如图 4.3 所示。

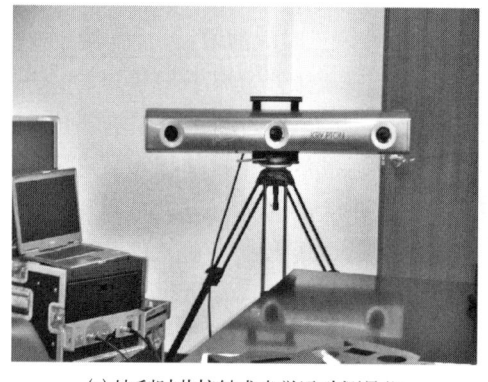 

(a) 比利时非接触式光学运动测量仪　　　　　(b) 瑞典非接触式光学运动测量仪

图 4.3　非接触式光学运动测量仪

4.1.3　拉力测量仪

拉力测量仪是针对结构开展静载、拉伸等力学试验的试验仪器，按照自动化程度的高低可分为数显式拉力测量仪和电脑系统拉力测量仪。

在浮式防波堤的相关试验中，常采用拉力传感器对系泊系统的张力进行定量测量。拉力传感器使用的数据采集器及信号放大器如图 4.4 所示。

(a) UEI数据采集器　　　　　　　　　　(b) 信号放大器

图 4.4　数据采集器及信号放大器

拉力传感器属于称重传感器的一种，又称为电阻应变式传感器。该传感器包含拉力敏感元器件和位于传感器两端的拉力传递结构。拉力敏感元器件常由压电片、压电片垫片两部分组成。其中压电片负责将试验过程中的拉力值转换为相对应的电信号，而压电片垫片主要负责压电片的紧固及固定拉力传感器两侧的拉力传递结构。拉力传感器的具体工作原理[2,3]为：敏感梁等在内的弹性元器件在外力作用下会产生相应的弹性变形，从而迫使粘贴在弹性元器件表面的电阻应变片发生形变，发生形变后的电阻应变片的电阻会产生相应变化，拉力传感器内的测量电路把电阻应变片的电阻变化转换为电信号，从而实现了拉力与电信号之间的转换。由于实际环境与试验环境不同，实际环境条件下会存在一些影响拉力转换为电信号过程的外在因素，所以目前滞后误差、蠕变、线性误差、重复性误差及零点温度和灵敏度等是衡量拉力传感器性能的核心指标。虽然拉力传感器有着结构简单、频响特性好、测量范围广、测量精度高、使用寿命长、适应能力强等众多优点，但拉力传感器目前也存在一些缺点，例如，对于大应变，其电信号的输出信号较弱，从而造成电信号呈非线性输出。针对这些缺点，有些厂商会采取一些补偿措施来增强信号的输出强度。各类拉力传感器如图4.5所示。

(a) MCL-S2型拉力传感器

(b) MCL-U型拉力传感器

(c) MCL-Z型柱式拉力传感器

图4.5 各类拉力传感器

在实际的试验环境下，需要根据试验模型所受载荷、受力部位等因素选用合适的拉力传感器量程。若选用的拉力传感器的量程过大，会造成拉力数据测量的不准确；若选用的拉力传感器的量程过小，会导致拉力数据测量记录不完整，甚至有可能使拉力传感器受损。

4.1.4 其他测量仪器

上述浪高测量仪器、六自由度运动测量仪器及拉力传感器是浮式防波堤水动力模型试验中最常用的测量仪器。这些测量仪器的先进程度和仪器操作水平，直接影响浮式防波堤水动力模型试验的能力。此外，在一些特殊类型的模型试验中，有时也会采用一些其他类型的测量仪器。

加速度传感器多用于测量模型运动加速度，包括线加速度传感器和角加速度传感器。运动加速度往往是衡量浮式防波堤上的设备在作业时适用状况的重要参数，因此在风、浪、流模型试验中，尤其是对作业海况进行的试验，往往需要在浮式防波堤模型甲板上的某些重要部位安装数个加速度传感器，直接测量该处各运动方向的加速度。

对于模型物体运动或相对运动的测量，除光学六自由度运动测量仪外，有时根据试验需要，还可以使用比较简便的仪器，通过直接测量得到相应的运动参数。这些仪器包括线位移传感器、陀螺仪、角度电位器等。采用线位移传感器可以测量单个方向的线位移、浮体沿长度方向的垂向线位移或两个构件连接处的相对线位移。陀螺仪可以用来测量横摇和纵摇运动，例如，对于船模横摇试验中的运动测量，只需要测量横摇和纵摇。

为了实时记录试验过程，还需要使用数码摄像机和数码照相机（图 4.6）对整个试验过程进行录像和拍照。试验视频或照片可以在后期用来分析浮式防波堤在风、浪及流的联合作用下的试验现象，如甲板上浪、抨击及月池效应等。

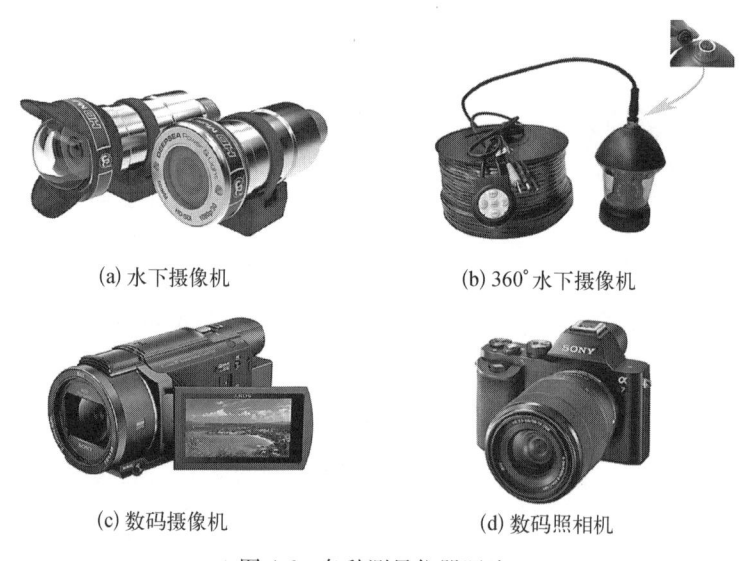

图 4.6　各种测量仪器照片

4.1.5　测量仪器的标定

1. 浪高仪标定

由于在存放过程中浪高仪的波高与模拟信号间的线性关系会产生微弱的变化，为提高测量精度，减小误差，需要在正式试验开展前对浪高仪进行重新标定。浪高仪通常在静水中进行标定，标定时需要人为升高和降低浪高仪的吃水，来模拟试验过程中的波浪起伏状态，其中，浪高仪上升对应实际试验中波浪的下降，浪高仪下降对应实际试验中波浪的抬高。通常需要人为确定至少五个吃水点作为浪高仪更新波高与电压信号间线性关系的数据基础。在进行浪高仪标定时，首先将浪高仪的中间部位作为试验状态下的静水状态，将数据采集系统采获的电压数据人为归零，接着依次将浪高仪上升或下沉到预设位置（5 cm，10 cm，…），通过采集系统获得各位置处的电压数据，最后绘制成如图 4.7 所示的标定曲线，图中包含了所有标定过程中所测量的电压及升降距离数据。根据先前大量的标定数据，图示的离散数据在很大概率上以线性关系呈现，可通过进行线性回归计算标定所浪高仪的电压与波高间的线性标定系数，后续的波高采集数据需要以该标定系数为依据进行计算处理。若标定后发现测量数据的线性度不满足要求，则需重新标定以达到使用要求。

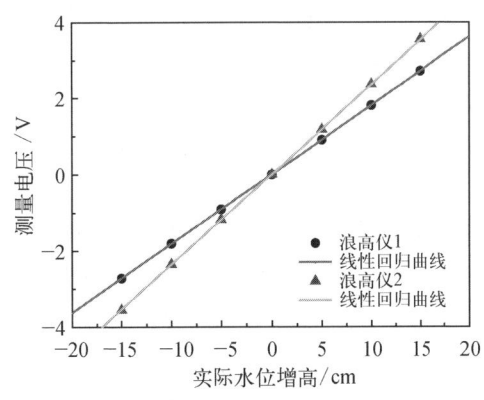

图 4.7 浪高仪标定曲线

2. 非接触式六自由度测定仪标定

非接触式光学六自由度运动测量系统是一个价格高昂的精密仪器，使用过程中必须仔细校验。通过基于 Windows 操作系统的可视化、交互式的集成数据采集、处理与分析功能的软件，以及跟踪镜头和发光灯球等配套设备，在试验开展过程中可以实现对目标物体的二维坐标、三维坐标及六自由度运动进行实时跟踪测量。

在进行正式测量之前，首先需要在软件中设置相关镜头的实际安装位置及方向等参数，并且一定要根据实际测量的需要来设置运动测量的总体坐标系（大地坐标系）。在多个跟踪镜头的组合安装布置时需考虑实际所需测量区域的大小及周围可供安装的具体场地条件等，相关信息的设置工作都是在对测量系统进行标定的过程中完成的。因此，对光学运动测量系统进行标定是每次试验前的必要工作。

另外，跟踪镜头是十分精密并且敏感的，细微的震动或者触碰都会在一定程度上导致其产生测量误差。为了保证试验精度及测量数据的稳定性，标定结束后的运动测量系统应避免发生触碰和震动，在布置跟踪镜头时应保证地面的平整稳固，以免试验过程中发生晃动进而产生测量误差。在试验过程中，运动测量系统若因人为因素产生测量误差，应及时暂停试验并重新标定，然后开展后续的相关试验项目。

在标定过程中，需要使用标定专用的空间探针和发光源。与测定仪配套的空间探针与发光源特点如下：空间探针主要用于构建静态坐标系（大地坐标系），一般由 9 颗 LED 灯珠和 1 根金属探针构成，9 颗灯珠每 3 颗为一组，三组灯珠成等腰三角形分布，相互之间由硬质塑料连接，金属探针布置于等腰三角形底边处。每一组灯珠在跟踪镜头内确定一点,三组灯珠确定一个平面,金属探针所接触点在跟踪镜头中的相对位置即可被确定。发光源由 3 颗独立的 LED 灯珠组成,每个灯珠可以自由安装在任意表面,这 3 颗灯珠需要按三角形安装,用来确定一个平面,代表动态坐标系,发光源的安装需确保安装表面在被测物体上或该表面与被测物体刚性固定,并确保测量过程中发光源不接触任何液体、固体杂物。

对非接触式光学运动测量仪进行标定时,需要在测量区域内设定一个静态坐标系与一个动态坐标系。以比利时非接触式六自由度光学测量仪为例,首先架设跟踪镜头,对镜头的高度及方位进行调整,镜头范围需含纳整个测量区域,使得预先在被测物体上安装好的发光源均可被镜头采集到。空间探针会对环境温度进行测量,为了保证精度,5℃的温度变化会导致软件警告,并需进行重新归零。静态坐标系需基于测量物体的重心 G 点标定,一般选择物体重心正上方水平表面,为减小误差,选取该表面与重心垂直交点为静态坐标系原点,记为 O 点。测量 O 点与 G 点垂直距离,为之后的软件参数调整做好准备。空间探针顶部接触特征点 O 点,保持静止且其灯珠朝向镜头,镜头采集数据所确定的 O 点位置,记为原点 O。探针头部沿物体纵向水平移动一段距离(15~25 cm),采集该点,记为 X 点;回到 O 点,沿物体横向水平移动一段距离(10~20 cm),采集该点,记为 Y 点。使用软件采集线功能,生成坐标轴 X 轴与 Y 轴,X 轴为 O 点与 X 点连线,即"$O-X$",Y 轴为 O 点与 Y 点连线,即"$O-Y$"。关联特征点 O 点与两条连线,软件自动生成空间静态坐标系,使用参数调整,录入 O 点相对于 G 点的三维距离参数,软件确定基于重心 G 点的静态坐标系。动态坐标系基于预先在被测物体上安装好的发光源,使用软件中的动态坐标系生成命令,镜头采集数据后,自动生成动态坐标系。设置静态坐标系和动态坐标系相关性,使得软件确定两者的相互关系。最后,保存数据,即完成标定。进行测量检测时,若软件可识别物体运动,则标定结束,若无法识别,便要寻找原因,再重复进行上述工作,直到满足软件标定要求。

3. 拉力传感器标定

在标定拉力传感器时,需要将其一端固定,另一端自由悬垂。然后将信号放大器采集到的电压归于零位。随后将 1 kg、2 kg、5 kg 的标准砝码依次挂在拉力传感器自由悬垂的一端,砝码稳定后,通过数据采集系统对相应标准砝码的电压数据进行采集,最后根据标准砝码质量和系统所测的对应电压绘制拉力传感器的标定曲线。若所测数据大体呈线性分布关系,则说明标定正常,否则重新标定或更换信号放大器。对所测数据进行线性回归后可得拉力传感器实际的标定系数,以标定系数为基础可以进行测算和分析。

4.2 测试内容及仪器布置

4.2.1 波浪测量及仪器布置

在浮式防波堤的堤前和堤后布置的浪高仪除了能记录试验过程的波高数据,还能用于试验后期对试验工程中产生的反射波进行人为算法剔除。常用的分离反射波的方法有两点法、三点法等。若采用两点法进行反射波的剔除,则在浪高仪的布置过程中,两浪高仪间距应满足以下要求:

$$\Delta l/\lambda \neq k/2 \quad (k = 0, 1, 2, \cdots) \tag{4.4}$$

式中,Δl 为相邻浪高仪间距,λ 为波长,k 为波数。

在测量不规则波时,当 $\Delta l/\lambda_{\max} = 0.05$ 时可以测得最小频率,当 $\Delta l/\lambda_{\max} = 0.45$ 时可以测得最大频率。对于规则波,Δl 取值 $0.05\lambda \sim 0.45\lambda$ 即可,并且,浪高仪距浮式防波堤的间距需满足 $x_l > 0.2\lambda$。浪高仪测点分布示意图如图4.8所示。

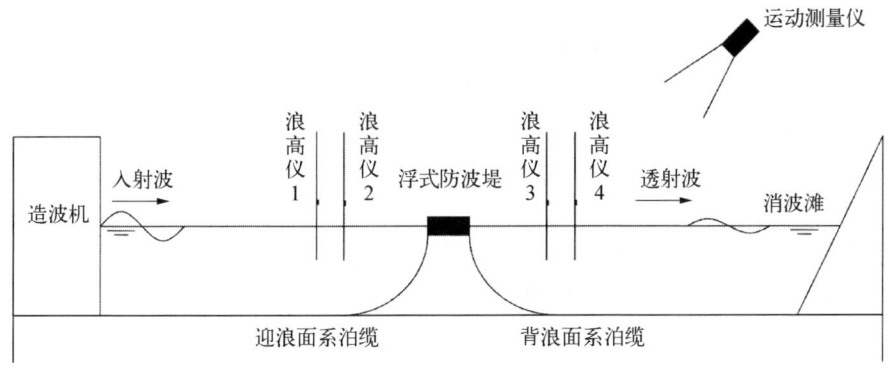

图4.8 浪高仪测点分布示意图

4.2.2 运动测量及仪器布置

当测量浮式防波堤六自由度运动响应时,可使用接触式、非接触式等在内的运动测量系统或加速度运动测量仪等运动测量仪器,在实际开展试验的过程中,周期较短或者波高较高的波浪在与浮式防波堤耦合过程中很有可能会出现上浪、拍击等试验现象,这会导致防波堤产生剧烈运动,一部分水会飞溅到测量仪器上,为防止运动测量设备因触水导致仪器故障等现象的发生,在开展试验时,预先会将相关设备尽量远离水面,以避免此类现象的发生。以非接触式光学六自由度测量系统为例，在试验中可以预先将非接触式光学六自由度测量系统的光感器安装在浮式防波堤模型上的安全位置，并使用轻质材料与浮式防波堤模型进行刚性连接，使得在试验中两者会一起运动，从而提高测量稳定性。光感器测点布置示意图如图4.9所示。

图4.9 光感器测点布置现场图

4.2.3 拉力测量及仪器布置

拉力传感器主要用来记录试验过程中浮式防波堤系泊系统的张力大小。按照试验目的的不同，通常会在浮式防波堤的迎浪面及背浪面等张力较大的系泊缆索的顶端位置上设置若干拉力传感器。通常，其测点布置示意图如图4.10所示。

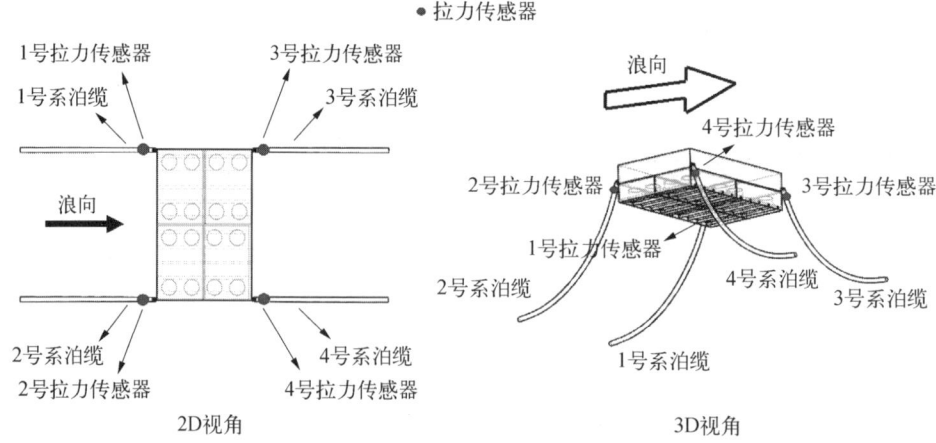

图4.10 拉力传感器测点布置示意图

4.3 试验数据实时采集系统

试验数据实时采集系统主要由硬件及软件系统构成。在开展有关浮式防波堤物理模型试验的过程中,需要对防波堤的堤前堤后波高、防波堤系泊缆拉力等参数进行实时监测。只有当硬件设备和专用软件的性能相匹配,工作稳定正常时,才能共同完成试验数据的采集。试验数据实时采集系统的原理图如图 4.11 所示。

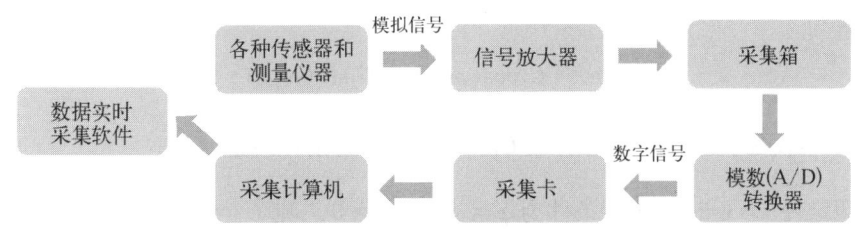

图 4.11 试验数据实时采集系统原理图

4.4 模型相似性校验方法

4.4.1 静水中浮式防波堤浮体结构单自由度衰减试验方法

浮式防波堤系统是具备一定的回复力或回复力矩的,当防波堤受外力作用而偏移原平衡位置或产生一定倾斜角时,回复力或回复力矩的存在能够使防波堤在外力作用消失之后重新回到受力之前的平衡状态,当进行防波堤的模型试验时,需要开展与回复力及回复力矩有关的自由衰减试验(包括垂荡自由衰减试验、横摇自由衰减试验及纵摇自由衰减试验),利用这些试验数据能够对模型的实际重心位置、转动惯量等信息进行校核,提高试验有关参数的精度。本书以静水自由横摇衰减试验为例进行介绍。

在开展浮式防波堤模型的横摇自由衰减试验时,需把防波堤模型人为横倾一个角度(注:横倾试验开始前需确保防波堤在水面静止情况下保持平衡状态),之后松开,使防波堤自由摇摆直至停止。此后,可利用各类的运动测量设备对浮式防波堤的横摇衰减运动进行持续的测量记录,直至防波堤模型静止稳定。通过对测量数据的分析,即可得到浮式防波堤试验模型在静水中真实的横摇阻尼系数及模型的固有周期等参数。

浮体(设为浮式防波堤)在静水中自由横摇的运动方程[1]为

$$I'_{xx}\ddot{\varphi} + 2N\dot{\varphi} + Dh_T\varphi = 0 \qquad (4.5)$$

式中，$\ddot{\varphi}$、$\dot{\varphi}$ 和 φ 分别为自由横摇的角加速度、角速度和角位移；I'_{xx} 为浮体的横摇总惯性矩（包括附加惯性矩）；N 为自由横摇阻尼力矩系数；D 为排水重量；h_T 为横稳性高。

令 $2\nu = \dfrac{2N}{I'_{xx}}$，$\omega_\varphi^2 = \dfrac{Dh_T}{I'_{xx}}$，则运动方程式（4.5）可写为

$$\ddot{\varphi} + 2\nu\dot{\varphi} + \omega_\varphi^2\varphi = 0 \qquad (4.6)$$

其通解为

$$\varphi = e^{-\nu t}\left[C_1\cos(\omega'_\varphi t) + C_2\sin(\omega'_\varphi t) \right] \qquad (4.7)$$

式中，$\omega'_\varphi = \sqrt{\omega_\varphi^2 - \nu^2}$；积分常数 C_1、C_2 可由初始条件决定。

假定在 $t = 0$ 时的初始条件为 $\varphi = \varphi_{A0}$，$\dot{\varphi} = 0$，则 $C_1 = \varphi_{A0}$，$C_2 = \dfrac{\varphi_{A0}D}{\omega'_\varphi}$。因此，式（4.7）可写为

$$\varphi = \varphi_{A0}e^{-\nu t}\left[\cos\omega'_\varphi t + \dfrac{\nu}{\omega'_\varphi}\sin\omega'_\varphi t\right] \qquad (4.8)$$

式中，$\nu = \dfrac{N}{I'_{xx}}$ 为自由横摇衰减系数；$\omega\varphi = \sqrt{\dfrac{Dh_T}{I'_{xx}}}$ 为自由横摇的固有频率；ω'_φ 为记及水的阻尼后的自由横摇固有频率，由于 ν 的数值很小，ω'_φ 与自由横摇的固有频率 ω_φ 十分相近，可以认为 $\omega'_\varphi \approx \omega_\varphi$。

令 $\mu = \dfrac{\nu}{\omega'_\varphi} \approx \dfrac{\nu}{\omega_\varphi}$，称为自由横摇的无因次衰减系数或无因次阻尼系数。将上述推导结果作为分析浮式防波堤模型横摇衰减试验的依据。静水中横摇衰减试验结果如图 4.12 所示。从图中自由横摇衰减曲线可以看出，自由横摇幅值按指数规律随时间而衰减，相邻两个自由横摇峰值（如 A_2，A_4）或谷值（如 A_1，A_3）之间的时间间隔即为自由横摇的固有周期 T。

此外，时间 $t_1 \sim t_2\left(t_2 = t_1 + \dfrac{T_\varphi}{2}\right)$ 的半个周期时间间隔内，自由横摇幅值绝对值的变化为

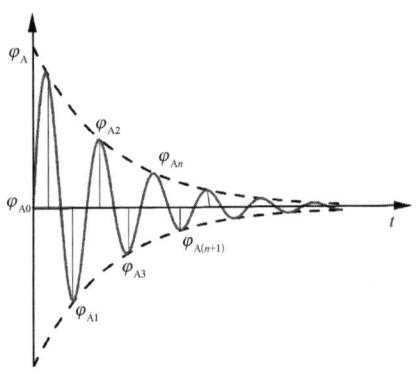

图 4.12　静水中自由横摇衰减曲线[1]

$$\left|\frac{\varphi_{A2}}{\varphi_{A1}}\right| = e^{-\frac{T_\varphi}{2}} = e^{-\mu\pi} \tag{4.9}$$

可得无因次衰减系数的表达式为

$$\mu = \frac{1}{\pi}\ln\left|\frac{\varphi_{A1}}{\varphi_{A2}}\right| \tag{4.10}$$

推广为普通表达式为

$$\mu = \frac{1}{\pi}\ln\left|\frac{\varphi_{An}}{\varphi_{A(n+1)}}\right|, \quad \varphi_{An} > \varphi_{A(n+1)} \tag{4.11}$$

式中，φ_{An} 和 $\varphi_{A(n+1)}$ 分别为第 n 个和第 $n+1$ 个峰值或谷值。对测量数据进行处理之后就可获得防波堤模型的自由衰减时历曲线，通过研究分析还可获得防波堤模型的无因次阻尼系数和固有周期等关键参数。图 4.13 给出了某典型浮式防波堤模型试验中的静水自由纵摇和横摇衰减曲线。

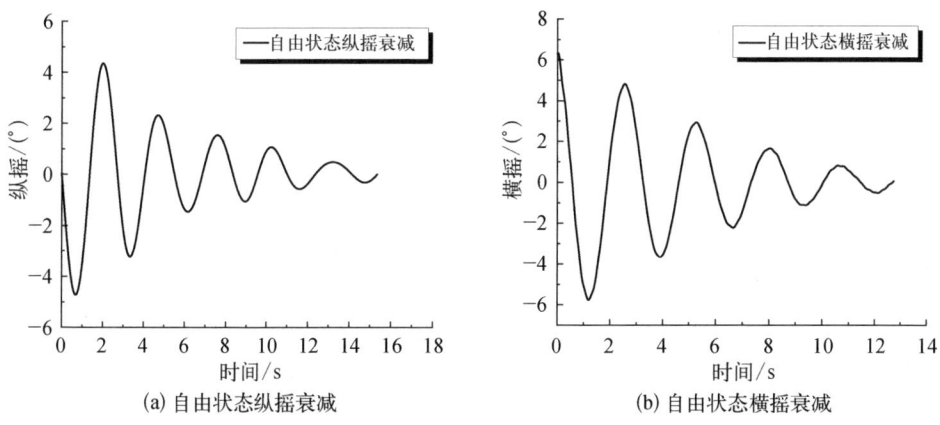

图 4.13　某次模型试验中的静水自由纵摇和横摇衰减曲线

上述自由横摇问题的相关理论基础和分析方法同样可以应用到其他形式的单自由度振荡运动上。对于垂荡试验，应该将模型向下按压一定距离，之后在模型重心顶部突然释放，测量并记录其自由垂荡衰减的时间曲线，其相对应的自然周期和无量纲阻尼系数采用与自由横摇衰减测试类似的方法加以计算。

4.4.2　浮式防波堤及系泊系统的静水试验

浮式防波堤自身在受外力作用后会产生纵荡、横荡及艏摇等各种运动，由于浮式防波堤自身并不能产生回复力矩，因此会逐渐偏离平衡位置。但若给浮式防波堤配备相应的系泊系统，此时，在外力作用下防波堤仍会偏离平衡位置，但当外力消失后，在系泊系统的作用下防波堤能够重新回到受力之前的平衡状态。

能正确模拟出系泊系统提供的静回复力或回复力矩，对于校核防波堤系统的固有周期，正确反映系泊系统的系泊张力大小及防波堤的真实运动至关重要。因此，在进行整个系统的静水运动衰减试验之前，需要对系泊系统自身的力学特性（如预张力、水平刚度等）进行一系列的测试与验证。

1. 系泊系统预张力的调节

将浮式防波堤模型放置于指定的平衡位置，并连接系泊系统的所有系泊缆索和张力传感器。若每条系泊缆索的拉伸程度不同，则防波堤模型难以保持在静水中的平衡。为避免出现该类情况，需对浮式防波堤主体或模型上的每条系泊缆索都施加相同的预张力，让其处于相同的拉伸状态并具有相同的定位功能。浮式防波堤实体上每条系泊缆索的预张力都取决于实际工作水深及浮式防波堤的尺寸。根据 3.6 节给出的相似性原理可计算出模型上每个系泊缆索上的预张力。按照该计算值对系泊缆索预张力进行调节，直至满足目标值。

实际系泊张力调节过程中，随着系泊缆索数目的增加，调节的难度也会增大。这是由于浮式防波堤会在静水中摇摆。当大多数系泊线的预张力已经调节到设定值时，如果调节另一系泊缆索，那么已经调节好的每条系泊缆索的预张力都会发生改变，这种重复调节耗时耗力。根据经验，可采用下述调整方法和步骤来缩短调节时间。

（1）将浮式防波堤模型放置于预定的平衡位置后，使用夹紧装置将浮式防波堤模型固定在拖车上，且保证夹紧装置不会影响浮式防波堤模型的平衡位置。

（2）试验前对浮式防波堤模型上的系泊缆进行调整（适当张紧），使其实际的预张力为指定预张力大小。

（3）将所有系泊缆索进行逐一调节，便完成了每条系泊缆索预张力的初步调节。

（4）松开拖车上的夹紧装置，使模型浮动到平衡位置，并检查每条系泊缆索上的预张力，若存在差异，则进行反复微调，直至达到满意的结果。

（5）每条系泊缆索上测得的预张力误差通常应该小于规定预张力的±2%。

2. 系泊系统的水平刚度试验

系泊系统水平刚度试验包括单根系泊缆的水平刚度试验和整体系泊系统的水平刚度试验。系泊系统水平刚度试验的目的是获得系泊系统模型真实的张力-位移曲线，该曲线能够反映系泊系统缩尺之后的水平刚度与原型系泊缆水平刚度之间的相似程度，为后期系泊缆模型的调整提供试验数据。在开展试验时需在静水中开展，以确保所测数据不受其他外力干扰，具体步骤如下。

1) 单条系泊缆索的水平刚度特性试验

根据试验模型的形状,在静水中设置单条系泊缆索,并在顶端(锚索引导孔的位置)施加一定的水平外力。图 4.14 给出了一条系泊缆水平刚度测试试验照片。通过测量不同外力作用下相应的锚线的位移和测量系泊索的张力,可以得到系泊缆索张力随锚线水平位移的特征曲线,即单条系泊索的水平刚度曲线。在试验中,所选取系泊缆索的最大张力应留有一定冗余度,以涵盖试验可能发生的各种情况。图 4.15 给出了某单条系泊缆在进行水平刚度试验时测得的张力水平位移曲线。对该曲线进行研究分析,若满足试验精度(平均误差的绝对值小于 5%),则可开展后续各项测试,否则需要检查误差来源,重新设计制作系泊缆模型,直至满足试验要求。

图 4.14 单条系泊缆索张力测试照片

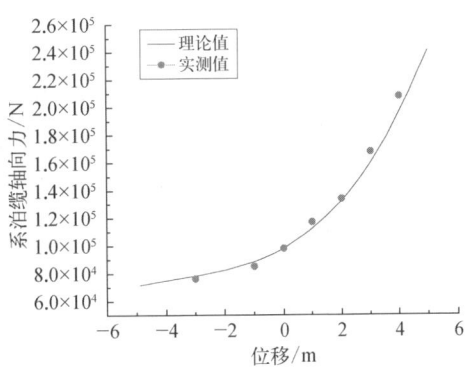

图 4.15 单条系泊缆索张力水平位移曲线

2) 整体系泊系统的水平刚度试验

单条系泊缆模型水平刚度校核试验结果满足要求后,可对整个系泊系统模型进行试验。本书以水平刚度试验流程为例进行介绍,其余方向与之类似。试验开始前,首先需保证整个系泊系统装配完整且处于静水平衡位置,其次各系泊缆要提前完成水平刚度校核和预张力调整,接着在模型的中纵剖面上施以一定的水平拉力(可以通过砝码的重力或者拖车来完成),然后测量浮式防波堤模型在不同拉力作用下向后移动的距离长短,最后对测量数据进行收集处理,便可得到整个系泊系统的纵向受力-位移特性曲线。图 4.16 给出了一个浮式防波堤系统的水平刚度校核方法。图 4.17 给出了一个防波堤整体系泊系统在进行水平刚度试验后测得的张力水平-位移曲线,对该曲线进行研究分析,若满足试验精度(平均误差绝对值小于 5%),则可开展后续各项测试,否则检查误差来源,重新设计制作系泊系统模型,直至满足试验要求。

当进行整个系泊系统的水平刚度试验时,一般需考虑纵向和横向的受力方向,试验步骤及测试内容与上述纵向相关内容相似,其结果也可用相应的受力-位移

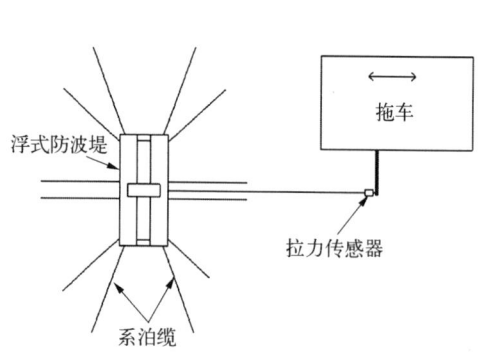

图 4.16 系统水平刚度试验示意图

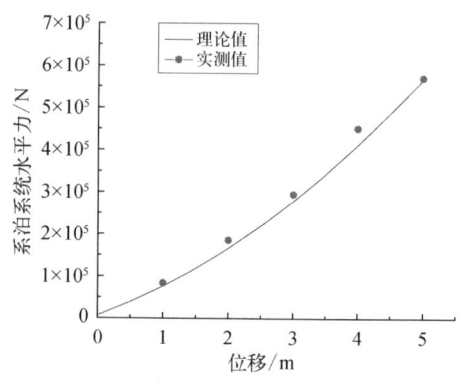

图 4.17 系统水平受力-位移特性曲线

特性曲线表示。

3. 浮式防波堤及系泊系统的单自由度运动衰减试验

在系泊系统预张力调节试验和水平刚度试验的结果达标后,可进行浮式防波堤及系泊系统的单自由度衰减试验,本书以浮式防波堤及系泊系统横荡衰减试验为例,具体试验步骤如下:

(1) 将浮式防波堤模型和系泊系统置于水池中预定的位置。

(2) 通过机械设备将整个系统沿横向拉至一定距离后突然放开,对于刚度较大的系统,可采用电磁开关进行受力释放。

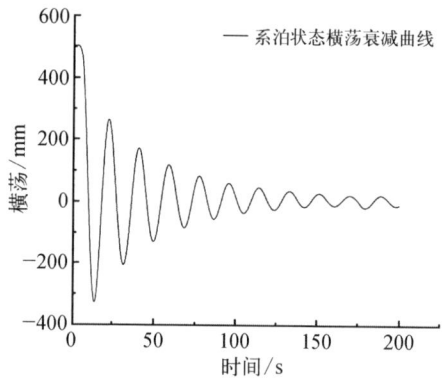

图 4.18 浮式防波堤及其系泊系统静水横荡衰减曲线

(3) 利用预先在系统上设置的运动测量系统记录整个系统的横荡运动时历曲线。图 4.18 给出了一个浮式防波堤系统的横荡衰减测试曲线。

(4) 根据时历曲线分析整个系统横荡固有周期及无因次阻尼系数。

浮式防波堤主体结构的静水自由衰减试验,主要是为了获得各情况下的固有周期、阻尼等参数,验证浮体模型的实际重心位置、转动惯量等参数的准确性。浮式防波堤主体及系泊系统的静水自由衰减试验,主要是通过横荡、纵荡等试验来测量浮式防波堤主体及系泊系统自由衰减运动的时间历程曲线,获得浮式防波堤模型整体系统的真实固有周期以及无因次阻尼系数。

将测试中获得的防波堤模型的固有周期与理论值进行比对,若固有周期的测量值与对应的理论值一致,则可以继续测试;若不一致,则需要找到原因,甚至重新进行试验,以获得正确结果。

4.4.3 水深截断系泊缆索校核

当浮式防波堤系泊系统需要进行水深截断试验时,需要对水深截断系泊缆进行校核,包括静力特性校核、动力特性校核和水平刚度校核。

1. 单条水深截断系泊缆索静力特性校核试验

针对截断系泊方案设计截断系泊缆索,测量截断系泊缆索在不同位移下的顶端张力情况,通过对比水平位移-顶端张力曲线的测量值和目标值来校核截断系泊缆索试验模型,校核结果的平均误差绝对值需小于5%。在校核过程中,系泊缆索的悬挂高度需与水深值相同,系泊缆悬挂的水平距离要依据截断系泊缆的实际跨距合理进行布置。拉力传感器需布置在系泊缆的顶端位置并与移动架连接,可使用水泥块、金属块等重物对系泊缆模型的底端进行固定。在校核试验过程中,通过移动架上的刻度读取系泊缆水平位移大小,通过数据采集器获取拉力传感器的实时拉力值,在此基础上对采集数据进行后期处理,进一步获得截断系泊缆模型的水平位移-顶端张力曲线。图 4.19 给出了某水深截断系泊缆索静力特性校核试验示意图。在实际的试验过程中,可通过多次试验取平均值的方法提高校核试验数据结果的精确度。

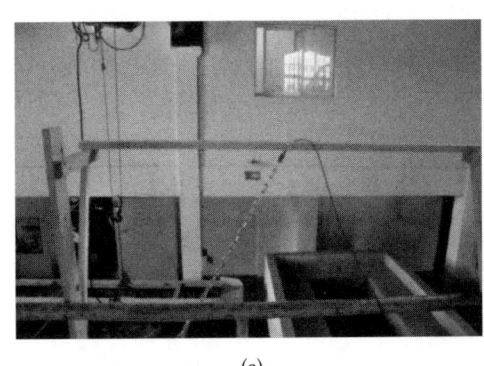

(a)

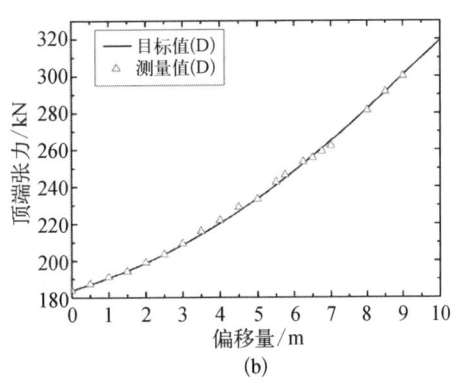

(b)

图 4.19 单条水深截断系泊缆索静力特性校核

2. 水深截断系泊缆索动力特性校核试验

在浮式防波堤试验过程中,系泊系统始终处于动态运动过程,因此,除了对截断系泊缆进行静力特性校核,还需对其动力特性进行校核。

通常利用电控滚珠丝杆滑台开展截断系泊缆动力校核试验,通过加载周期性的外力,获得该系统的动力特性,具体方法和试验步骤如下。

(1) 将浮式防波堤系泊系统的顶端与拉力传感器、电控装置连接,使得截断系泊缆沿滑台移动方向布置。

（2）通过电控系统控制滑台的前进与后退等操作，以实现系泊缆的张紧和松弛。图4.20和图4.21展示了电控丝杆滑台具体操作原理及结构组成。

图4.20 水深截断系泊缆索动力特性校核装置示意图

(a) 水深截断系泊缆索动力特性校核平台俯视图　　(b) 水深截断系泊缆索动力特性校核平台侧视图

图4.21 水深截断系泊缆索动力特性校核平台

（3）将系泊缆顶端的初始张力调整为理论设计值。

（4）利用电控滑台控制程序，结合前期数值模拟结果，在软件界面输入滑台移动距离、速度等参数。系泊缆顶端的振荡运动为规则振荡，其系泊缆顶端运动的实际时历曲线为

$$X = 10\sin\frac{\pi}{2}t \tag{4.12}$$

（5）开展水深截断系泊缆索动力特性校核模型试验，获得系泊缆索时间历程曲线。

（6）将截断系泊缆模型的顶端运动时历曲线和采用时域分析软件RIFLEXD[4]得到的数值模拟结果进行比对分析，试验值和模拟值平均误差的绝对值需小于5%。图4.22给出了一浮式防波堤截断系泊缆张力试验值与数值模拟值的对比结果。

从图4.22中截断系泊缆张力试验值与模拟值的对比结果可以看出，试验测量值与数值模拟值吻合良好。这说明截断系泊模型水准较高，完全满足后续试验的要求，从而验证了截断系泊缆的水动力特性。

3. 水深截断系泊系统水平刚度校核模型试验

截断系泊系统的水平回复力特性对试验的精确度有较大的影响[5]，为确保试

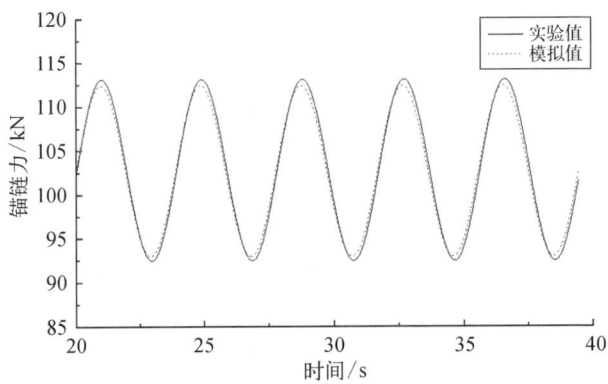

图 4.22 水深截断系泊缆索张力时历曲线

验精度,不仅需要对单根截断系泊缆开展静力及动力特性校核,还需对截断系泊系统进行水平回复力特性校核。其校核方法与 4.4.2 节中整体系泊系统的水平刚度试验相同,此处不做赘述,试验值与设计值平均误差的绝对值小于 5%。

参 考 文 献

[1] 杨建民,肖龙飞,盛振邦. 海洋工程水动力学实验研究 [M]. 上海:上海交通大学出版社,2008.
[2] 文美兰. 接触电阻的分析与测量 [J]. 计量与测试技术,2014,41 (3):62-63.
[3] 黄玉莎. 电阻应变式传感器的原理 [J]. 科技风,2013 (14):27.
[4] MARINTEK. Riflex user manual [Z]. MARINTEK, Norway, 2008.
[5] 苏一华. 混合模型试验中截断系泊缆动力特性差异研究 [D]. 上海:上海交通大学硕士论文,2009.

第 5 章 浮式防波堤二维试验方法

二维水槽试验多用于研究浮式防波堤构型的消波效果及消波机理，三维水池试验多用于对浮式防波堤整体模型消波效果及掩护区域的研究，两种模型试验的内容和侧重点各不相同。本章以二维水槽试验为例，从试验目的和内容、池壁效应、水槽消波方式、模型设计、试验测点布置和工况设计等方面详细介绍浮式防波堤二维水槽试验的相关原理及方法。

5.1 试验目的和内容

假设浮式防波堤无限长，根据水动力学原理，可将三维运动简化为二维运动，因此可以在二维水槽中开展试验研究。二维水槽试验又称为断面试验，主要用于研究浮式防波堤单体的水动力性能及消波性能。因此，二维水槽试验广泛应用于浮式防波堤构型的消波性能研究以及不同构型的对比研究。

二维水槽试验重点关注防波堤单体的水动力性能和消波性能的研究。其中，水动力性能研究又分为运动响应研究和锚链张力研究。由于试验为二维试验，防波堤结构只有横荡、垂荡和横摇三个自由度运动，这三种运动数据可通过运动测量仪测得。在二维水槽试验中，由于无法布置三维方向的系泊，且假设试验研究的浮式防波堤长度为无限长，因此二维水槽的锚链力测试更多地为锚泊系统的设计提供参考，有时也作为不同系泊力对浮式防波堤性能的影响研究，但无法对实际的三维布置的系泊力进行判定性试验。试验过程中系泊力可通过拉力传感器测得。对于消波性能研究，主要关注浮式防波堤的透射系数、反射系数和耗散系数，可以通过布置在浮式防波堤前和堤后的浪高仪获得波浪数据，并通过 2.4 节的计算公式得到相应的消波性能系数。此外，在进行浮式防波堤二维试验前，需要进行静水衰减试验来获得浮式防波堤结构的固有周期和阻尼，具体方法见 4.4 节。

5.2 边界效应及消除方法

1. 边界效应

在流体力学中，黏性力的存在，会导致流体在绕物体流动过程中存在一层不可忽略的薄边界层。在自然界和实际工程应用中，运动物体（如飞机、叶栅等）

表面上的流动往往存在着各种边界（如等势边界和不渗透边界），这些边界对流场的流线及等势线的分布有着较大影响，这种影响通常定义为流体的边界效应，试验中如何减少边界对其试验结果的影响是国内外学者一直关心的问题。

尽管二维试验在理论上是研究具有无限长度的结构的水动力学问题，但在进行实际二维水槽试验时，由于存在边界效应，因此无法做到完全模拟无限长度结构的水动力场。浮式防波堤二维水槽试验所涉及的边界为浮式结构边界、水槽壁边界，为了减少边界效应对试验带来的影响，通常采用将浮式防波堤、地形等试验模型加宽至与水槽宽度近似相同的方法，尽量减少甚至避免水流在防波堤和水槽壁两侧通过时所产生的绕流等不确定因素，以此来达到减少甚至消除二维水槽边界效应的目的。

2. 水槽消波方式

在自然环境中，浮式防波堤所处的海域环境是一个近似无限大的水域，当防波堤受波浪、海流或海风等因素的影响而运动时，会在防波堤堤后形成波浪，波浪向外部海域传播的过程中，其能量会不断衰减直到全部耗散。然而，由于试验所用的波浪水槽长度有限，所以很难真实地模拟出自然界无限宽广的水域，试验过程中造波机产生的波浪会在试验模型和池壁上产生反射波，反射波会在造波机、模型及试验池壁之间往复传播，从而造成波浪多次叠加，很难完全耗散。波浪经过多次反射叠加后，其力学特性及统计特性会发生较大变化，若变化过大，则会影响浮式防波堤试验有关数据结果的准确度。为了减少甚至完全避免反射波对试验的影响，最理想化的做法是在波浪发生二次反射之前就完成相关试验内容[1]。但是从造波机开始产生目标波浪到波浪发生二次反射的时间差很短，在如此短的时间内采集完试验所需的相关数据十分困难。因此，在实际的试验过程中无法做到完全不受反射波的干扰，只能通过一定的技术手段将反射波对试验的影响降至最低。为了最大限度地减少反射波对试验的影响，一般采取两种技术手段。

其一，在资金、场地等因素所允许的范围内，最大限度地增加波浪水槽的几何尺寸，水槽长度越长，产生二次反射的时间越长，试验的有效时间就越长。这种方法虽然效果出众，但造价过高，难以大规模推广。

其二，在试验开展过程中采取一定措施来吸收反射波。例如，在水槽端部安装相应的消波装置，用于消除正向传播的反射波浪。目前，消波装置结构及材料是多样化的，可由碎石、金属卷屑等不同材料制成。如图5.1所

图 5.1 斜坡消波装置

示，大多数波浪水槽尾端都设置有斜坡消波装置，波浪在到达斜坡时，会经历波浪爬升并破碎。为提高消波效果，斜坡上会铺满碎石。该方法虽然在一定程度上能减少反射波的影响，但并不能完全解决试验过程中的反射波问题。

5.3 二维试验相似性设计方法

5.3.1 主体模型设计

目前，浮式防波堤构型多样，若以防波堤主体结构的弹性性能为分类依据，可将浮式防波堤分为刚性浮式防波堤、柔性浮式防波堤以及由刚性体和柔性材料组合而成的混合式浮式防波堤。为了准确反映防波堤在真实水域中的各项性能指标，需严格按照几何相似、运动相似等相似原则进行模型的设计与制作，具体相似理论详见第 2 章。

根据相似性原理，试验模型的宽度、高度、吃水等设计参数与原型各种物理量之间需满足表 2.6 中的相似关系。由于浮式防波堤二维模型可以看作无限长体中的一部分，因此需要尽量减少边界的影响。在进行浮式防波堤二维水槽试验时，需将二维模型长度近似为与波浪水槽的宽度相当，但又要留有适当的缝隙，避免防波堤在试验过程中与池壁挤压或碰撞，因此建议将浮式防波堤二维模型的长度 L_m 选取为

$$B_{2D} > L_m \geqslant \frac{9B_{2D}}{10} \tag{5.1}$$

其中，B_{2D} 为波浪水槽宽度；L_m 为防波堤模型长度。

5.3.2 系泊系统模型设计

在浮式防波堤工程中，系泊系统多采取三维分布的形式，由于二维水槽受场地的限制，试验无法开展斜向布置的三维系泊系统试验，因此在开展浮式防波堤二维水槽试验时，需根据实际防波堤三维系泊系统进行二维等效设计。

在二维水槽试验中，浮式防波堤系泊系统的等效设计主要满足系泊系统类型相同，而且沿着浮式防波堤迎浪和背浪区域，受力相同。本书以八字形系泊系统布置方式的浮式防波堤多系泊系统原型为例，介绍浮式防波堤二维水槽试验中系泊系统从原型到模型的力学等效设计方法。

八字形系泊系统与水平方向夹角为 α，与竖直方向夹角为 θ，在迎浪面和背浪面各分布多根系泊系统 L_{S1}、L_{S2}、L_{S3} …… L_{Sn}，每根系泊系统受力分别为

F_{S1}、F_{S2}、F_{S3}……F_{Sn}，与防波堤端部的距离分别为l_{S1}、l_{S2}、l_{S3}……l_{Sn}，由于水槽宽度有限，开展二维试验时无法进行多系泊系统模拟，此时需要将多系泊系统向单一系泊系统等效，且保持各系泊系统长度不变，如图 5.2 所示。等效系泊力和等效系泊点位置可分别采用式（5.2）和式（5.3）进行计算：

$$F_S = \sum_1^n F_{S1} + F_{S2} + F_{S3} + \cdots + F_{Sn} \qquad (5.2)$$

$$l_1 = \sum_1^n \frac{F_{S1}l_{S1} + F_{S2}l_{S2} + F_{S3}l_{S3} + \cdots + F_{Sn}l_{Sn}}{F_{S1} + F_{S2} + F_{S3} + \cdots + F_{Sn}} \qquad (5.3)$$

式中，F_S 为单一系泊系统锚链受力；l_1 为锚链与端部的距离。此时，由于水槽的宽度有限，仍然无法将原型系泊系统在水槽中进行模拟，因此，需要将八字形系泊系统进行等效模拟，使得八字形系泊等效为平行系泊，系泊系统的受力和长度分别等效为

$$F'_S = F_S\sqrt{1 - \sin^2\theta\cos^2\alpha} \qquad (5.4)$$

$$L'_S = L_S\sqrt{1 - \sin^2\theta\cos^2\alpha} \qquad (5.5)$$

式中，F_S 为八字形原型所受系泊力；F'_S 为等效平行形系泊力；L_S 为八字形原型长度；L'_S 为等效平行形系泊长度。

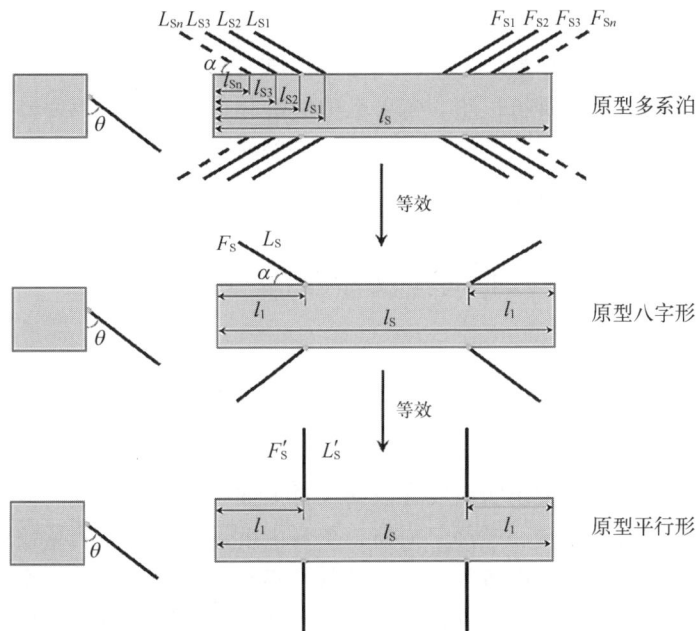

图 5.2　八字形锚链原型等效平行锚链

接着，将平行系泊等效模型与试验模型进行相似设计。根据 2.5 节给出的相似性关系，模型的系泊力和系泊位置可表示为

$$F'_S/F_m = \gamma \lambda_L^3 \tag{5.6}$$

$$L'_S/L_m = l_1/l_{1m} = \lambda_L \tag{5.7}$$

式中，l_1 和 l_{1m} 分别为浮式防波堤等效模型和试验模型系泊点距端部的距离；L'_S 和 L_m 分别为浮式防波堤等效模型和试验模型系泊系统的总长；F'_S 和 F_m 分别为防波堤等效模型和试验模型所受的系泊力；λ_L 为几何相似比。图 5.3 给出了由等效的原型到模型的系泊系统设计示意图。

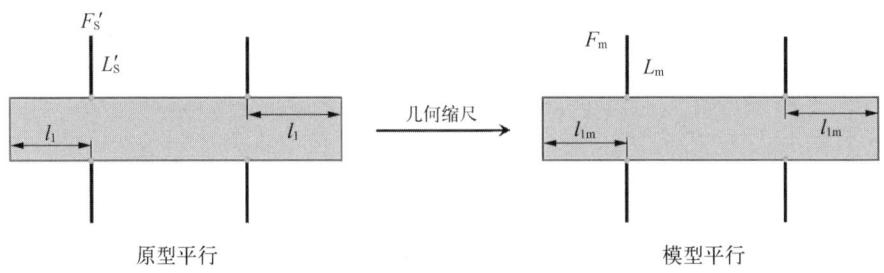

图 5.3　原型与模型的等效

上述系泊系统等效设计方法是基于静力等效原则给出的，适用于张紧式和悬链线式系泊系统。在二维水槽试验中，浮式防波堤系泊系统通常不进行水深截断试验，因此需要在确定模型缩尺比时充分考虑试验水槽的主尺度，选择满足系泊系统布置要求的缩尺比进行试验。每根系泊缆的相似性设计，都要满足几何相似和刚度相似。悬链线式系泊系统还需要满足悬链线形状几何相似、单位长度重量相似等条件，具体设计方法见 3.6 节。

5.4　二维试验仪器及测点布置方法

5.4.1　测量系统

对于浮式防波堤二维水槽试验，其测量系统一般包括记录堤前、堤后波高时历曲线的数台浪高仪，记录防波堤迎浪面及背浪面拉力时历曲线的数台拉力传感器，记录浮式防波堤垂荡、横荡、横摇三个自由度运动的运动测量仪以及相应的数据采集系统和视频记录设备等。这些设备并不是每次试验都需要全部投入，应参照具体的试验任务要求，合理选用适当量程和数量的测量仪器，以保证试验测量的精准度。

5.4.2 测试仪器布置

1. 浪高仪布置

一般情况下，沿波浪水槽长度方向至少布置 6 台浪高仪，如图 5.4 所示。其中，第一组中第一台浪高仪 1-1 和第二台浪高仪 1-2 布置于造波机前方，用于凑波及分离反射波浪；第二组中第三台浪高仪 2-1 和第四台浪高仪 2-2 布置于防波堤后端，用于分离透射波浪和来自水槽尾端的反射波浪，量化堤后第一个测点的波高参数；第三组中第五台浪高仪 3-1 和第六台浪高仪 3-2 则布置于防波堤后端，用于分离透射波浪和来自水槽尾端的反射波浪，量化堤后第二个测点的波高参数。由于试验为二维，6 台浪高仪均布置于波浪水槽中心线上，每组中相邻的两个浪高仪的间距 Δl 取值为 0.05λ 至 0.45λ。浪高仪距防波堤的距离应大于 0.2λ，其中 λ 表示波长。

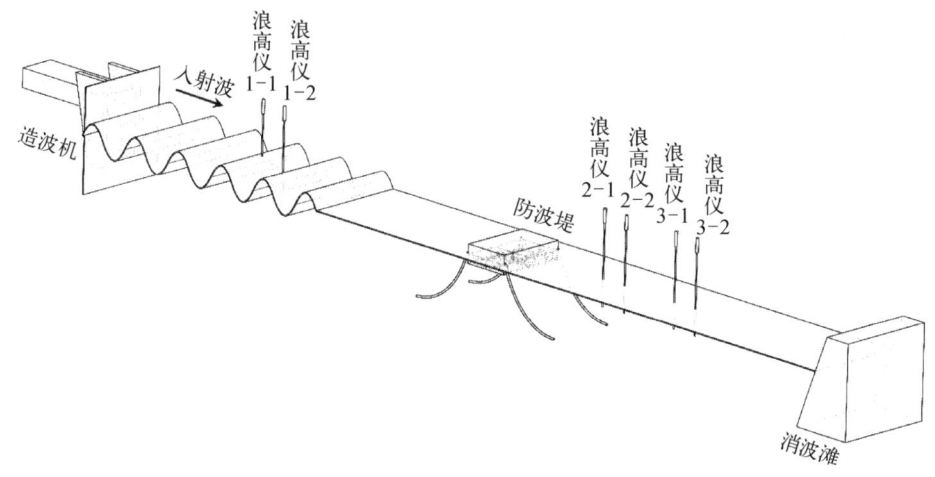

图 5.4 浪高仪布置图

2. 非接触式光学六自由度测量系统

非接触式光学六自由度测量系统包括光感测点和光学信号接收器，如图 5.5 所示。光感测点固定在浮式防波堤模型上，并与防波堤模型一起运动；光学信号接收器则布置在光感测点 4 m 范围内，用于接收模型运动数据。

3. 拉力传感器

拉力传感器布置于锚链与防波堤模型之间，并将两者相互连接，如图 5.6 所示。迎浪端锚链力大于背浪端锚链力，因此试验过程中应注意迎浪端拉力传感器的量程要满足要求。

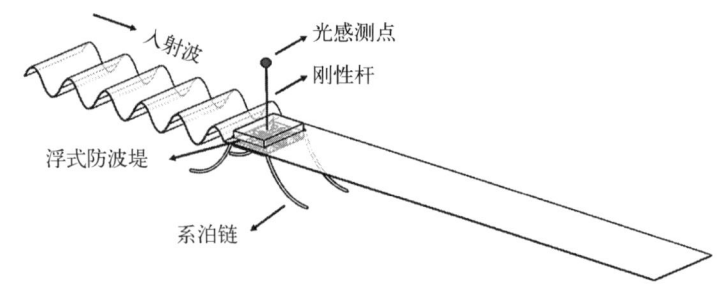

图 5.5 光感器测点分布主视图

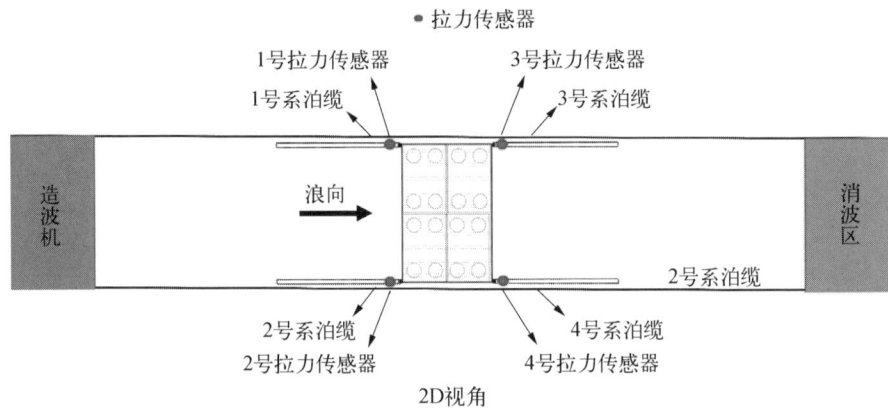

图 5.6 拉力传感器测点分布俯视图

5.5 二维试验工况设计方法

1. 静水衰减试验

在试验开始前，应在静水中开展浮式防波堤单体模型的衰减试验，用以获得防波堤结构的固有周期和阻尼。在二维试验中，主要开展横荡、垂荡和横摇衰减试验，具体方法参见 4.4 节。

2. 规则波试验

如前文所述，二维水槽试验主要用于防波堤构型的优选，因此主要以规则波试验为主，通过试验获得规则波作用下防波堤单体的水动力性能及消波性能。规则波工况的选取应根据该防波堤适用海域的海况而定，并通过缩尺比换算得到，具体参见 3.2 节。

目前，根据国内外已公开发表的有关浮式防波堤的研究成果，浮式防波堤的水动力及消波性能与波浪高度和周期有着密切关系。因此，国内外学者多从这两个方面开展研究，通过定波高、变周期和定周期、变波高分别研究入射波浪周期和波高的变化对防波堤性能的影响。根据国家编订的《波浪模型试验规程》[2]，对于模型的原始入射波，规则波波高不应小于 2 cm，波浪周期不应小于 0.5 s。在开展浮式防波堤二维模型试验时，针对研究周期变化对消波性能影响的试验，建议设定 1~2 种波高值，从 0.6 s 开始每隔 0.2 s 进行周期递增，最终达到水槽波浪周期极限或目标海域的真实海况周期上限；对于研究波高变化对消波性能影响的试验，建议设定 2~3 种所关注的波浪周期，从 0.04 m 开始每隔 0.02 m 进行波高递增，最终达到水槽波高极限或目标海域的真实海况波高上限。表 5.1 和表 5.2 给出了典型二维水槽试验的规则波工况设计示例。在工况设计时需结合水槽的造波能力。此外，水槽试验属于二维试验，因此，所有试验工况中浪向角始终为 90°，即波浪传播方向垂直于防波堤长度方向。

表 5.1 浮式防波堤二维水槽周期变化影响试验工况设计示例

工况	波高/m		周期/s		浪向/(°)	缩尺比
	原型值	模型值	原型值	模型值		
A1			5.1	0.8		
A2			6.3	1.0		
A3			7.6	1.2		
A4	4	0.1	8.9	1.4	90	40
A5			10.1	1.6		
A6			11.4	1.8		
A7			12.6	2.0		
B1			6.3	1.0		
B2			7.6	1.2		
B3			8.9	1.4		
B4	6	0.15	10.1	1.6	90	40
B5			11.4	1.8		
B6			12.6	2.0		
B7			13.9	2.2		

表 5.2 浮式防波堤二维水槽波高变化影响试验工况设计示例

工况	波高/m		周期/s		浪向/(°)	缩尺比
	原型值	模型值	原型值	模型值		
A1	1.6	0.04				
A2	2.4	0.06				
A3	3.2	0.08	6.3	1.0	90	40
A4	4.0	0.10				
A5	4.8	0.12				

续表

工况	波高/m		周期/s		浪向/(°)	缩尺比
	原型值	模型值	原型值	模型值		
A6	5.6	0.14				
A7	6.4	0.16	6.3	1.0	90	40
A8	7.2	0.18				
A9	8.0	0.20				
B1	1.6	0.04				
B2	2.4	0.06				
B3	3.2	0.08				
B4	4.0	0.10				
B5	4.8	0.12	8.9	1.4	90	40
B6	5.6	0.14				
B7	6.4	0.16				
B8	7.2	0.18				
B9	8.0	0.20				

5.6 二维试验注意事项

为了保障浮式防波堤二维水槽试验的精度，通常在试验时还需检查和确认以下事项：

(1) 在试验开始前，需将防波堤模型与经过校验的系泊系统组合安装在一起。防波堤模型上安装有各类运动测量设备，用来测量防波堤模型在预设工况中的真实运动。各张力测点处均安装有拉力传感器，用来测量防波堤在运动过程中各张力测点的系泊缆张力时历曲线。防波堤堤前及堤后波浪测点安装有数根浪高测仪，用来测量堤前堤后的波高时历曲线。

(2) 在试验开始前，要保证试验模型满足试验规定的初始状态要求，各系泊缆应处于自由悬垂或张紧状态，各测量仪器的测量设备应归零等。对于不利于试验开展的各项问题，要及时排除并消除其影响，待所有设备检查无误之后方可开展试验。

(3) 试验计划中的每个工况都需要满足国际船舶试验会议（ITTC）对数据测量的有关要求，在造波机启动后，各测量系统需同时进行各项测量数据的测量与记录，每个工况数据记录时长应不少于 10 个完整入射波周期。当所采集到的各项数据满足规定要求后，即可停止造波，准备下一工况的试验。在下一个工况开始前，水面的起伏状态应满足试验精度要求。对于需要更换试验模型的试验，在模型更换后，仍应以上述标准作为试验开展的依据，为了减少偶然误差对试精度的影响，可同一工况重复进行多次试验。

参 考 文 献

[1] 邓勇. 水槽式无反射规则波造波机的控制系统［D］. 天津：天津理工大学，2005.
[2] 中华人民共和国交通部. 波浪模型试验规程：JTJ/T234-2001［S］. 北京：人民交通出版社，2002.

第 6 章 浮式防波堤三维试验方法

本章介绍在水池中开展浮式防波堤三维水动力学试验的相关原理及方法，主要包括浮式防波堤三维试验的试验目的、试验内容、模型设置、仪器布置、工况选取等。浮式防波堤三维试验复杂程度较高，相对于二维试验，其试验测量仪器的投入更多，并且涉及复杂的三维系泊系统及连接结构的模型设计和校验。

6.1 三维试验与二维试验的区别

浮式防波堤三维波浪试验与二维波浪试验在许多方面存在不同，如表 6.1 所示。表 6.1 表明，浮式防波堤三维模型试验相对于二维模型试验难度更大，试验过程更为繁琐，在研究内容、浮式防波堤主体模型和系泊系统模型设计、试验参数测试数量、环境工况设置等方面也各不相同。

表 6.1 浮式防波堤二维与三维水动力试验比较分析

研究对象		二维波浪水槽试验	三维波浪水池试验
研究目的		浮式防波堤构型优选	水动力性能、波浪透射系数及绕射现象
研究内容		浮式防波堤断面模型试验	浮式防波堤多体多重耦合水动力模型试验
主体模型		单体模型试验	多体模型试验
系泊系统模拟		二维系泊系统角度固定	三维系泊系统角度繁多可变
连接结构		无	有
环境工况		入射波浪向为 90°	入射波可包括多个浪向
参数测试	波浪测试	无波浪绕射现象，浪高仪一般布置在模型中间	有波浪绕射现象，浪高仪可布置在模型 1/2 处、1/4 处和 1/8 处等，用于测量绕射现象
	运动测试	测量 3 个自由度	测量 6 个自由度
	系泊缆张力测试	系泊缆与波浪方向平行，数量少，测量简单	系泊缆与波浪方向存在多个夹角，数量多，测量复杂
数据处理		工况少，数据简单	工况多，数据复杂

以尾部消波方法为例，二维波浪水槽通常只在波浪水槽的末端设置吸波材料，如卵石、碎石等。而三维水池除了在水池末端设置吸波装置，在水池的两侧壁面也添加消波材料，以减少侧壁对波浪的反射。

对浮式防波堤模型而言，在二维水槽中开展相关水动力试验时，一般假设浮式防波堤无限长，因此仅需要保证浮式防波堤的横截面特性满足相关相似准则，且系泊系统需做近似的等效设计；而在三维水池中开展试验时，不只浮式防波堤主体结构要满足相似条件，防波堤的系泊系统和连接结构亦需满足相似性要求。

6.2 三维试验相似性设计方法

浮式防波堤系统模型包括浮式防波堤主体、连接结构及系泊系统模型三部分。在系泊系统设计方面，三维水池试验中浮式防波堤的系泊系统多由钢链、强力尼龙缆、钢丝绳等组成，三维试验系泊系统不需要像二维试验系泊系统那样进行等效设计，可直接根据原型的三维系泊系统进行设计，其相似性设计方法可以参考3.6节。本节针对浮式防波堤三维水池试验模型设计进行阐述，主要包括浮式防波堤主体模型、连接结构、系泊系统设计方法，以及地形模型设计及制做方法等。

6.2.1 主体模型设计

浮式防波堤主体结构三维试验与二维试验在模型长度设计方面有显著区别。二维试验中的长度主要依据试验水槽的宽度来决定，而三维水池试验的模型长度要严格按照相似准则进行计算和确定，具体参见2.5节的相似准则进行设计。对于浮式防波堤主体结构含柔性网衣的构型，其网衣的设计方法需按照2.5节的网衣相似性设计方法进行设计。

6.2.2 连接结构模型设计

浮式防波堤三维水池试验通常会涉及连接结构的模型设计，如图6.1所示。

图 6.1 浮式防波堤连接结构示意图

目前浮式防波堤的连接结构多基于混合柔性与刚性材料进行设计和制造。对于刚性连接，按照刚度相似来进行连接结构的模型设计，对于采用橡胶缓冲垫等柔性材料来约束两个防波堤消波单元之间纵向位移的连接结构模型设计，首先要获得弹性材料的力学特性，在满足力学特性相同的前提下进行模型设计。本书以弹性橡胶圈为例，介绍连接结构的模型设计方法。

对橡胶圈进行拉伸试验，获得橡胶圈的非线性刚度特性。图6.2和图6.3分别给出了弹性橡胶圈连接结构的拉伸试验照片和拉伸试验结果。

(a) 试验前　　　　　　　　　　(b) 试验后

图6.2　浮式防波堤连接结构模型拉伸试验照片

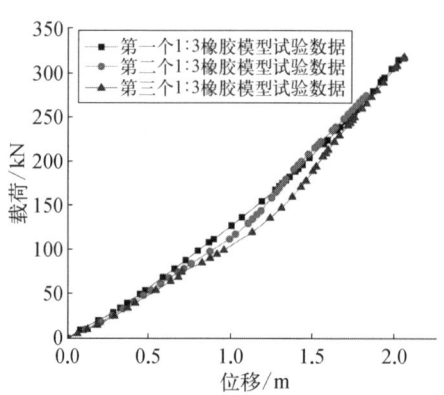

图6.3　浮式防波堤连接结构模型拉伸试验结果

在获得连接结构刚度试验的基础上，模型的相似条件可采用量纲分析[1]法推导。在推导过程中引入11个物理量，如下所示。

（1）模型的特征量：弹性模量E、泊松比μ、几何尺寸l、密度ρ。

（2）载荷的作用量：重力加速度g、施加载荷坐标x、拉力F。

（3）试验的初始条件：橡胶圈在试验的初始状态需要保持自然松弛状态。

（4）所需求解量：位移δ、应力σ、应变ε、反力R。

选取质量制量纲，即把质量M、长度L、时间T当作基本量纲。由牛顿第二定律$F=ma$可得力F的量纲为MLT^{-2}，以上四个量纲可以基本量纲的形式存在。在此基础上能够得到七个相似准则，该物理参数的量纲矩阵如表6.2所示。

表 6.2 量纲矩阵表

物理参数	R	σ	ε	δ	l	E	ρ	μ	F	g	x
L	1	−1	0	1	1	−1	−3	0	1	1	1
M	1	1	0	0	0	1	1	0	1	0	0
T	−2	−2	2	0	0	0	0	0	−2	−2	0

模型设计需满足相应的 8 个准则相似准则,即 $\dfrac{R}{F}$、$\dfrac{\sigma l^2}{F}$、ε、$\dfrac{\delta}{l}$、$\dfrac{El^2}{F}$、$\dfrac{\rho g l}{E}$、μ、$\dfrac{x}{l}$ 相似。前四个相似准则与后四个参数之间的关系可表示为

$$\begin{cases} \dfrac{R}{F}=f_1\!\left(\dfrac{El^2}{F},\ \dfrac{\rho g l}{E},\ \mu,\ \dfrac{x}{l}\right) \\[4pt] \dfrac{\sigma l^2}{F}=f_2\!\left(\dfrac{El^2}{F},\ \dfrac{\rho g l}{E},\ \mu,\ \dfrac{x}{l}\right) \\[4pt] \varepsilon=f_3\!\left(\dfrac{El^2}{F},\ \dfrac{\rho g l}{E},\ \mu,\ \dfrac{x}{l}\right) \\[4pt] \dfrac{\delta}{l}=f_4\!\left(\dfrac{El^2}{F},\ \dfrac{\rho g l}{E},\ \mu,\ \dfrac{x}{l}\right) \end{cases} \quad (6.1)$$

以上函数关系由试验决定,进一步研究准则项及其在模型设计中的意义,可获得以下结论:

(1) 根据准则项 $\dfrac{El^2}{F}$ 可知,$c_F=c_E c_l^2$,即当采用 $c_l=1/3$ (缩尺比为 1∶3) 时,若取原材料 ($c_E=1$) 的橡胶圈模型时,需要将试验模型的载荷缩小 c_l^2,即 9 倍才能达到原型结构的试验效果。

(2) 根据准则项 $\dfrac{\rho g l}{E}$ 可知,$c_\rho=\dfrac{c_E}{c_g c_l}$,当试验模型与试验原型的弹性模量及重力加速度相等时 (c_E、c_g 相同),需要满足密度 ρ 和几何 l 的相似常数成反比,此时较难满足该相似条件。

(3) 根据无量纲量相等条件,原料本身的泊松比 μ 和材料结构发生的应变 ε 等参数本身就以相似准则的形式存在,即 $\mu_s=\mu_m$,$\varepsilon_s=\varepsilon_m$。泊松比 μ 相同的情况下,应变 ε 相同的概率非常小。同样材料的原型和模型具有相同的泊松比,在等变形条件下模型的应变大于原型,若忽略应变项,则可以认为推广到原型更加保守,可以在试验中忽略应变项对试验数据的影响。

根据上述推导结果,在进行橡胶圈等弹性连接结构的设计时,模型需要采用与原型一致的材料,确保相同的弹性模量、相同的密度,按照几何相似进行设

计,同时忽略重力加速度项和密度项的影响,弹性连接结构的外载荷按照 $c_F = c_E c_l^2$ 的量纲进行换算。

6.2.3 系泊系统模型设计

浮式防波堤在进行三维水池试验时,由于试验场地宽阔,在系泊系统的布置方向并不需要像二维试验那样需要满足与波浪方向平行的原则,而需要模型系泊系统与原型系泊系统满足相似性关系。

对于三维水池试验,首先需要判断系泊系统是否需要进行截断系泊,若需要进行截断试验,则可参照 3.6 节进行截断设计后开展试验。若不需要截断系泊,则需按照长度相似、质量相似及弹性相似原则对原型系泊缆进行缩尺设计。锚链模型长度 $L_m = \dfrac{L_s}{\lambda_L}$,锚链模型质量 $M_m = \dfrac{M_s}{\gamma \lambda_L^3}$,锚链模型弹性相似应满足以下公式:

$$(EA)_m = \frac{(EA)_s}{\lambda_L^3} \tag{6.2}$$

$$F_m = \frac{\Delta L_m (EA)_m}{L'_m} \tag{6.3}$$

$$E_e = \frac{2(EA)_s}{\pi d_s^2} \tag{6.4}$$

式中,E_e 表示锚链的有效弹性模量[2];EA 表示锚链的轴向刚度;d 表示锚链链环的直径;λ_L 为缩尺比;ΔL 表示锚链的单位伸长量;F 表示锚链伸长单位长度时所需的拉力;L' 表示模型锚链的初始长度;下角标 m 表示该物理量属于模型锚链;下角标 s 表示该物理量属于原型锚链;γ 为海水和淡水的密度比值。

锚链模型的布置角度与根数,需与原型保持一致。锚点及系泊点的位置需按照缩尺比进行严格缩尺。

6.2.4 三维地形模型设计

因具有优越的透水性能且对地形地貌破坏性小,浮式防波堤在岛礁海域有着广阔的应用前景,吸引了众多学者开展岛礁地形影响下的浮式防波堤性能研究。岛礁地形不同于深水海域,波浪在岛礁等浅水区域传播过程中会发生复杂的演化,这种复杂的演化过程会对浮式防波堤的水动力和消波性能产生较大的影响。

珊瑚岛礁是岛礁地形中最具代表性的地形之一，其形状如水中一个个凸起的平台，与周围的水床易形成明显的水深差。珊瑚礁是一种较为特殊的岩土介质类型，一般是由死亡后的造礁珊瑚的骨骼和外壳聚集在一起形成的沉积建造，目前世界可探知的珊瑚礁大多存在于热带区域，在我国南海也广泛分布。根据珊瑚礁和岸线的关系，可划分为岸礁、堡礁和环礁，如图 6.4 所示。

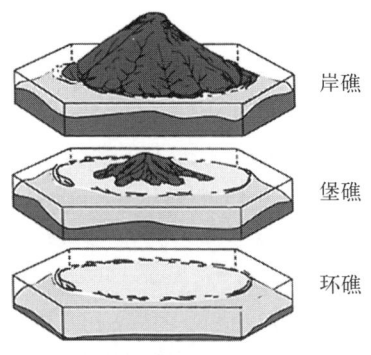

图 6.4 岸礁演变至环礁的示意图

1. 岸礁

岸礁（又称为边缘礁或裙礁）常沿岛屿边缘或大陆边缘生长发育。其主要组成部分是岛屿周边海底的珊瑚及海底其余有机物。低潮时在岛礁的周边常可观察到岸礁，岸礁一般向着外海生长衍生，且表明凹凸不平。由于外缘珊瑚生长时受约束较小，所以最早露出水面，从而使珊瑚平台和陆地之间出现一条浅水通道或者一片潟湖，海南岛沿岸的许多珊瑚礁就是属于这种类型。岸礁如图 6.5 所示。

(a)

(b)

图 6.5 岸礁示意图

按照沉积特征和地貌形态，岸礁自海向陆大致可分为礁前、礁缘、礁坪、滨岸与岸堤等几个单元，如图 6.6 所示。

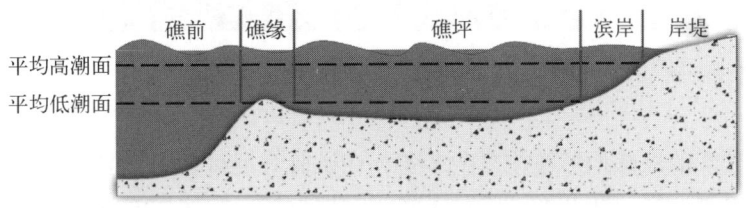

图 6.6 岸礁分类示意图

2. 堡礁

堡礁是离岸具有一定距离的堤状礁体，外缘和内侧水均较深。堡礁又称为堤礁，像长堤一样，环绕在离岸更远的外围，而与海岸间隔着一个宽阔的浅海区，或者隔着一个称为泻湖的水体，如澳大利亚的昆士兰大堡礁，如图6.7所示。

(a)   (b)

图6.7 堡礁示意图

3. 环礁

环礁一般是由位于火山岛周围的裙礁经过长年累月演化而成的。岛屿因风化作用，逐渐被消磨并下降至水面以下，最终只剩下环绕在暗礁周围的环礁。从分布形态上来看，环礁与堡礁相似，两者不同点在于环礁一般是在大洋中形成一个珊瑚岛礁群体系，而不是围着或接近陆地生长。图6.8分别是马绍尔群岛上的夸贾林环礁和马尔代夫群岛的苏瓦迪瓦环礁，它们是世界上最大的两个环礁，其面积可达1 800 km²以上。

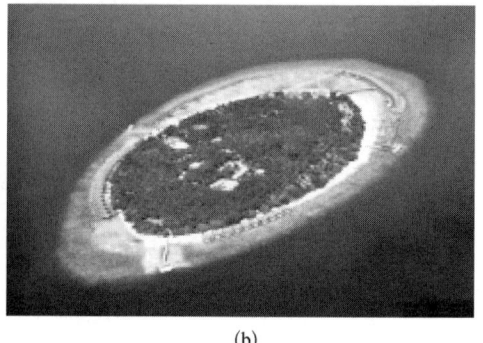

(a)   (b)

图6.8 环礁示意图

由于真实的岛礁地形往往复杂多变，在试验开展过程中会受实验室水池等相关条件的限制，因此在开展试验时需将实际地形按一定比例缩放后对水池进行改造[3]。根据上文可知，岛礁地形模型设计主要基于几何相似和材质相似原则。对于几何相似,按照地形数据将试验区域划分成多个控制点和面,并对地形进行适当的简化设计,底部采用沙石进行填充,表面涂抹一定厚度的水泥,养护成型后放水以达到要求的设计试验水位。对于材质相似,一般考虑使用和岛礁相似的材料,如水泥混凝土等,还需要考虑岛礁的渗透性等因素对浮式防波堤消浪效果的影响。图 6.9 给出了某岛礁地形模型的建造过程。

图 6.9 地形制造过程

6.3 三维水池试验仪器及测点布置方法

浮式防波堤三维水池模型试验相对于二维水槽模型试验,其运动增加了三个变量（纵荡、艏摇、纵摇），给试验仪器的布置和数据的分析带来了一定的难度。为此，本节将对三维水池试验中波浪测试、运动测量、拉力测量等的布置方法进行详细介绍。

1. 波浪测量仪器的布置方法

对于三维试验，入射波浪的方向可能垂直于浮式防波堤，也可能与浮式防波堤成一定的角度，此外，由于水池模型试验可近似为开敞水域，波浪经过浮式防波堤时，会发生绕射、透射、反射等现象，其中绕射现象在二维试验中是不存在的，但该现象是三维试验关注的重点内容之一。为了获得浮式防波堤的消波效果及掩护区域的范围，需要结合试验场地布置相关波浪测试仪器，本书以90°浪向对称式系泊系统的浮式防波堤整体模型为例，介绍相关测试仪器布置方法。

1) 波浪的分离

在波浪向浮式防波堤传播时，为了准确地获得波浪的透射、反射等情况，需要在试验前布置好相关仪器，用于波浪的分离。通常在浮式防波堤中心线的前、后布置浪高测量仪器，如图6.10所示。在浮式防波堤中心线前方设置三个浪高仪器，其中1号浪高仪用于测量波浪的入射波高和进行波浪校准，其距离造波机约6倍的平均波长λ，2号和3号为一组，相邻布置于1号的后面，用于分离反射波浪。在浮式防波堤的后方中心线上，4号和5号浪高仪一组相邻布置，6号和7号为一组，相邻布置于5号浪高仪器后面，8号浪高仪器布置在中心线的最后处。每组相邻两个浪高仪的间距取值$0.05\lambda < \Delta l < 0.45\lambda$，浪高仪与防波堤之间的距离应大于$0.2\lambda$，其中$\lambda$表示波长，8号浪高仪的位置可以根据前期数值模拟波浪掩护的范围和试验场地情况进行设计。由于试验过程中会出现多种波长，因此在仪器布置方面需要兼顾波长对其位置的影响，以免在试验过程需要多次改变测量位置。

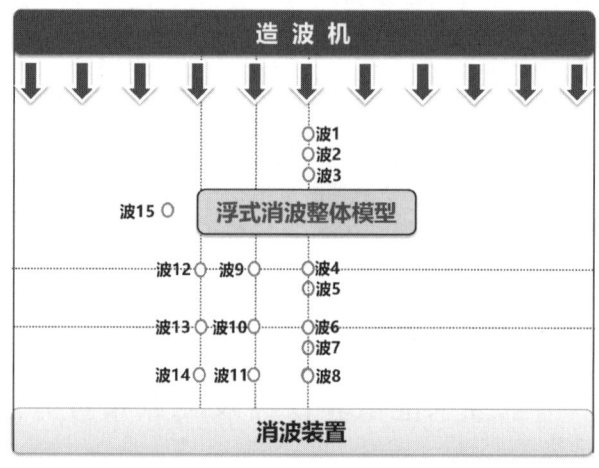

图6.10　浮式防波堤波浪测点布置示意图

2）波浪掩护区域及绕射现象

对于三维浮式防波堤试验，波浪的掩护区域也是国内外学者关注的内容，试验人员需要在试验前期设置相关测量点，对其波面进行测量，后期通过数据处理得到掩护区域情况。通常可在浮式防波堤的1/4处后方布置9~11号浪高仪，在浮式防波堤端部后方布置12~14号浪高仪，其中12、9、4号浪高仪距前方防波堤距离相同，13、10、6号浪高仪在同一水平线上，14、11、8号浪高仪在同一水平线上，15号浪高仪位于浮式防波堤的侧向，同样需要将浪高仪与防波堤之间的距离设置为大于0.2λ，绕射系数K_d为堤后任一点波高与入射波高的比值。通过上述测量仪器位置的设定，可以得到不同工况下浮式防波堤后方波浪场的波高情况，从而掌握浮式防波堤整体模型系统的掩护区域范围，可为浮式防波堤工程的设计提供支持。

2. 系泊系统拉力测量仪器的布置方法

浮式防波堤整体模型试验系泊系统由多根系泊缆组成，由于三维水池试验中斜浪工况或绕射等现象的存在，使得系泊系统所受拉力呈非对称状态。为此，需要较为合理地布置系泊系统拉力测量仪器，从而获得浮式防波堤整体系统的受力情况。本书以90°浪向（波浪传播方向与浮式防波堤系统长度方向垂直）和67.5°浪向（波浪传播方向与浮式防波堤系统长度方向夹角67.5°）为例，介绍浮式防波堤的系泊系统拉力的测量方法。

1）系泊缆传感器的布置位置

系泊方式有张紧式、半张紧式、悬链线系泊等，不同的系泊方式影响拉力传感器的布置。通常需要将拉力传感器布置在系泊缆张力较大的位置，因此对于半张紧式和悬链线系泊系统，需要将拉力传感器设置在浮式防波堤的顶端；对于张紧式系泊系统，可以将拉力传感器布置在浮式防波堤的顶端和系泊系统的底端。

2）多根系泊缆的测量位置选择

试验中如果所有的系泊系统都安装拉力传感器，则可以得到每根系泊缆的张力情况，但考虑到试验仪器数量和后期数据处理量的问题，可以对系泊缆测量进行优化。通常情况下，在选择浮式防波堤整体模型试验系泊缆测量位置前，需要开展相应的整体系统的数值模拟，以得到所需要的工况中各系泊系统的张力情况，从而获得张力较大的系泊缆的位置，同时可作为试验的拉力测点。对称式系泊系统如图6.11所示，兼顾横浪90°和斜浪67.5°的工况，可在浮式防波堤中心点处的迎浪面3号和背浪面4号各设置一个拉力计，如果防波堤中心点位置没有系泊系统，可以就近选择系泊缆，同样将拉力计布置在迎浪面和背浪面。在浮式防波堤端部斜浪的来浪方向的迎浪面1号和背浪面6号分别布置拉力计，在浮式防波堤靠近端部位置的迎浪面和背浪面各布置拉力计2号和5号。通过数据的采集可以获得两种波浪方向下的浮式防波堤系泊系统受力情况，可以为结构强度的

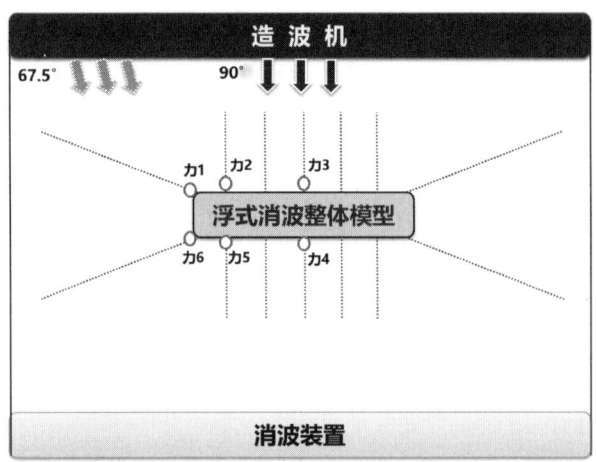

图 6.11 浮式防波堤系泊系统测点布置示意图

评估提供依据。

3. 六自由度运动测量仪器的布置方法

浮式防波堤整体模型由多个单元模块通过连接器组成,在水池模型试验中易发生水弹性现象,如图 6.12 所示,如果连接器为弹性连接器,则在斜浪条件下相邻的单元模块之间会发生垂向相位差,其系统整体运动和局部运动是三维模型试验关注的重要问题,本章以 5 模块浮式防波堤整体模型为例,介绍六自由度运动测量仪器的布置方法。

图 6.12 浮式防波堤水弹性现象

考虑横浪 90°和斜浪 67.5°两种浪向,六自由度运动测量的发光源 1 号需要设置在中间浮式防波堤单模块的上方,并向斜浪的来浪方向依次布置 2 号和 3 号。

试验时由于六自由度运动测量系统的监测范围较小,而模型尺度较长,较难采用一组试验装置完成各模块运动的测量,因此建议在条件允许时,采用两套测量系统分别测量浮式防波堤中间模块和端部模块,从而获得模型的运动响应情况和各模块之间的相对运动情况,如图6.13所示。

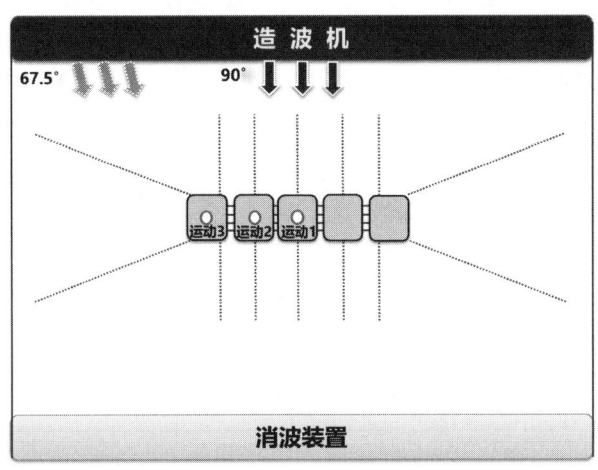

图6.13 浮式防波堤运动响应测量系统布置示意图

4. 连接结构张力测量方法

浮式防波堤的连接结构可分为刚性、弹性连接两种。对于刚性连接结构的测量,可采用在刚性变形区域设置应变仪的方法获得连接结构的变形情况。对于弹性连接结构,如果为6.2节的弹性橡胶圈结构,若采用较大的缩尺比,则连接结构尺度较小,无法直接获得其张力响应情况,因此需要间接测量与其连接的结构附近的应力情况,结合数值分析推演出连接结构的张力情况;如果连接器为聚酯缆材料,则可以采用在上方设置拉力传感器的方式获得连接结构张力情况。连接结构张力的测点需要在迎浪面和背浪面设置至少两个点,从而获得模型的模块之间的连接器的受力情况。

6.4　三维试验工况设计方法

三维模型试验工况需要根据目标海域的海况进行相似性设计,试验中通常进行波浪、海流的模拟,由于浮式防波堤受风面积较小,通常可以忽略风的影响。

1. 海流模拟

流速一般选取定常流模拟,采用均有流的方式开展试验,要求模拟流速 V_{cm}

与实体平均流速 V_{cs} 满足

$$V_{cm} = \frac{V_{cs}}{\sqrt{\lambda_L}} \tag{6.5}$$

式中，V_{cs} 为原型平均流速；V_{cm} 为模型平均流速；λ_L 为缩尺比。

2. 波浪的模拟

1）规则波试验工况

通过规则波试验来测试浮式防波堤系统在遭遇不同浪向下各测试参数的响应值，在变周期、变波高及大波高情况下各测试参数的响应特性。每个规则波工况应不少于 10~15 个稳定子波成分。工况设计中需结合目标海域波浪情况及浪向角度变化，按照 2.5 节中相似方法设计规则波工况，工况选取方法参考 5.5 节内容。本节以南海某海域海况为例，由于存在地形影响，浪向角选取为 67.5°、90° 及 112.5°，缩尺比为 50，浮式防波堤规则波浪模型试验工况设计如表 6.3 所示。

表 6.3 规则波试验工况示例

工况	波高/m		周期/s		浪向角/(°)	缩尺比
	原型值	模型值	原型值	模型值		
A1			7.1	1.0		
A2			8.5	1.2		
A3			9.9	1.4		
A4	3.0	0.06	11.3	1.6	67.5	50
A5			12.7	1.8		
A6			14.1	2.0		
A7			15.6	2.2		
A8			17.0	2.4		
B1			8.5	1.2		
B2			9.9	1.4		
B3	6.0	0.12	11.3	1.6	67.5	50
B4			12.7	1.8		
B5			14.1	2.0		
B6			15.6	2.2		
C1			7.1	1.0		
C2			8.5	1.2		
C3			9.9	1.4		
C4	3.0	0.06	11.3	1.6	90.0	50
C5			12.7	1.8		
C6			14.1	2.0		
C7			15.6	2.2		
C8			17.0	2.4		

续表

工况	波高/m		周期/s		浪向角/(°)	缩尺比
	原型值	模型值	原型值	模型值		
D1			8.5	1.2		
D2			9.9	1.4		
D3	6.0	0.12	11.3	1.6	90.0	50
D4			12.7	1.8		
D5			14.1	2.0		
D6			15.6	2.2		
E1			7.1	1.0		
E2			8.5	1.2		
E3			9.9	1.4		
E4			11.3	1.6		
E5	3.0	0.06	12.7	1.8	112.5	50
E6			14.1	2.0		
E7			15.6	2.2		
E8			17.0	2.4		
F1			8.5	1.2		
F2			9.9	1.4		
F3	6.0	0.12	11.3	1.6	67.5	50
F4			12.7	1.8		
F5			14.1	2.0		
F6			15.6	2.2		

2) 不规则波试验工况

开展不规则波试验[4]，可以获得浮式防波堤系统在复杂海况下各测试参数的响应时历曲线。模型中每个不规则波工况测试时间不少于对应实际海况 1 h。试验中不规则波的波谱首先采用适用于原型海况的波浪谱。本章以 JONSWAPS 谱为例进行不规则波试验工况的设计。

不规则波模型试验缩尺比为 50，根据第 2 章的相似性设计方法，不规则波的试验工况设计如表 6.4 所示。

表 6.4 不规则波 JONSWAPS 谱试验工况示例

试验工况	有义波高/m		谱峰周期/s		浪向角/(°)	缩尺比
	原型	模型	原型	模型		
K1	3.0	0.06	6.0	0.85	67.5	50
K2	3.0	0.06	6.0	0.85	90	50
K3	3.0	0.06	6.0	0.85	112.5	50

续表

试验工况	有义波高/m		谱峰周期/s		浪向角/(°)	缩尺比
	原型	模型	原型	模型		
K4	6.5	0.13	9.2	1.30	67.5	50
K5	6.5	0.13	9.2	1.30	90	50
K6	6.5	0.13	9.2	1.30	112.5	50

参 考 文 献

[1] 谈庆明. 量纲分析 [M]. 合肥：中国科学技术大学出版社. 2005.
[2] 俞聿修. 浮筒多链系统的静力特性 [J]. 大连工学院学报，1981，20 (1)：151-160.
[3] 董胜，张华昌，宁萌，等. 海岸工程模型试验 [M]. 青岛：中国海洋大学出版社，2008.
[4] 杨建民，肖龙飞，盛振邦. 海洋工程水动力学实验研究 [M]. 上海：上海交通大学出版社，2008：31.

第7章 浮式防波堤试验数据处理与分析方法

在二维水槽或三维水池中完成浮式防波堤模型相关试验测量项目后,需要对各类仪器设备采集到的测量数据进行后期处理与分析,主要包括各类试验数据的误差分析、动态信号的频谱分析、反射波的分离等。数据采集系统采集的原始数据是各类测量仪器测量的模型数据,而后期的试验需要根据模型试验数据推算原型数据。因此,需要将模型的各类测量记录数据依照缩尺比关系换算为原型,以方便对原型结构进行优化设计以及为工程实施提供支撑。

7.1 误差分析

在试验过程中,温度、湿度等测量环境因素会导致各种仪器测得的数值并不一定是真实值,可能比真实值大或小,即存在测量误差。误差的存在使得人们对客观事物的认知受到不同程度的干扰,因此需要进行误差分析。对试验开展误差分析有助于试验的顺利开展,有利于保证测量数据的准确性和稳定性。

在开展浮式防波堤模型相关试验的过程中,对浮式防波堤的固有周期、阻尼、浪高、张力等物理量进行测量时,都不可避免地存在由测量仪器的精确性问题而导致的试验误差。为了有效地控制误差和尽可能减小误差,正确地表达试验结果并估计其可靠程度,需要对测量数据进行误差分析。

7.1.1 概率积分

在试验数据的后期处理中,需经常计算测量所得数值或误差在各种区间出现的概率,可根据概率积分表进行积分计算[1],即

$$p(x) = \frac{1}{\sqrt{\pi}} \int_{-u}^{u} e^{-u^2} du \tag{7.1}$$

式中,$u = \dfrac{x}{\sqrt{2}\sigma}$。计算时,应先根据测量值计算标准差 σ,给定区间后计算出 u,再查概率分布表。

7.1.2 偶然误差分析

偶然误差是指即使对相同物理量采取多次测量的方式，也会存在偶然因素使得测量值不完全相同，产生或大或小的偏差。读数方法不规范、操作方法不规范等都会导致这种误差。由于产生偶然误差的原因在试验过程中较难排除且很难完全避免，因此需要对试验过程中可能出现的误差提前进行分析与研究。基于以往大量的试验结果，对偶然误差有如下的归纳和总结：

（1）绝对值相等的正值误差与负值误差出现的概率相等。
（2）绝对值小的误差比绝对值大的误差出现的概率更大。
（3）绝对值大的误差出现的概率极小，偶然误差只在一定范围内出现。

此外，在试验过程中通过对某测量对象进行多次测量，并选取其算术平均值作为试验测量结果的方法，能够在很大程度上减少偶然误差对试验测量结果产生的影响，随着测量次数增加，偶然误差的算术平均值趋向 0。

算术平均值 $\bar{X}$ 的计算公式为

$$\bar{X} = \frac{X_1 + X_2 + \cdots + X_n}{n} = \frac{\sum X_i}{n}, \quad i = 1, 2, \cdots, n \tag{7.2}$$

式中，X_i 表示偶然误差；n 表示测量次数。

观测值的标准误差的计算公式为

$$\sigma = \sqrt{\frac{\sum d_i^2}{n}} = \sqrt{\frac{1}{n}\sum_{i=1}^{n}(X_i - \bar{X})^2} \tag{7.3}$$

可疑数据舍弃——"3σ 准则"，即若 $|X_i - \bar{X}| \geq 3\sigma$，则舍弃，从而得到可用数据进行规律分析。

7.1.3 系统误差分析

系统误差即在重复性条件下，对被测量值进行无限多次测量之后统计的结果平均值与被测量的真实值之间的差距。系统误差的产生包含以下几个方面：仪器和试验装置产生的误差、试验环境产生的误差、测定方法产生的误差以及试验人员导致的误差等。

（1）仪器和试验装置产生的误差：试验仪器的精密性无法得到有效保证，从而会导致试验测定的结果与被测量的真实值无法完全吻合。

（2）试验环境产生的误差：试验在真实环境温度下和试验要求的标准环境温

度下的测量值之间有误差,因为在真实试验时,测量值有可能会随外界环境因素产生变化,从而产生误差。

(3)测定方法产生的误差:当试验手段本身不完善,或采取近似值代替法等容易产生误差的方法进行测量时,在一定的使用限制范围内都会导致测量误差的产生。

(4)试验人员导致的误差:在真实的试验过程中,参与试验的操作人员的操作水平不一,例如,在刻度上估读计数时习惯偏向某一方向,读量筒数值时总是偏高或者偏低等。

试验过程中系统误差和偶然误差是同时存在的。系统误差和偶然误差同时决定了试验结果的准确性,需要在试验过程中检验判别是否存在系统误差,并设法进行消除。当系统误差成分很显著时,可由直接观察来发现;当偶然误差成分很显著时,可采用阿贝-赫梅特准则进行判定。

某组测量 n 次的数据,数据顺序为 $x_1, x_2, \cdots, x_n$,残差[2]为 $u_1, u_2, \cdots, u_n$,标准误差为 σ。相邻残差乘积绝对值的代数和为

$$A_r = \sum_{i=1}^{n-1} |u_i u_{i+1}| \tag{7.4}$$

当相邻残差乘积绝对值的代数和 $|A_r| > \sqrt{n-1}\sigma^2$ 时,判定该组数据中存在周期性系统误差。当系统误差绝 $|Q|$ 不超过总误差 $|\Delta x|$ 有效数字最后一位数的一半时,系统误差可以忽略。

如果发现存在系统误差,可以通过一定的方式获取误差范围的大小,从而进行有效的校正,具体方法如下。

(1)通过加修正值的方法来减小定值系统误差。

(2)通过排除误差源的方法来减小甚至消除系统误差。

(3)通过对测量结果进行修正来减小系统误差:设法找出变值系统误差的变化规律,用修正公式或修正曲线对试验结果进行校正,而对于未知系统存在的误差,完全按照随机误差进行修正即可。

(4)通过消除误差根源的方法来减小系统误差:例如,在试验准备阶段,对测量仪器进行精细的检查,对环境条件进行严格的把控。

(5)通过在测量系统中采用补偿措施的方法来减小系统误差。

(6)通过在试验过程中进行实时反馈来修正系统误差:在试验过程中,对每一步进行实时反馈,观测试验结果并对误差加以修正,从而消除系统误差。

7.1.4 异常数据处理方法

为了保证数据统计的正确性,需要对测量的数据进行检验,进行异常数据处

理。在数据统计过程中，判定异常数据的准则遵循戈罗伯斯、拉伊达及肖维准则。戈罗伯斯准则[3,4]中，令 x_1，x_2，$\cdots$，x_n 是正态总体 $N(\mu, \sigma^2)$ 的一批小子样测试数据。对于该数据，先将测量值按从小到大排列：$x_{(1)} \leqslant x_{(2)} \leqslant \cdots \leqslant x_{(n)}$，其变量值的分布情况如下：

$$M_{(n)} = \frac{x_{(n)} - \bar{x}}{S} \tag{7.5}$$

$$M_{(1)} = \frac{x_{(1)} - \bar{x}}{S} \tag{7.6}$$

式中，$\bar{x}$ 为算术平均数；$x_{(1)}$ 为 x 的最小值，$x_{(n)}$ 为 x 的最大值；S 为调整的样本标准差，即

$$S = \sqrt{\sum_{i=1}^{n}(x_i - \bar{x})^2/(n-1)} \tag{7.7}$$

设 $M_{(n)}$ 或 $M_{(1)}$ 的概率密度函数为 $f(g)$，选取置信水平 α（一般取 5%或 1%），于是可由分布密度 $f(g)$ 求出一个极限值 $g_o(n, \alpha)$，使

$$P\{M_{(n)} \geqslant M_o(n, \alpha)\} = \alpha \tag{7.8}$$

$$P\{M_{(1)} \geqslant M_o(n, \alpha)\} = \alpha \tag{7.9}$$

在戈罗伯斯准则中，当 $|\bar{x}_{(1)}|$ 或 $|\bar{x}_{(n)}| \geqslant M_o(n, \alpha)$ 时，则在置信水平 α，$x_{(1)}$ 或 $x_{(n)}$ 为异常数据，应于剔除。戈罗伯斯准则是建立在统计理论基础上较为科学、合理的方法。表 7.1 为戈罗伯斯标准 $M_o(n, \alpha)$ 值表[4]。

表 7.1　戈罗伯斯标准 $M_o(n, \alpha)$ 值表[4]

n	α 0.05	0.01	n	α 0.05	0.01
3	1.153	1.155	17	2.475	2.785
4	1.463	1.492	18	2.504	2.821
5	1.672	1.749	19	2.532	2.854
6	1.822	1.944	20	2.557	2.884
7	1.928	2.097	21	2.58	2.912
8	2.032	2.221	22	2.603	2.939
9	2.11	2.323	23	2.624	2.963
10	2.176	2.41	24	2.644	2.987
11	2.234	2.485	25	2.663	3.009
12	2.285	2.55	30	2.745	3.103
13	2.331	2.607	35	2.811	3.178
14	2.371	2.659	40	2.863	3.24
15	2.409	2.705	45	2.914	3.292
16	2.443	2.747	50	2.956	3.336

7.2 浮式防波堤试验数据处理与分析方法

7.2.1 动态信号分析方法

浮式防波堤水动力试验获得的试验信号都是动态的，即是随时间变化的，因此在后期试验数据分析过程中需要对这些动态信号进行分析。在分析动态信号时，首先要进行滤波，去除干扰信号，获得所需要的信号数据。滤波后的信号可以在时域内或者频域内进行处理和分析。时域内的信号分析方法可以更直观地获取信号在时域内的各种统计值，如最大值、最小值以及平均值等；频域内信号分析方法是将时域信号通过傅里叶变换成频域表达，更能直观地体现信号在频域上的分布。

1. 滤波[5,6]

由于所采集的信号中会包含诸多环境和仪器因素的影响，因此在进行数据处理时还需将数据进行滤波处理，去除相关的干扰因素。可应用快速傅里叶变换（FFT）原理，对波浪的数据信号进行滤波。

试验中的波浪信号有如下特点：时域上看起来很复杂的信号通常在频域上只集中在很小一块区域内，而频域上大部分数值接近于零。因此对于一个信息量很大的信号，仅用极少的数据就可对其进行描述。通过 FFT，记录不接近零的频域信息，就可以达到滤波的效果。FFT 的基本思想为将大点数的离散傅里叶变换（DFT）分解为若干小点数 DFT 的组合，从而减少运算量。

令 $W_N^{n,k} = e^{-j2\pi nk/N}$，则傅里叶变换 $F(u) = \int_{-\infty}^{+\infty} f(t) e^{-j2\pi wk} dt$ 可改写为 $F(k) = \frac{1}{N}\sum_{n=0}^{N-1} f(n) W_N^{n,k}$。令 $N = 2M$，其中 M 为一正整数。代入式中，得

$$F(k) = \frac{1}{2M}\sum_{n=0}^{2M-1} f(n) W_{2M}^{n,k} \qquad (7.10)$$

$$F(k) = \frac{1}{2}\left[\frac{1}{M}\sum_{n=0}^{M-1} f(2n) W_M^{n,k} + \frac{1}{M}\sum_{n=0}^{M-1} f(2n+1) W_M^{n,k} W_{2M}^{k}\right] \qquad (7.11)$$

令

$$F_e(k) = \frac{1}{M}\sum_{n=0}^{M-1} f(2n) W_M^{n,k} \qquad (7.12)$$

$$F_o(k) = \frac{1}{M}\sum_{n=0}^{M-1} f(2n+1) W_M^{n,k} \qquad (7.13)$$

则有

$$F(k) = \frac{1}{2}[F_e(k) + F_o(k)W_{2M}^k] \quad (7.14)$$

$$F(k+M) = \frac{1}{2}[F_e(k) - F_o(k)W_{2M}^k] \quad (7.15)$$

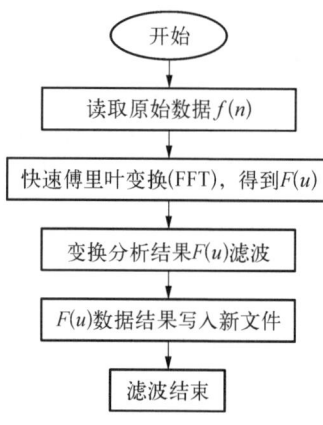

图7.1 快速傅里叶变换（FFT）滤波方法

对一个长度为 N 的序列，可通过将其划分为2个 $N/2$ 的序列进行傅里叶变换；对于一个长度为 $N/2$ 的序列，可将其划分为两个 $N/4$ 的序列进行傅里叶变换，通过这一过程不断迭代，直到两点的序列，可计算出该序列的傅里叶变换，具体计算流程如图7.1所示。

2. 时域分析法

将各种信号和噪声都归纳为随机信号的方式是时域法。如果试验数据采集的本体是平稳、正态或均值为零的随机过程，其数据就不会单一增长或单一减小，相邻的数据之间会存在一定联系。按 Wold 分解定理，平稳随机序列 $\{xk\}$ 总能用白噪声输入线性系统后的输出来模拟，其自回归 AR(n) 模型[7]为

$$x_k = a_1 x_{k-1} + a_2 x_{k-2} + \cdots + a_n x_{k-n} + u_k, \quad u_k \sim NID(0, \delta_u^2) \quad (7.16)$$

设有 $N(N > 2n)$ 个信号采样点 (x_1, x_2, $\cdots$, x_N)，则模型参数 (a_1, a_2, $\cdots$, a_n) 的最小二乘法为

$$\bar{a} = (X^T X)^{-1} X^T Y \quad (7.17)$$

式中，

$$\begin{cases} \bar{a} = (\bar{a}_1, \bar{a}_2, \cdots, \bar{a}_n)^T \\ Y = (x_{n+1}, x_{n+2}, \cdots, x_N)^T \\ X = \begin{bmatrix} x_n & x_{n-1} & \cdots & x_1 \\ x_{n+1} & x_n & \cdots & x_2 \\ \vdots & \vdots & & \vdots \\ x_{N-1} & x_{N-2} & \cdots & x_{N-n} \end{bmatrix} \end{cases} \quad (7.18)$$

自噪声 u_k 的方差 σ_u^2 用残差估计为

$$\bar{\sigma} = \frac{1}{N} \sum_{k=n+1}^{N} \left(x_k, \sum_{i=1}^{N} \bar{a}_i x_{k-i} \right)^2 \quad (7.19)$$

当信号采样值不断更新时,为简化矩阵求逆,可用 Marple、莱文森(Levinson)等递推算法。估计出信号的 AR 模型后,可以进一步求出信号的功率谱 P(自相关函数的傅里叶变换)和系统的频率特性函数 H 分别为

$$P_{xx}(f) = \bar{\sigma}_u^2 \Big/ \left|1 + \sum_{i=1}^{n}\bar{a}_i \mathrm{e}^{-\mathrm{j}2\pi fi}\right|^2$$
$$H_x(f) = 1 \Big/ \left(1 - \sum_{i=1}^{n}\bar{a}_i \mathrm{e}^{-\mathrm{j}2\pi fi}\right) \tag{7.20}$$

在简单情况下,可以通过比对阶次、模型参数等信息的方法直接识别区分处信号的状态。

针对波浪数据可作如下分析,根据时程曲线描述波浪统计分布特征包括最大波高、十分之一大波波高、三分之一大波波高和平均波高。假定波浪时间历程随机平稳过程,其波面可由无数个不同频率的余弦波构成[8],则有

$$\eta(x, t) = \sum_{i=1}^{N} a_i \cos(\hat{\omega}_i t + \varepsilon_i) \tag{7.21}$$

式中,ω_i 为第 i 个组成波的圆频率,取每个区间的中点作为该区间的代表频域,即

$$\hat{\omega}_i = (\omega_i + \omega_{i-1})/2 \tag{7.22}$$

因此第 i 个组成波的波幅为

$$a_i = \sqrt{2S(\hat{\omega}_i)\Delta\omega} \tag{7.23}$$

其中,S 为波浪谱值。假定波浪为窄谱随机过程,波高变化缓慢,周期变化不明显,则

$$\eta(x, t) = \sum_{i=1}^{N} a_i \cos(\hat{\omega}_i t - \bar{\omega}t + \varepsilon_i + \bar{\omega}t) \tag{7.24}$$

$$\eta(x, t) = X_c(t)\cos\bar{\omega}t - X_s(t)\sin\bar{\omega}t \tag{7.25}$$

其中,

$$X_c(t) = \sum_{i=1}^{\infty} a_i \cos(\hat{\omega}_i t - \hat{\omega}t + \varepsilon_i)$$
$$X_s(t) = \sum_{i=1}^{\infty} a_i \sin(\hat{\omega}_i t - \hat{\omega}t + \varepsilon_i) \tag{7.26}$$

令

$$A(t) = \sqrt{X_c^2(t) + X_s^2(t)} \tag{7.27}$$

则

$$\eta(t) = A(t)\cos[\bar{\omega}t + \phi(t)] \tag{7.28}$$

波面是频率为 $\bar{\omega}$, 振幅为 $A(t)$ 的波动, 其振幅 A 和相位角 ϕ 都随时间变化。但在窄谱条件下，它们的变化是缓慢的，$A(t)$ 能给出包络波形（wave envelope）的振幅值。波面的波动取决于 X_c 和 X_s，X_c 和 X_s 均为均值为零的正态分布，X_c 和 X_s 联合概率密度函数为

$$f(X_c, X_s) = f(X_c)f(X_s) \tag{7.29}$$

进一步转化为变量 A 和 ϕ 的函数：

$$f(A, \phi) = \frac{A}{2\pi m_0} \exp\left[-\frac{A^2}{2m_0}\right] \tag{7.30}$$

瑞利（Rayleigh）分布为

$$f(H) = \frac{H}{4m_0} \exp\left[-\frac{H^2}{8m_0}\right] \tag{7.31}$$

3. 频域分析法[7]

对于离散信号序列 $\{x_k, k = 0, 1, 2, \cdots, N-1\}$，其离散傅里叶变换为

$$X(l) = \sum_{k=0}^{N-1} x_k e^{-j2\pi lk/N}, \quad l = 0, 1, 2, \cdots, N-1 \tag{7.32}$$

继而可以求得信号的幅值频谱、相位频谱。定义功率频谱为

$$P_x(l) = |X(l)|^2, \quad l = 0, 1, 2, \cdots, N-1 \tag{7.33}$$

对于试验过程中可能出现的随机信号，其相位频谱和幅值频谱不好定义，由于其能量有限，所以存在功率频谱如式（7.34）所示：

$$P_x(f) = \int R_x(\tau) e^{-j2\pi f\tau} d\tau \tag{7.34}$$

式中，$R_x(\tau)$ 为随机信号，$x(t)$ 的自相关函数。

7.2.2 反射波分离方法

由于池壁的反射效应以及波浪作用于物体时发生的反射现象，对于浮式防波堤堤前的波浪，该反射波会与入射波叠加，对于浮式防波堤堤后的波浪，池壁尾端产生的反射波会与透射波发生叠加，从而影响浮式防波堤反射系数和透射系数的试验结果，因此在进行浮式防波堤反射系数与透射系数的试验数据处理时需要对反射波进行分离，可采用两点法、三点法、斜向反射波分离法、AM法等方法。

1. 两点法

试验中通过浪高仪同步记录堤前及堤后波面的时历曲线数据。图 7.2 给出了波面测量仪器布置示意图,对于模型前的 1#、2#的波面数据,应用 Goda 和 Suzuki[9] 的两点法分离出模型前的入射波高和反射波高,然后求得最终入射波高和反射波高的平均值,并计算透射系数和反射系数;对于模型后的测点的波面数据,同样应用两点法分离出模型后的透射波高。进行数据处理后,对防波堤的透射系数和反射系数进行具体的量化分析。

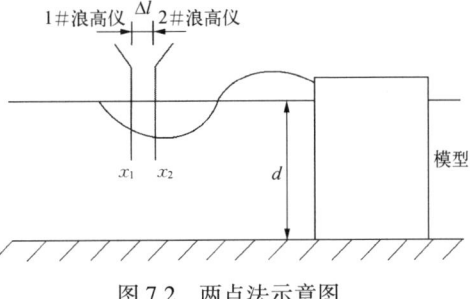

图 7.2 两点法示意图

试验中任意一个测点的波浪均可由反射波与入射波叠加形成,具体表示方法见式(7.35)与式(7.36)。

$$\eta_I(x,\ t) = \sum_{m=1}^{M} a_{Im}\cos(k_m x - 2\pi f_m t + \varepsilon_{Im}) \tag{7.35}$$

$$\eta_R(x,\ t) = \sum_{m=1}^{M} a_{Rm}\cos(k_m x - 2\pi f_m t + \varepsilon_{Rm}) \tag{7.36}$$

由两个浪高仪同步测得的波形分别为

$$\eta_1(t) = [\eta_I(t) + \eta_R(t)]_{x=x_1} \tag{7.37}$$

$$\eta_2(t) = [\eta_I(t) + \eta_R(t)]_{x=x_2} \tag{7.38}$$

将波形展开成傅里叶级数为

$$\eta_1(t) = \sum_{m=1}^{M} (A_{1m}\cos 2\pi f_m t + B_{1m}\sin 2\pi f_m t) \tag{7.39}$$

$$\eta_2(t) = \sum_{m=1}^{M} (A_{2m}\cos 2\pi f_m t + B_{2m}\sin 2\pi f_m t) \tag{7.40}$$

将式(7.35)、式(7.36)代入式(7.37)、式(7.38),并与式(7.39)、式(7.40)联立,可解得入射波和反射波中各组成波的振幅为

$$\left. \begin{array}{l} a_I(m) = \dfrac{1}{2|\sin k_m \Delta l|}\left[\begin{array}{l}(A_{2m} - A_{1m}\cos k_m \Delta l - B_{1m}\sin k_m \Delta l)^2 + \\ (B_{2m} + A_{1m}\sin k_m \Delta l - B_{1m}\cos k_m \Delta l)^2\end{array}\right]^{1/2} \\ a_R(m) = \dfrac{1}{2|\sin k_m \Delta l|}\left[\begin{array}{l}(A_{2m} - A_{1m}\cos k_m \Delta l + B_{1m}\sin k_m \Delta l)^2 + \\ (B_{2m} - A_{1m}\sin k_m \Delta l - B_{1m}\cos k_m \Delta l)^2\end{array}\right]^{1/2} \end{array} \right\} \tag{7.41}$$

式中，A_{1m}、B_{1m}、A_{2m} 和 B_{2m} 是傅里叶系数。当等距采样时，式（7.41）中傅里叶系数可表示为

$$A_{1m} = \frac{2}{N} \sum_{i=1}^{N} \eta_1\left(\frac{i}{N}T\right) \cos(2\pi im/N)$$

$$B_{1m} = \frac{2}{N} \sum_{i=1}^{N} \eta_1\left(\frac{i}{N}T\right) \sin(2\pi im/N)$$

$$A_{2m} = \frac{2}{N} \sum_{i=1}^{N} \eta_1\left(\frac{i}{N}T\right) \cos(2\pi im/N)$$

$$B_{2m} = \frac{2}{N} \sum_{i=1}^{N} \eta_1\left(\frac{i}{N}T\right) \sin(2\pi im/N)$$

(7.42)

式中，N、T 分别为样本数和采样总时间；$m = 0$，1，2，$\cdots$，$M(M=N/2)$，各组成波的频率为 $f_m = m/T$；$k_m = 2\pi/\lambda_m$ 为各组成波的波数；Δl 为两个浪高仪之间的距离。

在物理模型试验中，可测得一定位置处的波形 $\eta_1(t)$ 和 $\eta_2(t)$，由式（7.42）可算得 A_{1m}、B_{1m}、A_{2m}、B_{2m}，代入式（7.41）即可求得各组入射波和反射波的振幅。

针对不规则波浪，可将不规则波按傅里叶级数展开为

$$\eta_1 = \sum_{m=1}^{N/2} A_{1m} \cos \omega_m t + B_{1m} \sin \omega_m t$$

$$\eta_2 = \sum_{m=1}^{N/2} A_{2m} \cos \omega_m t + B_{2m} \sin \omega_m t$$

(7.43)

其中，级数中常数项为零，式中 $\omega_m = \frac{2\pi}{T_m}$，$m = 0$，1，$\cdots$，$N/2$，其对应圆频率为 $2m\pi\Delta f$ 的 m 倍频组成波。不规则波的入射波、反射波幅值为

$$a_{im} = \frac{1}{2|\sin k_m \Delta x|} \sqrt{(A_{2w} - A_{1m}\cos k_m\Delta x - B_{1m}\sin k_m\Delta x)^2 + (B_{2m} + A_{1m}\sin k_m\Delta x - B_{1m}\cos k_m\Delta x)^2}$$

$$a_{nm} = \frac{1}{2|\sin k_m \Delta x|} \sqrt{(A_{2m} - A_{1m}\cos k_m\Delta x + B_{1m}\sin k_m\Delta x)^2 + (B_{2m}A_{1m}\sin k_m\Delta x - B_{1m}\cos k_m\Delta x)^2}$$

(7.44)

式中，$\lambda_m = \frac{gT_m^2}{2\pi} \tanh(2\pi d/\lambda_m)$ 表示 m 倍波频的波长；$k_m = 2\pi/\lambda_m$ 为 m 倍频组

成的波数。

实际试验过程中所采集的波面为各组成波的叠加,可将入射波、反射波的合成波幅 A_I 和 A_R,其反射率 K_r 表示为

$$A_I = \sqrt{\sum_{m=1}^{N/2} a_{im}^2}, \quad A_R = \sqrt{\sum_{m=1}^{N/2} a_{rm}^2}$$

$$K_r = \frac{A_r}{A_i} = \left(\sum_{m=1}^{N/2} a_{rm}^2 \bigg/ \sum_{m=1}^{N/2} a_{im}^2\right)^{0.5}$$

(7.45)

2. 三点法

两点法进行波浪分离计算时,其频率适用范围及浪高仪布置间距可能受到限制,Mansard 和 Funke[10] 提出了一种三点法,在波浪传播方向上布置三个不同间距的测点,该方法考虑了波浪非线性及测量仪器等因素带来的影响,可以分离入射波、反射波的频域。

如图 7.3 所示,共有测点 $G1$、$G2$、$G3$,以测点 $G1$ 为例,入射、反射合成波的表达式可记为

$$\eta_{p=1}(t) = \sum_{m=1}^{N/2} a_{im}\cos(-2\pi f_m t + 2k_m x_1 + \varepsilon_m)$$

$$+ \sum_{m=1}^{N/2} a_{rm}\cos[-2\pi f_m t + 2k_m(x_1 + 2x_{R1}) + \varepsilon_m + \phi_m] + e_1(t)$$

(7.46)

式中,$e_1(t)$ 为误差总和,主要由非线性项和信号噪声组成;ϕ_m 为反射引起的 m 倍分频波的相位变化。对波面方程进行傅里叶变换:

$$\hat{\eta}_p(t) = a_{im}\exp[ik_m(x_1 + x_{1p}) + i\varepsilon_m] + a_{rm}\exp[ik_m(x_1 + 2x_{R1} - x_{1p}) + i(\varepsilon_m + \phi_m)] + \Omega_{pm}$$

(7.47)

令

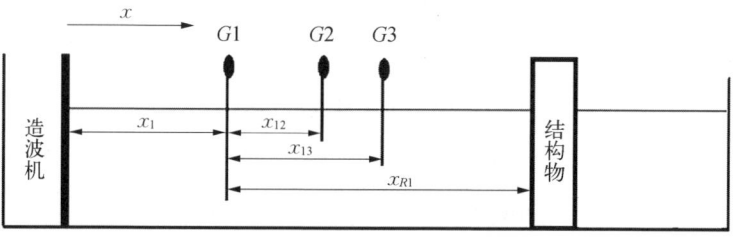

图 7.3 三点法分离入、反射波浪布置图

$$Z_{im} = a_{im}\mathrm{e}^{\mathrm{i}k_m(x_1+x_{1p})+\mathrm{i}\varepsilon_{im}}$$

$$Z_{rm} = a_{rm}\mathrm{e}^{\mathrm{i}k_m(x_1+2x_{R1}-x_{1p})+\mathrm{i}(\varepsilon_{im}+\phi_m)}$$

$$\beta_m = \psi_{2,\ m} = 2k_m x_{12}$$

$$\gamma_m = \psi_{3,\ m} = 2k_m x_{13}$$

(7.48)

将式（7.48）代入三个测点傅里叶变换式，得

$$Z_{im} + Z_{rm} - \hat{\eta}_{1m} = -\Omega_{1m}$$

$$Z_{im}\mathrm{e}^{\mathrm{i}\beta_m} + Z_{rm}\mathrm{e}^{-\mathrm{i}\beta_m} - \hat{\eta}_{2m} = -\Omega_{2m}$$

$$Z_{im}\mathrm{e}^{\mathrm{i}\gamma_m} + Z_{rm}\mathrm{e}^{-\mathrm{i}\gamma_m} - \hat{\eta}_{3m} = -\Omega_{3m}$$

(7.49)

基于最小二乘法原理寻求一对 Z_{im}、Z_{rm} 值，使得三点误差平方和的值最小：

$$\sum_{p=1}^{3}(\Omega_{pm})^2 = \sum_{p=1}^{3}(Z_{im}\mathrm{e}^{\mathrm{i}\psi_{pm}} + Z_{rm}\mathrm{e}^{-\mathrm{i}\psi_{pm}} - \hat{\eta}_{pm})^2 \quad (7.50)$$

通过对变量求导引入求解条件：

$$\frac{\partial}{\partial Z_{im}}\left[\sum_{p=1}^{3}(\Omega_{pm})^2\right] = \frac{\partial}{\partial Z_{rm}}\left[\sum_{p=1}^{3}(\Omega_{pm})^2\right] = 0 \quad (7.51)$$

对其求解，得到各组成波的入反射波幅值：

$$Z_{im} = \frac{1}{D_m}[\hat{\eta}_{1m}(R1+iQ1) + \hat{\eta}_{2m}(R2+iQ2) + \hat{\eta}_{3m}(R3+iQ3)]$$

$$Z_{rm} = \frac{1}{D_m}[\hat{\eta}_{1m}(R1-iQ1) + \hat{\eta}_{2m}(R2-iQ2) + \hat{\eta}_{3m}(R3-iQ3)]$$

(7.52)

变量 Z_{im}、Z_{rm} 的模对应 m 倍频入射波、反射波的幅值。式中各参数表达式为

$$D_m = 2[\sin^2\beta_m + \sin^2\gamma_m + \sin^2(\gamma_m - \beta_m)]$$

$$R1_m = \sin^2\beta_m + \sin^2\gamma_m$$

$$Q1_m = \sin\beta_m\cos\beta_m + \sin\gamma_m\cos\gamma_m$$

$$R2_m = \sin\gamma_m\sin(\gamma_m - \beta_m)$$

$$Q2_m = \sin\gamma_m\cos(\gamma_m - \beta_m) - 2\sin\beta_m$$

$$R3_m = -\sin\beta_m\cos(\gamma_m - \beta_m)$$

$$Q3_m = \sin\beta_m\cos(\gamma_m - \beta_m) - 2\sin\gamma_m$$

(7.53)

该方法在分离的过程中可能由于测量点位置而无法分离，建议各测点间应满

足[10]: $x_{12} = \lambda_p/2$, $\lambda_p/6 \leqslant x_{13} \leqslant \lambda_p/3$, $x_{13} \neq \lambda_p/5$, $x_{13} \neq 3\lambda_p/10$, λ_p 为谱峰频率所对应的波长。

3. 斜向反射波分离法

在斜向入射和反射波分离方面, 孙昭晨和王利生[11]在戈达尔 (Goda) 两点法基础上提出了斜向入射波、反射波的分离方法, 该方法与 Goda 两点法具有相同的分离精度, 核心思想是入射波可在 $[-\pi/2, \pi/2]$ 任意变化, 不需要入射波垂直于反射面方向传播, 浪高仪布置位置没有特殊要求。其指导思维与两点法相同, 相关计算方法如下所示。

试验模型及测点位置如图 7.4 所示, 令波浪的入射和反射角度相等。相对于 Goda 方法, 入射、反射波面方程中仅相位项改变, 用 $x\cos\theta + y\sin\theta$ 替换式 (7.35) 和式 (7.36) 中的坐标项。其推导原理及计算过程不变, 在此直接给出入射、反射波幅表达式:

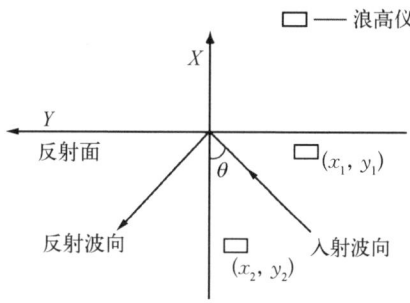

图 7.4 斜向波分离模型布置图

$$a_{im} = \frac{1}{2|\sin[(x_1-x_2)k_m\cos\theta]|}\left[\begin{array}{l}(B_{1m}\cos D_{1m} - A_{1m}\sin D_{1m} - B_{2m}\cos D_{2m} + A_{2m}\sin D_{2m})^2 + \\ (A_{1m}\cos D_{1m} + B_{1m}\sin D_{1m} - A_{2m}\cos D_{2m} - B_{2m}\sin D_{2m})^2\end{array}\right]^{0.5}$$

$$a_{rm} = \frac{1}{2|\sin[(x_1-x_2)k_m\cos\theta]|}\left[\begin{array}{l}(A_{1m}\sin C_{1m} - B_{1m}\cos C_{1m} - A_{2m}\sin C_{2m} + B_{2m}\cos C_{2m})^2 + \\ (A_{1m}\cos C_{1m} + B_{1m}\sin C_{1m} - A_{2m}\cos C_{2m} - B_{2m}\sin C_{2m})^2\end{array}\right]^{0.5}$$

(7.54)

式中, A_{1m}, A_{2m}, B_{1m}, B_{2m} 是傅里叶系数; C_1, D_1, C_2, D_2 是表示相位的中间项:

$$\begin{array}{l}C_1 = k_m x_1 \cos\theta + k_m y_1 \sin\theta, \quad D_1 = -k_m x_1 \cos\theta + k_m y_1 \sin\theta \\ C_2 = k_m x_2 \cos\theta + k_m y_2 \sin\theta, \quad D_2 = -k_m x_2 \cos\theta + k_m y_2 \sin\theta\end{array}$$

(7.55)

4. AM 法

AM 解析法[12]是近年来研究单向波浪现象的重要方法, 该方法只需两个浪高仪同时采集波浪, 利用 2 个浪高仪的间距、水深、波周期和采集的波高时间序列等信息将合成波分离。图 7.5 为波浪水槽物理模型试验系统示意图, 本书用直角坐标系代替真实场景, 坐标系原点定义在与造波机平行的位置, 以右方向为正方向。试验水槽中的 x_1 和 $x_2 = x_1 + \Delta x$ 表示两个

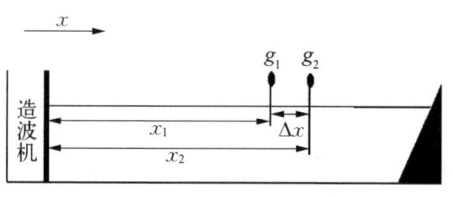

图 7.5 波浪水槽物理模型试验系统示意简图

浪高仪的位置。

1) 波浪分离方法的推导过程

二维波浪水槽长度方向传播的入射波波面函数的表达式如下：

$$\xi_I(x, t) = A_I \cos(\omega t - kx + \theta_I) \tag{7.56}$$

反射波波面如下式

$$\xi_R(x, t) = A_R \cos(\omega t + kx + \theta_R) \tag{7.57}$$

式（7.56）中的 A_I、θ_I 分别表示入射波波幅与入射波相位角，式（7.57）中的 A_R、θ_R 分别表示反射波波幅与反射波相位角；其中，ω 为波浪频率，k 为波数。

以线性波理论为基础，合成波 $\xi(x, t)$ 为 $\xi_I(x, t)$ 和 $\xi_R(x, t)$ 的叠加，则位于 x_1 和 $x_2 = x_1 + \Delta x$ 处的波面可以写为

$$\xi_I(x_1, t) = A_I \cos(\omega t - kx_1 + \theta_I) + A_R \cos(\omega t + kx_1 + \theta_R) \tag{7.58}$$

$$\begin{aligned}\xi(x_2, t) &= A_I \cos(\omega t - kx_2 + \theta_I) + A_R \cos(\omega t + kx_1 + \theta_R) \\ &= A_I \cos(\omega t - kx_1 + \theta_I - k\Delta x) + A_R \cos(\omega t + kx_1 + \theta_R + k\Delta x)\end{aligned} \tag{7.59}$$

仅通过式（7.58）、式（7.59）很难将包含各种反射波的混合波进行分离。基于解析理论进行反射波的混合波的复函数推导，具体表达式如式（7.60）和式（7.61）所示：

$$\eta(x_1, t) = A_I e^{i(\omega t - kx_1 + \theta_I)} + A_R e^{i(\omega t + kx_1 + \theta_R)} \tag{7.60}$$

$$\eta(x_2, t) = A_I e^{i(\omega t - kx_2 + \theta_I)} + A_R e^{i(\omega t + kx_2 + \theta_R)} = A_I e^{i(\omega t - kx_1 + \theta_I)} e^{-ik\Delta x} + A_R e^{i(\omega t + kx_1 + \theta_R)} e^{ik\Delta x} \tag{7.61}$$

式中，混合波 $\eta(x_1, t)$ 和 $\eta(x_2, t)$ 的实部为余弦函数。因此，式（7.61）能够提取到参数 $k\Delta x$。通过式（7.60）和式（7.61）可以进一步推导得

$$e^{-ik\Delta x}\eta(x_1, t) - \eta(x_2, t) = A_R e^{i(\omega t + kx_1 + \theta_I + \theta_R)}(e^{-ik\Delta x} - e^{ik\Delta x}) = -2\sin(k\Delta x) A_R e^{i(\omega t + kx_1 + \theta_R)} \tag{7.62}$$

$$e^{ik\Delta x}\eta(x_1, t) - \eta(x_2, t) = A_I e^{i(\omega t - kx_1 + \theta_I)}(e^{ik\Delta x} - e^{-ik\Delta x}) = 2\sin(k\Delta x) A_I e^{i(\omega t - kx_1 + \theta_I)} \tag{7.63}$$

基于式（7.62）、式（7.63）可获得 x_1 处入射波 $\eta_I(x, t)$、反射波 $\eta_R(x, t)$ 的解析表达式，还可得到 x_1 处反射系数 K_r 和相位差 θ_d，各项的具体表达式如下：

$$\eta_{\mathrm{I}}(x,\ t) = A_{\mathrm{I}}\mathrm{e}^{\mathrm{i}(\omega t - kx_1 + \theta_{\mathrm{I}})} = \frac{\mathrm{e}^{\mathrm{i}k\Delta x}\eta(x_1,\ t) - \eta(x_2,\ t)}{2\mathrm{i}\sin(k\Delta x)} \quad (7.64)$$

$$\eta_{\mathrm{R}}(x,\ t) = A_{\mathrm{R}}\mathrm{e}^{\mathrm{i}(\omega t + kx_1 + \theta_{\mathrm{R}})} = \frac{\mathrm{e}^{-\mathrm{i}k\Delta x}\eta(x_1,\ t) - \eta(x_2,\ t)}{-2\mathrm{i}\sin(k\Delta x)} \quad (7.65)$$

$$\theta_d = \arg\left[-\frac{\mathrm{e}^{-\mathrm{i}k\Delta x}\eta(x_1,\ t) - \eta(x_2,\ t)}{\mathrm{e}^{\mathrm{i}k\Delta x}\eta(x_1,\ t) - \eta(x_2,\ t)}\right] \quad (7.66)$$

$$K_{\mathrm{r}} = \frac{A_{\mathrm{R}}}{A_{\mathrm{I}}} = \frac{\|\mathrm{e}^{-\mathrm{i}k\Delta x}\eta(x_1,\ t) - \eta(x_2,\ t)\|}{\|\mathrm{e}^{\mathrm{i}k\Delta x}\eta(x_1,\ t) - \eta(x_2,\ t)\|} \quad (7.67)$$

式中，$\|\cdot\|$ 和 $\arg(\cdot)$ 分别是模数与相位算子。

除此以外，还需要对得到的解进行 Hilbert 变换得到复变量虚部，再与各测点浪高仪实际测得的复变量实部进行结合，即可对混合波进行分离。

2）Hilbert 变换

与实函数 $f(t)$ 对应的解析函数 $z(t)$ 可记为

$$z(t) = f(t) + \frac{i}{\pi}\int_{-\infty}^{+\infty}\frac{f(\tau)}{t - \tau}\mathrm{d}\tau \quad (7.68)$$

定义 $f(t)$ 的 Hilbert 变换为 $f(t)$ 和 $\frac{1}{\pi t}$ 的卷积，如式（7.69）所示，则实函数 $f(t)$ 的 Hilbert 变换即为 $z(t)$ 的虚部。

$$H[f(t)] = \frac{1}{\pi}\int_{-\infty}^{+\infty}\frac{f(\tau)}{t - \tau}\mathrm{d}\tau \quad (7.69)$$

式（7.68）和式（7.69）的定义域为实域，则可以在频域实现 Hillbert 变换，如果 $Z(\omega)$ 和 $F(\omega)$ 是 $z(t)$ 和 $f(t)$ 的傅里叶变换，则可得 $Z(\omega)$ 与 $F(\omega)$ 之间的关系为

$$Z(\omega) = 2F(\omega),\quad \omega \geqslant 0 \quad (7.70)$$

$$Z(\omega) = 0,\quad \omega \leqslant 0 \quad (7.71)$$

可采用对 $f(t)$ 进行快速傅里叶变换（FFT）求得 $F(\omega)$，从而通过式（7.70）和式（7.71）求得函数 $Z(\omega)$。解析量 $z(t)$ 需利用傅里叶逆变换才能获得，最后利用式（7.64）、式（7.65）、式（7.66）及式（7.67）就可得到反射波分量、入射波分量、反射系数 K_{r} 及相位差。

利用 AM 方法可对不规则波进行分离，不规则波在 x_1 和 $x_2 = x_1 + \Delta x$ 的解析式可写为

$$\eta(x_1, t) = \sum_{n=1}^{N} A_{\mathrm{I}n} e^{\mathrm{i}(\omega_n t - k_n x_1 + \theta_{\mathrm{I}n})} + \sum_{n=1}^{N} A_{\mathrm{R}n} e^{\mathrm{i}(\omega_n t + k_n x_1 + \theta_{\mathrm{R}n})} \quad (7.72)$$

$$\begin{aligned}\eta(x_2, t) &= \sum_{n=1}^{N} A_{\mathrm{I}n} e^{\mathrm{i}(\omega_n t - k_n x_2 + \theta_{\mathrm{I}n})} + \sum_{n=1}^{N} A_{\mathrm{R}n} e^{\mathrm{i}(\omega_n t + k_n x_2 + \theta_{\mathrm{R}n})} \\ &= \sum_{n=1}^{N} A_{\mathrm{I}n} e^{\mathrm{i}(\omega_n t - k_n x_1 + \theta_{\mathrm{I}n})} e^{-\mathrm{i} k_n \Delta x} + \sum_{n=1}^{N} A_{\mathrm{R}n} e^{\mathrm{i}(\omega_n t + k_n x_1 + \theta_{\mathrm{R}n})} e^{\mathrm{i} k_n \Delta x} \end{aligned} \quad (7.73)$$

式中，$A_{\mathrm{I}n}$、$\theta_{\mathrm{I}n}$ 为第 n 个入射波分量的幅值及相位；$A_{\mathrm{R}n}$、$\theta_{\mathrm{R}n}$ 为第 n 个反射波分量的幅值及相位；ω_n、k_n 分别为波频率与波数分量。

对波浪信号进行傅里叶变换，得

$$\Gamma(\omega) = \sum_{n=1}^{N} \Gamma'_n(\omega_n) \quad (7.74)$$

$$\Gamma'_n(\omega_n) = \begin{cases} 2\Gamma(\omega_n), & \omega_n > 0 \\ 0, & \text{其他} \end{cases} \quad (7.75)$$

其中，$\Gamma'_n(\omega_n)$ 为 $\eta_n(x_m, t) = A_{\mathrm{I}n} e^{\mathrm{i}(\omega_n t - k_n x_m + \theta_{\mathrm{I}n})} + A_{\mathrm{R}n} e^{\mathrm{i}(\omega_n t + k_n x_m + \theta_{\mathrm{R}n})}$，$m=1,2$ 的变换。通过逐次分离各频率分量 ω_n 得到总信号分离数据。

7.2.3 有限尺度的浮体绕射效应分离方法

当波浪传播到浮式防波堤时，会发生绕射、反射和透射现象。波浪的透射性直接反映浮式防波堤的消波效果。浮式防波堤在进行透射特性分析时，需要分离出波浪的绕射效应。结构物主体长度越短，波物作用时间越长，则浮式防波堤绕射效应越显著。本章采用透空介质模型剔除波浪的绕射成分，并采用改进的两点法来分离迎浪侧及背浪侧的自由波和锁定波，计算反射、透射系数和耗能系数。图 7.6 是波浪与有限尺度的浮式结构物相互作用时绕射效应分离示意图，入射波

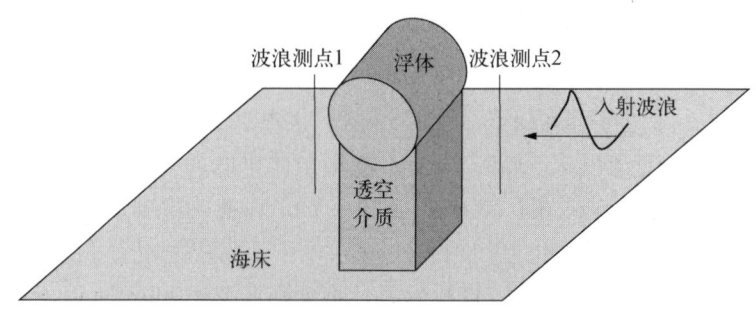

图 7.6 有限长度的浮体绕射效应分离示意

浪由右向左传递,根据波浪测点 2 的数据,采用质量源造波方法模拟入射波条件。将浮体正下方区域设置为透空介质区域来吸收波浪从浮体下方透射的全部波浪能量,使得速度和压力场在该区域内逐渐衰减,到下游时无透射波浪成分,以防止透射波浪对波浪测点 1 的绕射波面高程变化产生影响,从而保证绕射效应模拟的准确性。Relizable $k-\varepsilon$ 紊流模型是将湍动黏度计算式中的系数与应变率联系起来,适用范围较广。由于透空介质的阻水作用,浮体前后存在较大的压力梯度,$k-\varepsilon$ 模型[13-16]对这一问题可进行很好的模拟,因此选用该模型进行绕射效应模拟。质量连续方程和动量方程如下所示:

$$\frac{\partial \rho}{\partial t} + \frac{\partial \rho u_i}{\partial x_i} = q \tag{7.76}$$

$$\frac{\partial u_i}{\partial t} + u_j \frac{\partial u_i}{\partial x_j} = -\frac{1}{\rho}\frac{\partial p}{\partial x_i} + g_i + \frac{(\mu+\mu_t)}{\rho}\frac{\partial}{\partial x_j}\left(\frac{\partial u_i}{\partial x_j}\right) + \frac{1}{\rho}S_i \tag{7.77}$$

式中,t 为时间;ρ 为流体密度;μ 为流体动力黏度;u_1 和 u_2 为流体速度分量脉动值;μ_t 为湍流黏度;式(7.77)右边的第三项表示应力张量的黏性部分,$P = p + (2/3)\rho c$,p 为压力,c 为湍流动能,q 和 S_i 分别为质量和动量源项,分别用于造波和透空介质消能效果的模拟。

在多孔介质内部,动量源项 S_i 为

$$S_i = -\left(D_{ij}\mu u + C_{ij}\frac{1}{2}\rho \mid u \mid u\right) \tag{7.78}$$

式中,D_{ij} 和 C_{ij} 为多孔介质系数矩阵,表达如下:

$$D_{ij} = \begin{bmatrix} D_n & 0 & 0 \\ 0 & D_t & 0 \\ 0 & 0 & D_t \end{bmatrix}, \quad D_{ij} = \begin{bmatrix} C_n & 0 & 0 \\ 0 & C_t & 0 \\ 0 & 0 & C_t \end{bmatrix} \tag{7.79}$$

其中,D_n 为法向黏性阻力系数;D_t 为切向黏性阻力系数;C_n 为法向惯性阻力系数;C_t 为切向惯性阻力系数。

质量源项 q 采用如下表达式:

$$q(x_s, z, t) = 2\delta(x - x_s)v/\mathrm{d}x \tag{7.80}$$

式中,x_s 为垂直源项的水平位置;$\delta(x - x_s)$ 为函数;v 为波浪水平速度。

规则波消波效果的数值模拟针对规则波浪,式(7.80)中波浪水平速度可表示为

$$v = \frac{\partial \varphi_I}{\partial x} = \frac{kgA\cosh k(z+h)}{\omega \cosh kh}\cos(kx-\omega t) + \frac{3}{8}2kA^2\omega\frac{\cosh 2k(z+h)}{\sinh^4 kh}\cos 2(kx-\omega t)$$

(7.81)

式中，φ_I 为入射速度势；ω 为波浪基频频率；k 为波数；A 为入射波幅值。根据上述模型获得绕射波面后，从防波堤堤后浪高仪测点中剔除，进一步采用7.2节所述的两点法分离方法计算防波堤的透射系数和反射系数：

$$K_t = \frac{a_T}{a_I}, \quad K_r = \frac{a_R}{a_I}$$

(7.82)

式中，a_I 表示入射波波幅。

对于不规则波消波效果的分析，可基于线性波浪理论，将不规则波浪规则波看作由许多个不同波要素的余弦波叠加而成，因此将入射波采取的波浪时程曲线转化为频谱分布规律，对其按频率等分成分，其间距为

$$\Delta\omega = \omega_i - \omega_{i-1}$$

(7.83)

式中，ω_i 为第 i 个组成波的圆频率，取每个区间的中点作为该区间的代表频域，将这 N 个组成波进行线性叠加可得如式（7.21）所示的海浪的波面高程。

将不规则波波面模型代入式（7.80）后，进一步与透空介质模型相互作用获得波浪绕射波面，从实测波面中剔除绕射效应，并采用7.2节的两点法分离方法获得不规则波作用时防波堤透射和反射系数：

$$K_t = \frac{H_{T(1/3)}}{H_{I(1/3)}}, \quad K_r = \frac{H_{R(1/3)}}{H_{I(1/3)}}$$

(7.84)

式中，波高为不规则波浪的统计特征值。

7.2.4 规则波试验试验数据处理方法

本节简要介绍规则波浪试验中消波效果、运动响应、系泊缆张力的处理方法。根据国际船舶试验池会议（ITTC）对于规则波试验的规定[17]，试验数据应不小于10个完整的波浪周期数据，并选择信号较为平稳的一段，进行时域统计分析。

1. 消波效果数据处理方法

采用7.2节介绍的波浪分离方法进行数据分析，通过浮式防波堤前的两个浪高仪将入射波与浮式防波堤产生的反射波分离，同时利用堤后的两个浪高仪将堤后的透射波与水槽尾端产生的反射波分离。通过自编程序将各浪高仪采集的波浪

数据在有效时间进行截取，采用最小二乘法进行拟合，并利用 7.2 中的方法对其进行波浪分离，如图 7.7 所示。按照 2.4 节中的方法进行计算，获得透射系数、反射系数、耗散系数等。

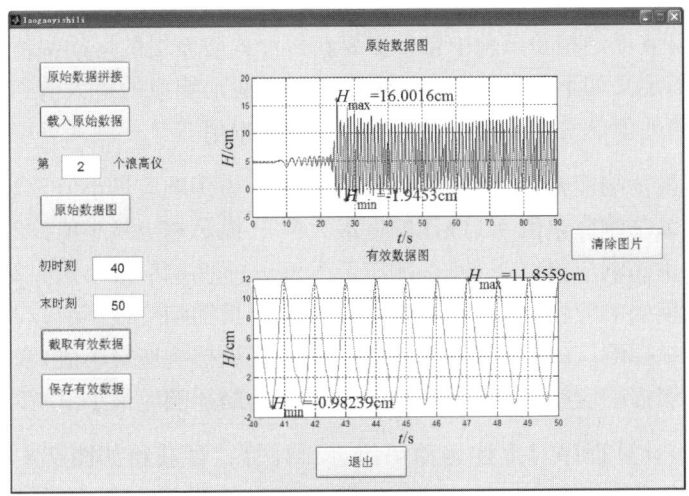

(a) 波浪数据选取

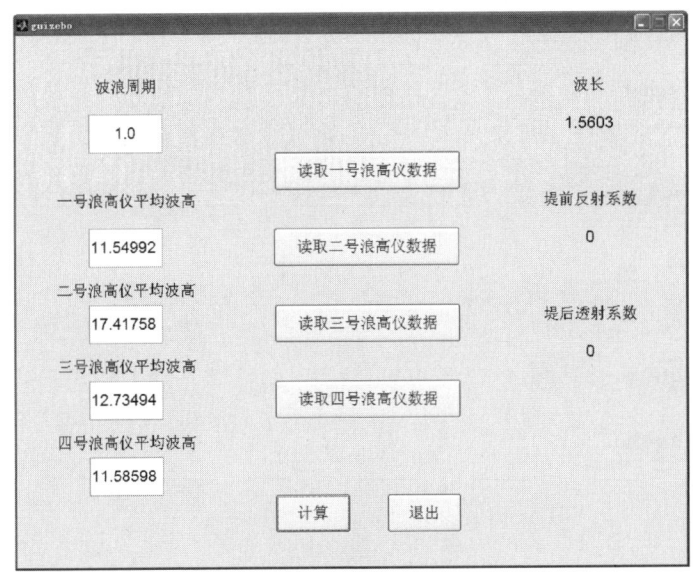

(b) 消波效果分析

图 7.7　消波效果数据处理方法软件界面

2. 运动响应数据处理方法

通过接触式、非接触式以及加速度运动测量仪等专业测量设备均可获取浮式防波堤在试验中的运动响应数据。根据试验需求，选取合适的数据采集频率进行试验。若采集频率过高、数据量较大，会对后期的数据处理产生较大影响。若采集频率过小，则不足以反映试验模型的运动状态特性。一般来讲，以每秒 40~50 Hz 的采集频率来记录浮式防波堤模型的运动，可以满足试验需要。

在浮式防波堤的相关试验中常常需要获得浮式防波堤的运动幅值。防波堤模型运动幅值的定义如下：取有效时间内各自由度运动响应的最大值和最小值，最大值与最小值差值的一半即为该自由度运动响应幅值。

$$\begin{cases} 横荡响应幅值 = (横荡响应最大值 - 横荡响应最小值)/2 \\ 纵荡响应幅值 = (纵荡响应最大值 - 纵荡响应最小值)/2 \\ 垂荡响应幅值 = (垂荡响应最大值 - 垂荡响应最小值)/2 \\ 横摇响应幅值 = (横摇响应最大值 - 横摇响应最小值)/2 \\ 纵摇响应幅值 = (纵摇响应最大值 - 纵摇响应最小值)/2 \\ 艏摇响应幅值 = (艏摇响应最大值 - 艏摇响应最小值)/2 \end{cases} \quad (7.85)$$

借助自编计算程序对上述运动幅值进行计算，可获得如图 7.8 所示的分析结果。

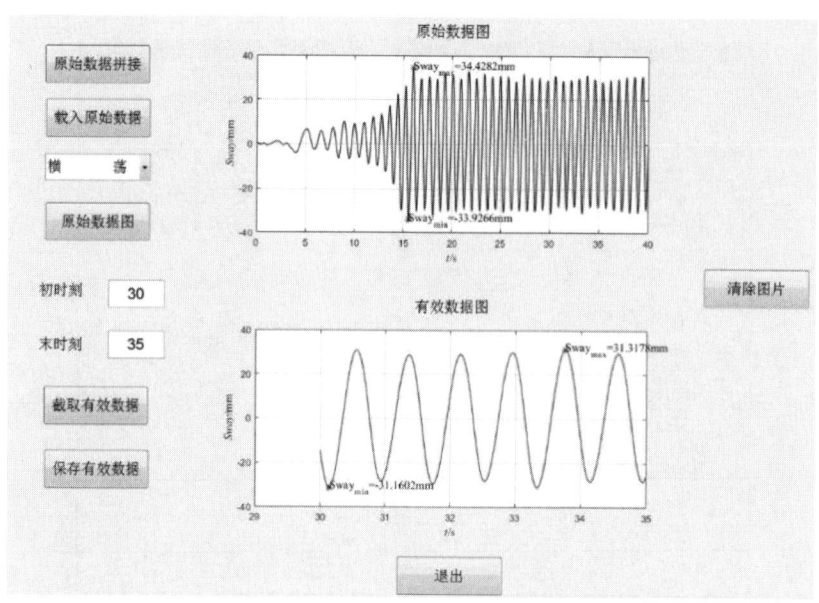

图 7.8　运动响应处理方法程序界面

3. 系泊缆张力数据处理方法

在规则波试验中，通常在浮式防波堤模型的迎浪、背浪面布置若干拉力传感器，传感器的布置方式参考试验大纲的要求，以便于后续测量防波堤受到的系泊缆张力。通过拉力传感器所记录和采集的浮式防波堤锚泊系统在试验过程中的张力变化，可以判断是否出现破断载荷。在系泊缆张力数据处理过程中，通常对张力极值进行分析，该数值可反映出系泊缆在某一海况下会出现的最大张力值，从而可以判断系泊缆设计是否合理，是否满足安全性要求等。同样地，先对数据时间进行选取，通过自编程序对数据进行分析，获得张力极值。图 7.9 给出了张力极值数据处理程序界面。

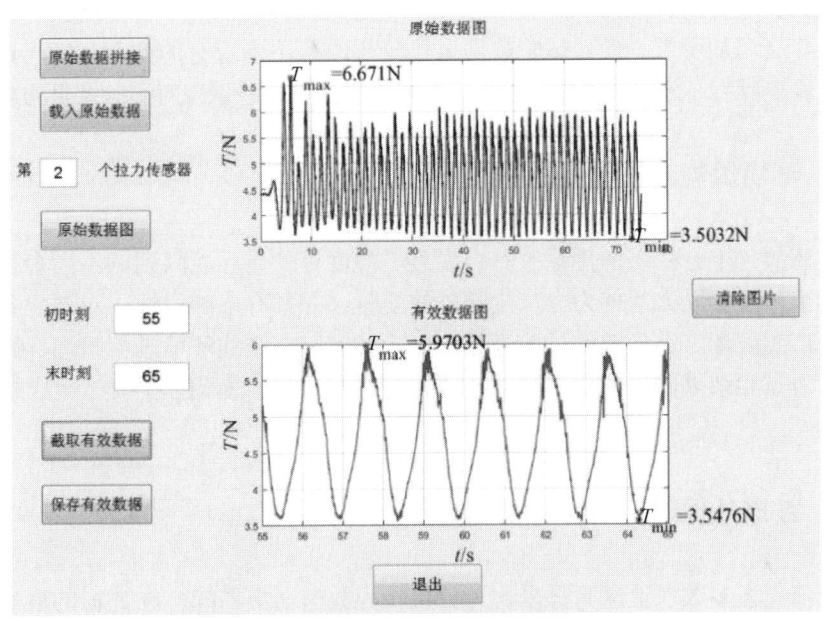

图 7.9　系泊缆张力数据处理程序界面

7.3　影响试验结果的参数因子及控制措施

7.3.1　传感器对试验结果的影响

1）传感器误差对试验结果的影响

传感器自身的精确度会影响传输试验指令的准确性。精确度较高的传感器可以准确地传输试验中各种参数指令，但是过高的灵敏度会导致指令的传输容易受外界其他干扰并造成影响；精确度较低的传感器会造成指令信号的非完整性。因此，在水池试验过程中要根据试验所需的要求选择准确性相对合适的传感器。

2）传感器安装的牢固程度对试验结果的影响

传感器结构安装不牢固会造成试验参数数据传输的准确性失真。传感器未安装牢固，传感器和连接线之间未拧紧、松动等都会导致试验数据的传输质量不佳，甚至会出现试验结果记录不完整等情况。在试验开始前应按时检查各传感器的安装位置是否偏移、连接状态是否正常，避免因安装问题对试验结果产生影响。

7.3.2 人为操作对试验结果的影响

在试验过程中，人为操作会带来预期外的试验误差，对于对比试验，不当的人为操作会增加变量，使得试验数据对比分析中得不到应有的变化规律。试验人员在试验中应当谨慎，尽可能减由小人为操作带来的试验误差对试验结果的影响。

7.3.3 环境因素对试验结果的影响

传感器是十分精密的传输工具，温度、湿度等外界环境因素的不同会影响传感器的准确性。风力等外力会产生额外的变量，并具有不确定性，对试验参数的变化率产生破坏。在日常的试验开始前，应对实验室内的环境进行检测，减少外在载荷对试验结果的影响，减小由环境因素导致的传感器的不敏感造成的试验误差。

7.3.4 数据处理对试验结果的影响

目前，大多数水池试验都采用计算机作为数据采集系统，在数据的后期处理过程中，由于控制系统的计算机所给出的试验结果数据相对于产品试验规范所要求的试验数据有更多的有效数字位数，因此若数据处理不得当，最终得出的试验结果数据会产生偏差。对计算机所采集到的数据进行后期处理时，其数字有效位数应多于试验所需位数，一般多2位数即可满足绝大多数试验对数据精度的要求。在剔除多余位数时，要严格按照四舍五入的原则对数据进行处理，对试验要求无用的数据应做好删除工作，以免对后期数据的汇总产生不利干扰。当试验数据处于边缘范围，取舍较难时，应在后期的试验报告中对这部分数据进行汇总分析。

7.3.5 设备维护保养对试验结果的影响

为维护设备的性能，可通过使用专用清洁物品进行擦拭、清扫、润滑等基础方法对设备进行护理和保养。设备的维护和保养主要有以下四种需求。

（1）清洁：设备外观无污垢，内部各滑动面、丝杠、齿条、油孔等结构干净无油污，放置设备的空间无明显杂物和垃圾，室内空气清新无霉味。

（2）整齐：同类型设备有序地摆放在同一处，管道与线路的布置要具有条理性。

（3）润滑：定期检查各连接部位的润滑情况，及时换油或补油，保证油压正常，油标明亮，油路顺畅，油质符合要求，油枪、油杯、油毡清洁。

（4）安全：在安全操作规程内合理使用设备，对设备的安全防护装置进行定期记录，确保设备的安全使用，防范不安全因素的产生。

设备的日常维护保养在试验过程中可同时进行，包括每次试验前对设备进行卫生清扫、开机前先预热等。完善的设备维护保养工作既可以延长设备的使用年限，又是对设备的监管，当设备发生故障时，可以及时地进行排查与修复，从而减小试验过程中因设备故障而产生的试验误差。例如，实验室水池内造波机设备在经过了长时间的造波工作后，其系统的稳定性可能会产生偏差，导致波浪时间历程的不准确性，需对造波机进行系统性的全面排查；当造波机正常完成检修程序后，应对造波机工作稳定性进行及时检定与校核，以保证试验数据的稳定正确。

7.4 原型结果的换算方法

对模型试验结果进行数据处理与分析后，仍需按相似关系换算成原型的响应数据，换算关系如表7.2所示。

表7.2 模型与原型结果换算关系

数 据 名 称	符　　号	转 换 系 数
周期	T_s/T_m	$\lambda_L^{1/2}$
位移	X_s/X_m	λ_L
转角	φ_s/φ_m	1
系泊缆张力	F_s/F_m	$\gamma\lambda_L^3$
波高值	H_s/H_m	λ_L
速度	v_s/v_m	$\lambda_L^{1/2}$
加速度	a_s/a_m	1
透射系数	K_{st}/K_{mt}	1
反射系数	K_{sr}/K_{mr}	1
耗散系数	E_{sd}/E_{md}	1

注：下标 s 代表原型，m 代表模型。

参 考 文 献

[1] 贾沛璋. 误差分析与数据处理[M]. 北京：国防工业出版社，1992.
[2] 何晓群，刘文卿. 应用回归分析[M]. 北京：中国人民大学出版社，2011.

[3] Grubbs F E. Sample criteria for testing outlying observations [J]. Annals of Mathematical Statistics, 1950, 21 (1): 27-58.
[4] Grubbs F E. Procedures for Detecting Outlying Observations in Samples [J]. Technometrics, 1969, 11 (1): 1-21.
[5] 杨丽娟, 张白桦, 叶旭桢. 快速傅里叶变换FFT及其应用 [J]. 光电工程, 2001, 31: 1-7.
[6] 程佩青. 数字滤波与快速傅里叶变换 [M]. 北京: 清华大学出版社, 1990.
[7] 张朝晖, 袁建美, 蒋洪明. 用于动态测试的信号分析方法 [J]. 石油大学学报（自然科学版）, 2006, 26 (2): 120-124.
[8] 福尔特森. 船舶与海洋工程环境载荷 [M]. 上海: 上海交通大学出版社, 2008.
[9] Goda Y, Suzuki Y. Estimation of incident and reflected waves in random wave experiments [C]. New York: Pro., 15th Int. Goast. Engrg. Conf., 1976: 828-845.
[10] Mansard E, Funke E R. The measurement of incident and reflected spectra using a least square method [C]. Proc, Int. 17th conf. on Coastal Eegineerin, 1980: 154-172.
[11] 孙昭晨, 王利生. 斜向入射波与反射波的分离 [J]. 海洋学报. 1999, 21 (4): 114-120.
[12] 王永学, 彭静萍, 孙鹤泉, 等. 分离入射波与反射波的解析方法 [J]. 2003, 21: 42-52.
[13] Hadzic I, Hennig J, Peric M, et al. Computation of flow-induced motion of floating bodies [J]. Applied Mathematical Modelling, 2005, 29: 1196-1210.
[14] Chen X B, Zhan J M, Chen Q. Numerical simulation of 2-D floating body driven by regular waves [J]. Journal of Hydrodynamics, 2016, 28 (5): 821-931.
[15] Zhan J M, Jia X P, Li Y S, et al. Analytical and experimental investigation of drag on nets of fish cages [J]. Aquacultural Engineering, 2006, 35 (1): 91-101.
[16] 董胜, 张华昌, 宁萌, 等. 海岸工程模型试验 [M]. 青岛: 中国海洋大学出版社, 2008.
[17] Huse E, Incecik A, Collins J I, et al. Tests in regular waves [C]. Madrid: 19Th International Towing Tank Conference (ITTC), 1990.

第 8 章 浮式防波堤二维水槽试验实例及分析

浮式防波堤首先要进行构型设计，在选择合适的构型时，通常需要开展二维构型断面试验。试验需要满足第 2 章给出的相似条件。当不能同时满足所有相似条件时，优先考虑满足几何相似、运动相似，以及部分动力相似。本章主要介绍在水槽中开展二维浮式防波堤水动力试验的实例，主要包括试验内容、试验原型、试验模型、测量仪器布置、波浪参数、数据处理及结果分析等。

8.1 试验水槽简介

该浮式防波堤二维模型试验在中国海洋大学海洋工程实验室的随机波波流耦合水槽中开展（图 8.1），该波流耦合水槽长 60 m、宽 3 m、深 1.5 m。为了开展本次模型试验，在水池中间用玻璃隔板进行分离，使得波流耦合水槽的工作宽度为 0.8 m。该波流耦合水槽可以模拟不规则波的波高范围为 0.03~0.25 m，周期范围为 0.5~3 s；规则波的波高范围为 0.03~0.3 m，周期范围为 0.5~3 s。

图 8.1 中国海洋大学随机波波流耦合水槽

8.2 试验原型简介

该试验共进行了圆筒型、板架型以及网笼型三种构型的浮式防波堤模型水槽试验。主要进行三种浮式防波堤模型的消波效果以及水动力性能测试,通过对试验结果的分析,探究浮式防波堤的消波机理及优选构型。浮式防波堤构型设计如图 8.2 所示。

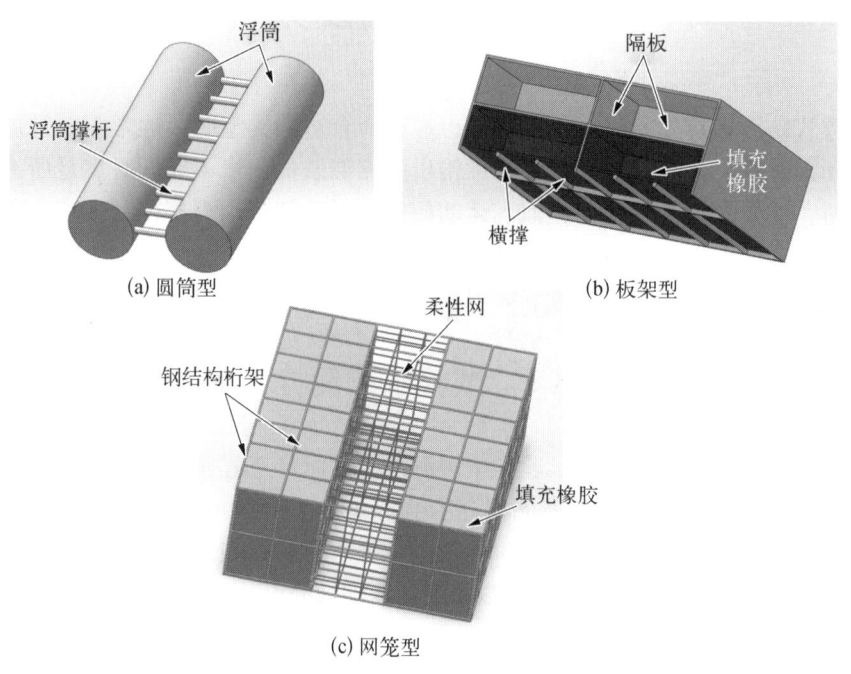

图 8.2　浮式防波堤构型设计示意图

圆筒型浮式防波堤原型由两侧浮筒和中间撑杆组成,该类型浮式防波堤长 16.0 m、宽 10.0 m、高 4.0 m,两侧浮筒直径均为 4.0 m,浮筒间距 2.0 m,中间撑杆直径 0.5 m、相邻撑杆间距 1.5 m,该类型浮式防波堤主体结构材料采用 C50 海工混凝土。

板架型浮式防波堤原型由板架和填充橡胶组成,该类型浮式防波堤长 16.0 m、宽 10.0 m、高 4.0 m,浮式防波堤内部被隔板分成 8 个舱室,下方 4 个舱室填充橡胶结构,并在浮式防波堤底部采用横纵交错的横撑为填充橡胶提供约束,浮式防波堤主体结构采用与双圆筒型相同的材料。

网笼型浮式防波堤原型由钢结构桁架、填充橡胶结构以及柔性网衣组成,该类型浮式防波堤长 16.0 m、宽 10.0 m、高 4.0 m,浮式防波堤主体利用桁架结构提供承载力,主体结构两侧填充橡胶结构,橡胶结构中间铺设柔性网衣结构,该构型总质量较轻,填充结构易于更换。

8.2.1 主要参数

圆筒型、板架型以及网笼型三种浮式防波堤构型原型的主要参数见表8.1[1]。浮式防波堤原型作业区域水深约为20 m，为系统研究三种构型的消波机理及水动力性能，本试验采用相同的悬链线式系泊系统，具体的参数如表8.2所示[1]。

表 8.1　浮式防波堤原型设计参数[1]

构型	堤长/m	堤宽/m	堤高/m	质量/t	横摇惯性矩/(kg·m²)	重心/m
圆筒型	16	10	4	164.9	1 637 122	2.00
板架型	16	10	4	246.8	2 309 417	1.42
网笼型	16	10	4	164.9	1 927 245	2.00

表 8.2　原型选用系泊缆参数[1]

名称	直径/mm	长度/m	轴向刚度/KN	单位长度干重/(g/m)
防波堤系泊缆	107	32	1 144 900	250 740

8.2.2 海况条件

浮式防波堤原型所应用的目标海域海况资料如表8.3所示[1]。

表 8.3　目标海域部分波浪长期散布表[1]

波高/m	统计数/次								合计
	<4 s	4~5 s	5~6 s	6~7 s	7~8 s	8~9 s	9~10 s	10~11 s	
8~9	0	0	0	1	1	1	0	0	3
7~8	0	0	0	1	2	1	1	0	5
6~7	0	0	1	3	3	2	1	0	10
5~6	0	0	3	8	8	5	2	1	27
4~5	0	1	9	19	17	9	3	1	59
3~4	0	4	26	45	34	15	4	1	129
2~3	0	14	64	85	52	19	5	1	240
1~2	2	41	118	108	47	12	2	0	330
0~1	13	64	76	36	9	2	0	0	200
总计	15	124	297	306	173	66	18	4	1 003

8.2.3 试验测量内容

为直观表达浮式防波堤的消波性能与水动力性能，需要计算浮式防波堤的透射系数或波浪反射系数，主要测试内容有：

(1) 浮式防波堤模型在波浪载荷作用下的横荡、垂荡以及横摇等运动响应时历曲线；

(2) 浮式防波堤模型在波浪载荷作用下的系泊缆张力时历曲线；

(3) 浮式防波堤模型堤前及堤后各测点处的波浪时历曲线；

(4) 浮式防波堤模型在波浪水槽试验全过程的影音记录。

8.3 试验模型设计

8.3.1 缩尺比确定

根据目标海况波浪参数、浮式防波堤主尺度参数、波浪水槽参数等特征参数，结合 3.1 节缩尺比的选择方法：

$$\lambda_L = \max\{\lambda_1, \lambda_2, \lambda_3, \lambda_4, \lambda_5, \lambda_6\} \tag{8.1}$$

通过计算得到：$\lambda_1 = \dfrac{D_s}{D_{max}} \approx \dfrac{20 \text{ m}}{1.2 \text{ m}} = 16.7$；$\lambda_2 = \dfrac{L_s}{L_{max}} = \dfrac{16 \text{ m}}{0.8 \text{ m}} = 20$；$\lambda_3 = \dfrac{B_s}{B_{max}} = \dfrac{74 \text{ m}}{52 \text{ m}} \approx 1.42$；$\lambda_4 = \dfrac{H_s}{H_{max}} = \dfrac{4 \text{ m}}{0.3 \text{ m}} \approx 13.3$（对于构型试验，重点研究构型消波效果，原型波高取概率相对较大的波高 4 m）。综合上述缩尺比计算结果，本试验选用模型缩尺比为 $\lambda_L = 20$。

8.3.2 主体模型设计

在构型优选试验中，为研究前面介绍的双圆筒型、板架型以及网笼型浮式防波堤中各参数的变化对其消波效果和运动性能的影响，本书基于上述三种构型分别设计了三种结构形式。圆筒型浮式防波堤分别研究其主体为双圆筒构型 (1-1) 单独在波浪中的性能，主体结构下端附加消浪网构型 (1-2) 以及附加消浪网同时在消浪网内增加一定数量的消浪浮球构型 (1-3) 的水动力性能和消波效果。板架型浮式防波堤分别研究完全不开孔构型 (2-1)、四周的板架水线以上开孔型 (2-2)，以及在构型 (2-2) 基础上对顶板开孔型 (2-3) 的水动力性能和消波效果。网笼型浮式防波堤分别研究主体为网笼构型（3-1）的性能，在（3-1）构型的基础上增加防波堤高度50%并保持与（3-1）构型具有相同的吃水深度形成（3-2）型，以及在（3-1）构型的基础上增加浮体间距50%形成（3-3）型的水动力性能和消波效果。由于篇幅的原因，本章仅对每种类型的第一种构型以及双圆筒型的三种构型进行对比分析，其他类型的分析结果见文献［1］~［3］。

依据2.5节相似性准则，浮式防波堤模型长 $L_m = L_s/\lambda_L$，根据5.3节中式（5.1），对于二维水槽试验，防波堤模型长度取 $B_{2D} > L_m \geq \dfrac{9B_{2D}}{10}$，本文取二维水槽宽度的0.95倍，浮式防波堤模型宽 $B_m = B_s/\lambda_L$，浮式防波堤模型高 $H_m = H_s/\lambda_L$，浮式防波堤模型的横摇惯性矩 $I_m = I_s/\gamma\lambda_L^5$。根据上述计算结果，各浮式防波堤构型的试验模型主要参数如表8.4所示[1]。图8.3给出了各浮式防波堤构型的试验试验模型图片[1]。

表8.4 浮式防波堤试验模型参数列表[1]

构 型	模型编号	长/mm	宽/mm	高/mm	横摇惯性矩/(kg·m²)	构 型 说 明
圆筒型	（1-1）	760	500	200	0.474	双圆筒
	（1-2）	760	500	520	0.537	双圆筒、消浪网
	（1-3）	760	500	520	0.537	双圆筒、消浪网、消浪浮球
板架型	（2-1）	760	500	200	0.669	板架
	（2-2）	760	500	200	0.661	板架水线上四周开孔
	（2-3）	760	500	200	0.647	板架水线上四周、顶部开孔
网笼型	（3-1）	760	500	200	0.558	网笼
	（3-2）	760	500	300	0.675	网笼高度增加100 mm
	（3-3）	760	750	200	1.659	网笼宽度增加250 mm

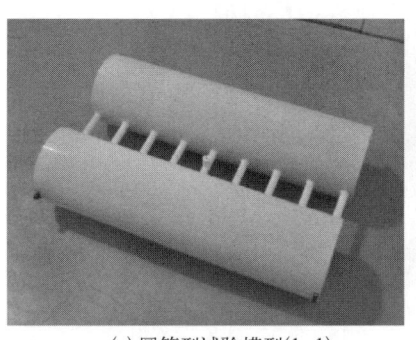

(a) 圆筒型试验模型(1-1)

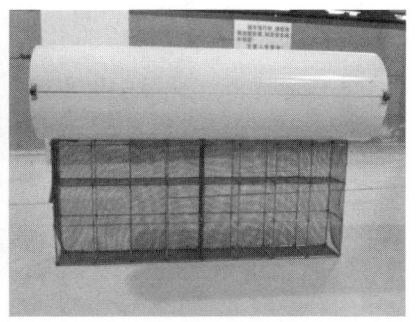

(b) 圆筒型试验模型(1-2)

(c) 圆筒型试验模型(1-3)

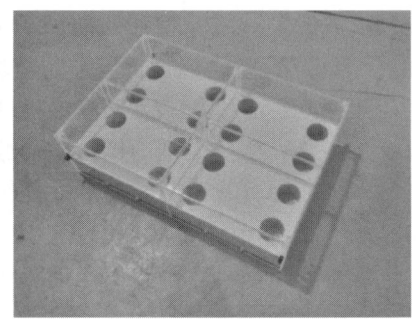
(d) 板架型试验模型(2-1)

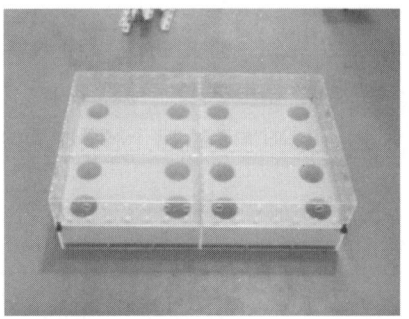
(e) 板架型试验模型(2-2)

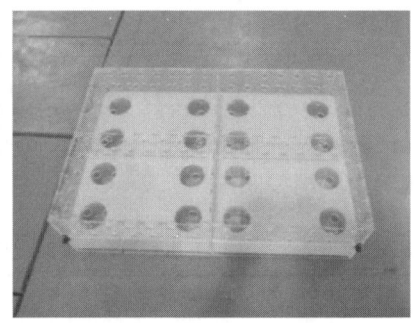
(f) 板架型试验模型(2-3)

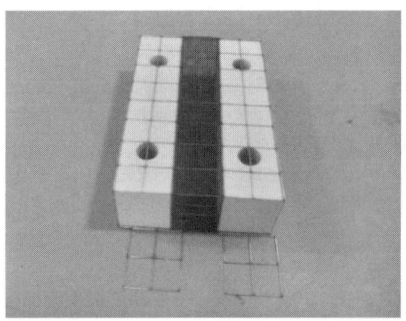
(g) 网笼型试验模型(3-1)

(h) 网笼型试验模型(3-2)

(i) 网笼型试验模型(3-3)

图 8.3　圆筒型、板架型及网笼型试验模型[1]

8.3.3 系泊模型设计

该浮式防波堤试验采用悬链线形式的系泊系统,由于是二维断面试验,为此系泊系统需延水槽长度方向,图8.4给出了该试验系泊缆的布置方法。

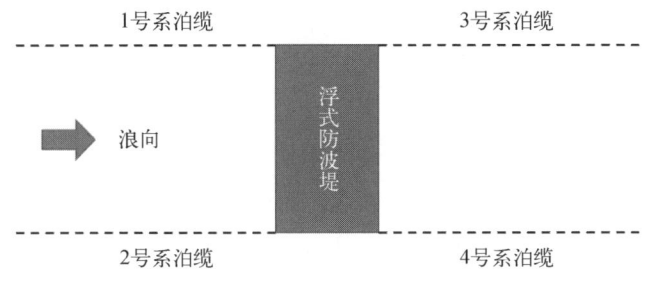

图8.4 系泊缆平面布置图

依据相似性准则,浮式防波堤系泊缆轴向刚度 $E_m A_m = E_s A_s / \gamma \lambda_L^3$,系泊缆单位长度干重 $G_m = G_s / \gamma \lambda_L^2$,系泊缆直径 $D_m = D_s / \lambda_L$,系泊缆长度 $l_m = l_s / \lambda_L$。根据上述计算结果,浮式防波堤模型的系泊缆参数如表8.5所示[1]。

表8.5 试验模型系泊缆参数[1]

名称	直径/mm	长度/mm	轴向刚度/kN	单位长度干重/(g/m)
不锈钢链条	6	1 600	5 372.1	630

8.4 试验工况设计

浮式防波堤原型实际工作水深为20 m,根据相似性原则,本次试验选择水深 $h_m = h_s / \lambda_L$,即1 m。以目标海域的部分波浪长期散布表(表8.3)为依据对试验的模型波浪进行设计,依据5.5节工况设计方法以及《波浪模型试验规程》[4]设计试验工况。本试验分别开展周期一定的条件下波高变化的影响研究与波高一定的条件下周期变化的影响研究。波高影响研究中,设定模型周期为1.0 s(原型周期为4.5 s),结合原型目标海域真实的波高值及造波机技术参数,设计规则波波高为0.100 m、0.125 m、0.15 m、0.175 m、0.2 m。周期影响研究中,设定模型波高为0.15 m(原型波高3.0 m)和0.2 m(原型波高4.0 m),波浪的周期设计为0.9 s、1.0 s、1.1 s、1.2 s、1.3 s和1.4 s,试验工况设计参数如表8.6所示[1]。

表 8.6 规则波试验工况[1]

工况编号	实际海况			模型试验		
	浪高/m	周期/s	浪向	波高/m	周期/s	浪向/(°)
A01	2.0	4.5	横浪	0.100	1.0	90
A02	2.5	4.5	横浪	0.125	1.0	90
A03	3.0	4.0	横浪	0.150	0.9	90
A04	3.0	4.5	横浪	0.150	1.0	90
A05	3.0	5.0	横浪	0.150	1.1	90
A06	3.0	5.4	横浪	0.150	1.2	90
A07	3.0	5.8	横浪	0.150	1.3	90
A08	3.0	6.2	横浪	0.150	1.4	90
A09	3.5	4.5	横浪	0.175	1.0	90
A10	4.0	4.5	横浪	0.200	1.0	90
A11	4.0	5.0	横浪	0.200	1.1	90
A12	4.0	5.4	横浪	0.200	1.2	90
A13	4.0	5.8	横浪	0.200	1.3	90
A14	4.0	6.2	横浪	0.200	1.4	90

8.5 测量系统、测试仪器及测点布置

8.5.1 测量系统

测量系统包括数据采集系统和各物理量测量传感器（如非接触式光学六自由度测量系统、浪高仪和拉力传感器等）。在开展浮式防波堤水槽模型试验时，采用拉力传感器测量浮式防波堤迎浪和背浪面系泊锚链的受力情况，从而获得各工况下锚泊系统的拉力极值情况，为其安全性评估提供参考；采用浪高仪测量经过浮式防波堤的波浪高度历程，从而通过后期计算获得波浪的反射系数或透射系数，为浮式防波堤消波效果的评估提供参考；采用非接触式光学六自由度测量系统测量浮式防波堤在水槽中的运动历程，从而获得浮式防波堤在横荡、垂荡以及横摇下的运动特点，进而可以反映出浮式防波堤在真实工作环境中的运动状态。

8.5.2 测试仪器及布置

该试验共采用 5 个浪高仪来测量浮式防波堤堤前和堤后的波浪。1 号浪高仪用来测量入射波高，布置在试验模型前 8 m 处，3 号和 4 号浪高仪布置在距试验模型前、后各 3 m 处，2 号浪高仪距 3 号浪高仪 0.4 m，5 号浪高仪距 4 号浪高仪 0.4 m，具体布置见图 8.5[1]和图 8.6[1]。

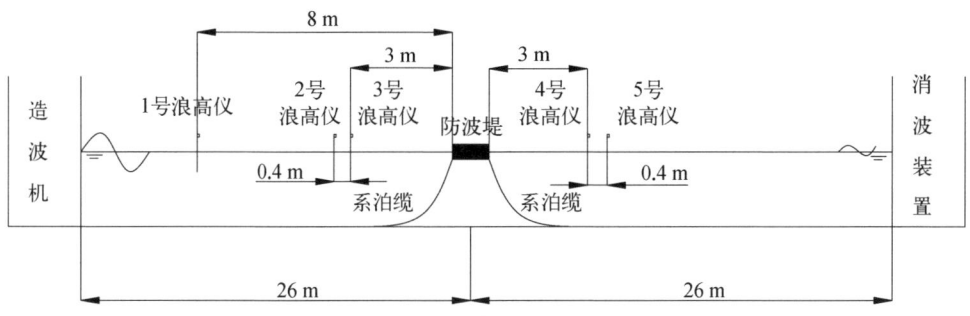

图 8.5　浪高仪测点布置主视图[1]

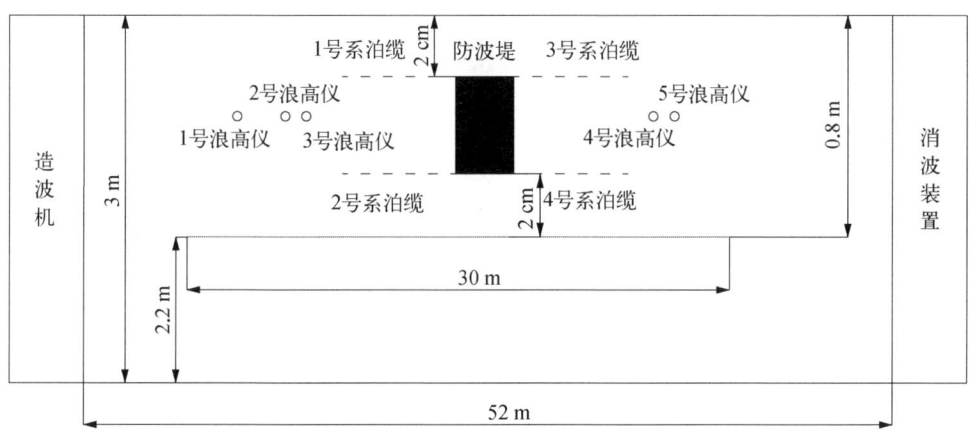

图 8.6　浪高仪测点布置俯视图[1]

该试验共采用 2 个拉力传感器来测量系泊缆张力。试验中采取模型系泊点-拉力传感器-锚链-锚点的拉力传感器的连接方式。1 号拉力传感器处于浮式防波堤的迎浪面，用来记录迎浪面的系泊缆张力变化；2 号拉力传感器处于防波堤的背浪面，用来记录背浪面的系泊缆张力变化，具体布置见图 8.7。

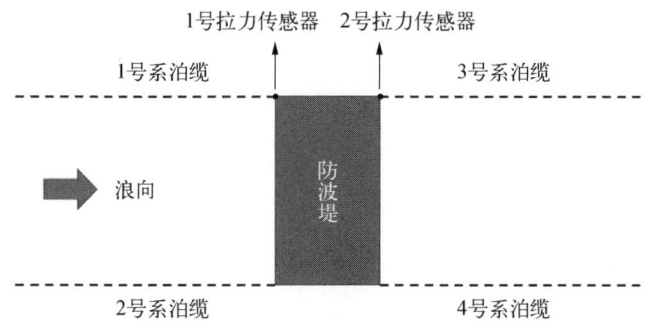

图 8.7　拉力传感器测点布置图

该试验采用六自由度非接触测量系统来测试浮式防波堤的六自由度运动,为了在试验过程中不溅湿六自由度测量仪器的感光球,将该仪器的光感部件设置在防波堤模型上方 0.3 m 处,并将防波堤模型与该仪器的光感部件用轻质材料刚性地连接在一起,见图 8.8,所有测点编号见表 8.7[1]。

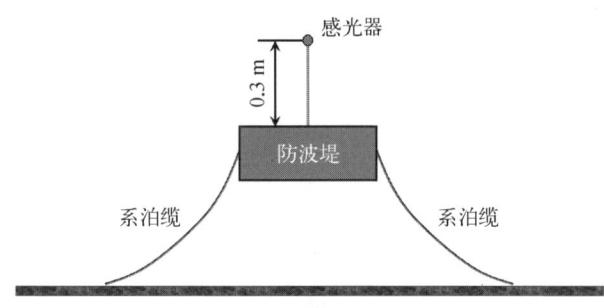

图 8.8　感光器测点布置图

表 8.7　测量仪器布置表[1]

测点编号	测点位置	测量仪器
1	防波堤前 8.0 m	1 号浪高仪
2	防波堤前 3.4 m	2 号浪高仪
3	防波堤前 3.0 m	3 号浪高仪
4	防波堤后 3.0 m	4 号浪高仪
5	防波堤后 3.4 m	5 号浪高仪
6	1 号系泊缆顶端	1 号拉力传感器
7	3 号系泊缆顶端	2 号拉力传感器
8	防波堤主体上方 0.3 m	六自由度测量仪器

本次试验由于水槽宽度较大,为了减少试验过程中波浪反射,根据《波浪模型试验规程》[4]的有关规定,在浮式防波堤模型外侧距离水槽壁 0.8 m 处布置了长为 30 m 的水密隔板,隔板高为 1.5 m。在试验过程中,隔板的存在不仅能极大减少防波堤两侧的池壁效应,还能够减少反射波对试验的干扰,从而提高本次浮式防波堤试验有关参数的准确度。

8.5.3　测试仪器标定

在开展模型试验前,需要对测量仪器进行标定处理。该试验需标定浪高仪、非接触光学六自由度测量仪器及拉力传感器等测量仪器,相关标定方法见 4.1 节。通过对浪高仪和拉力传感器的标定,获得标定系数;通过对光学六自由度运动测量仪器的标定,获得准确的被测物动态坐标,该光学运动测量仪器对周围环境温度的变化要求较为严格,超过5℃的温差会对测量数据的稳定性及精确度产生不利影响。图8.9给出了该试验前测量仪器标定照片。

(a) 浪高仪

(b) 拉力传感器

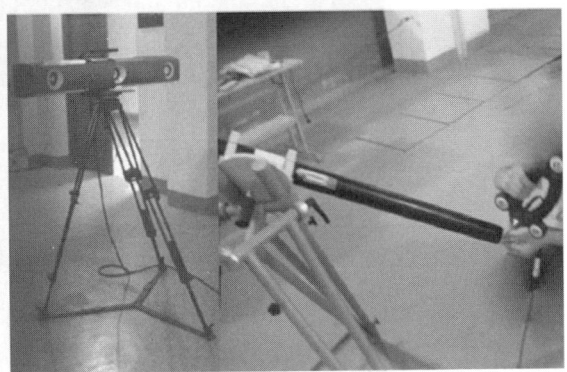

(c) 光学六自由度仪器

图 8.9　试验仪器的标定

8.6　试验结果及分析

8.6.1　三种浮式防波堤构型的消波效果及水动力性能分析

1. 三种浮式防波堤构型的消波性能试验结果及分析

图 8.10 给出了三种浮式防波堤构型模型试验图片[2-3]。

按表 8.6 给出的试验工况依次进行了圆筒型、板架型和网笼型浮式防波堤试验。根据第 7 章给出的试验数据处理方法,对试验测试的结果进行了处理。图 8.11 给出了圆筒型(1-1)模型、板架型(2-1)模型及网笼型(3-1)模型在入射波周期为 $T=1.0$ s 和 $T=1.2$ s 时,其透射系数随入射波高的变化情况。

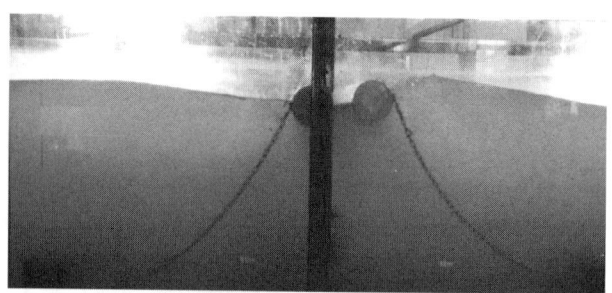

(a) 圆筒型(1-1)模型

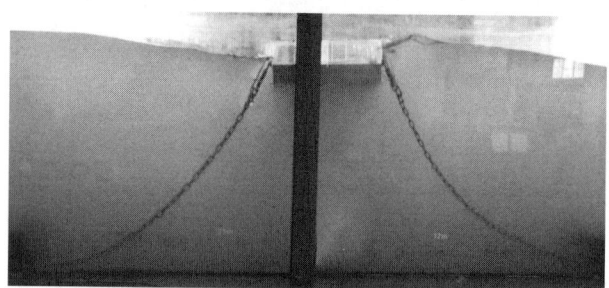

(b) 板架型(2-1)模型

(c) 网笼型(3-1)模型

图 8.10　三种浮式防波堤构型模型试验图片[2-3]

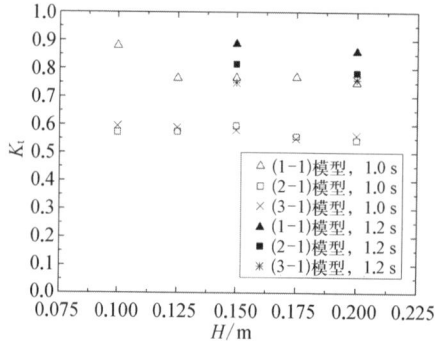

图 8.11　三种浮式防波堤构型的透射系数随波高的变化情况

图 8.11 给出的测试结果表明，以上三种浮式防波堤构型的透射系数随着入射波高的增加而减小。浮式防波堤的运动响应随着入射波高的增加而增大，同时，入射波高增加，增强了反射作用，浮式防波堤的运动响应更加剧烈，波浪能转化成动能的程度更大。对图 8.11 中不同浮式防波堤构型透射系数试验结果进行分析，结果表明，板架型（2-1）模型和网笼型（3-1）模型的消波效果变化趋势呈现相似规律，

消波效果相近,均优于圆筒型(1-1)模型。上述试验结果表明,浮式防波堤的消波性能与主体结构的形状有较大关系,圆筒型截面形式的消波效果略小于方箱型的截面形式,当主尺度相同时,截面形式相似,则消波效果相近。

图 8.12 给出了三种浮式防波堤构型的消波效果随波浪周期的变化趋势。试验结果表明,三种浮式防波堤构型的透射系数均随波浪周期 T 的增加而增大(入射波高 $H=0.15$ m 和 $H=0.20$ m),即上述三种构型在短周期波浪作用下具有较好的消波效果,在长周期波浪作用下消波效果一般,试验所得现象与现有研究成果相吻合。

对图 8.12 中试验数据进行分析,结果表明,横截面相似的板架型(2-1)模型与网笼型(3-1)模型的透射系数随周期

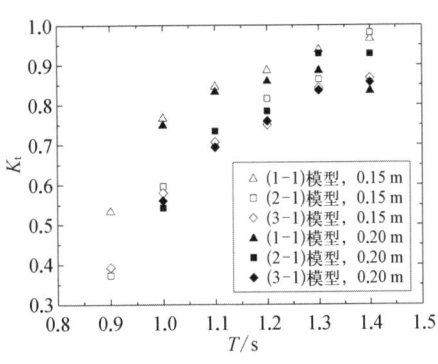

图 8.12 三种浮式防波堤构型模型透射系数随波浪周期的变化情况

的增加变化趋势基本保持一致,且数据差异较小,而横截面为圆形的圆筒型(1-1)模型的透射系数整体数据偏大,但与板架型(2-1)模型、网笼型(3-1)模型的变化趋势相似,均随周期的增加而增大。通过对比图 8.12 中各透射系数还可以发现,对于两种不同入射波高的工况,横截面积相似的板架型(2-1)模型与网笼型(3-1)模型的消波效果有较明显的差异,即网笼型(3-1)模型在两种不同波高的工况中消波效果略好于板架型(2-1)模型,这说明网衣结构的增加对入射波周期的变化更为敏感,阻尼更大,能够进一步削弱波浪能量,消波效果更好。

2. 三种浮式防波堤构型的运动响应试验结果及分析

通过开展二维模型试验获得了三种浮式防波堤构型的横荡、横摇和垂荡三个自由度的运动响应结果。图 8.13 给出了圆筒型(1-1)模型、板架型(2-1)模型、网笼型(3-1)模型在入射波周期为 1.0 s 时,其运动响应随入射波高的变化情况[1]。

图 8.13 给出的试验结果表明,圆筒型(1-1)模型、板架型(2-1)模型及网笼型(3-1)模型的运动响应随波高的变化呈现相似的规律,即随波浪高度的增加而增大,且横截面相似的板架型(2-1)模型与网笼型(3-1)模型在横荡和垂荡运动变化上也保持了较高程度的相似,在横荡运动上两者的幅值均远大于圆筒型(1-1)模型,约为圆筒型(1-1)模型横荡运动的 3 倍,因为在周期较短的情况下,圆筒型(1-1)模型对波浪的反射作用小于板架型(2-1)模型和网笼型(3-1)模型,所以圆筒型(1-1)模型横荡值偏小。

对于垂荡运动,板架型(2-1)模型与网笼型(3-1)模型的幅值均小于圆筒型(1-1)模型,网笼型(3-1)模型约为圆筒型(1-1)模型垂荡运动

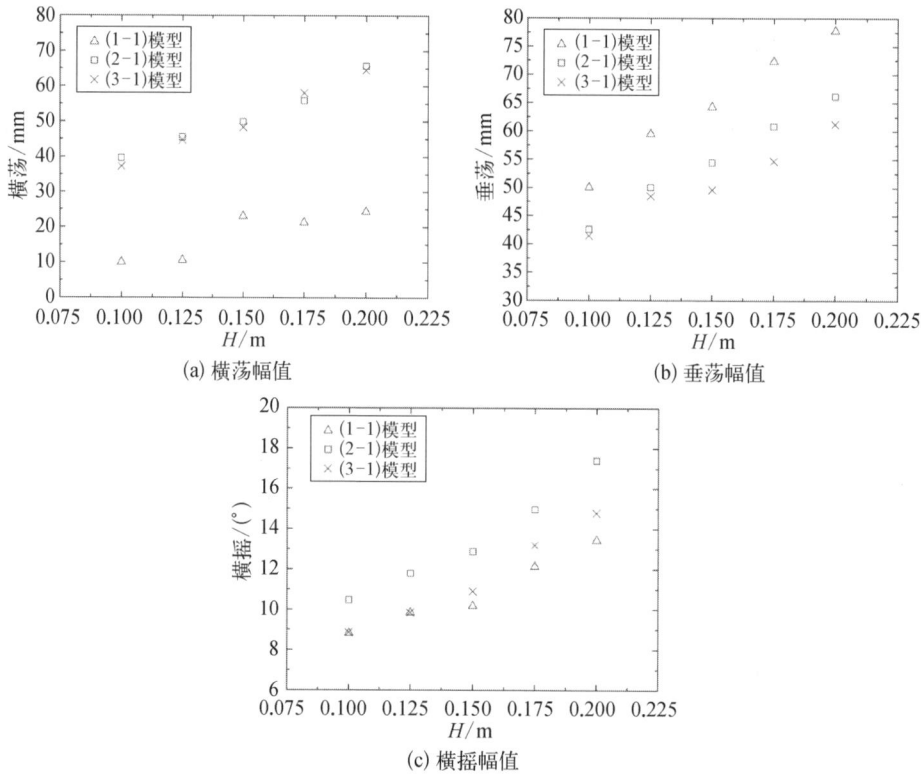

图 8.13　$T=1.0$ s 时三种浮式防波堤构型模型的运动响应[1]

的 0.8 倍，主要由于圆筒型（1-1）模型的质量在三种类型中最轻（19.1 kg），底部及甲板面积较小，所以垂荡幅值最大；网笼型（3-1）模型由于具有网笼结构，阻尼较大，因此其垂荡最小。

对于横摇运动，标准矩形截面的板架型（2-1）模型的运动幅值最大，约为圆筒型（1-1）模型与网笼型（3-1）模型的 1.2 倍，其余两者的横摇运动值比较接近。

图 8.14 给出了圆筒型（1-1）模型、板架型（2-1）模型及网笼型（3-1）模型在入射波高度为 0.15 m 和 0.20 m 时，三型浮式防波堤运动响应随入射波周期的变化情况。

上述三种浮式防波堤构型模型的垂荡和横荡幅值均与波浪的周期呈正相关，即随波浪周期的增加而增大，如图 8.14 所示。

对于横荡幅值，圆筒型（1-1）模型的横荡幅值明显小于板架型（2-1）模型与网笼型（3-1）模型；在短周期情况下，圆筒型（1-1）模型的横荡幅值约为板架型（2-1）模型与网笼型（3-1）模型的 50%，其垂荡幅值大于上

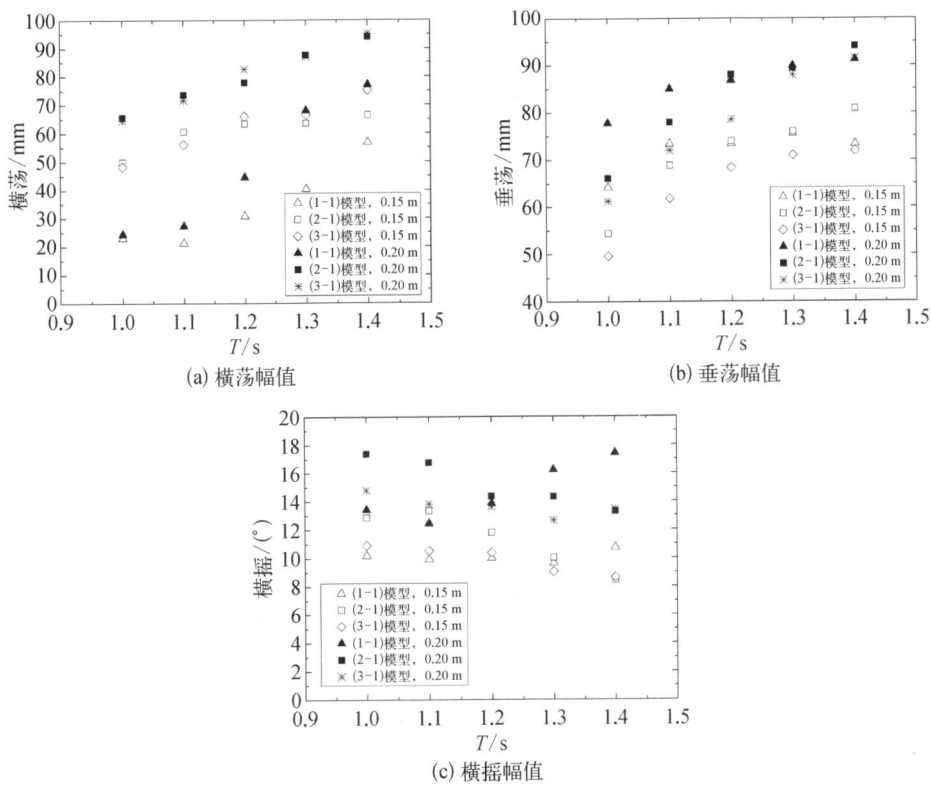

图 8.14　波高 0.15 m 和 0.20 m 时三种浮式防波堤构型模型的运动响应

述两种构型。然而,圆筒型(1-1)模型的横荡幅值随着波浪周期的增加而迅速增大,与板架型(2-1)模型与网笼型(3-1)模型的横荡幅值相当;同时随着周期 T 的增大,三种模型的垂荡值趋于相同。

图 8.14(c)横摇幅值的试验结果表明,随着波浪周期的增大,网笼型(3-1)模型与板架型(2-1)模型的横摇幅值均减小,而圆筒型(1-1)模型的横摇幅值出现先减小后增大的趋势。

对于不同波高下的三种浮式防波堤构型的三种运动情况,波高的增大加剧了三种运动响应的幅值,圆筒型(1-1)模型的横荡幅值在短周期受波高的影响较小,在长周期受波高的影响较大。

3. 三种浮式防波堤构型的系泊缆张力试验结果及分析

该试验对三种浮式防波堤构型分别进行了系泊缆张力的测试,研究入射波浪周期和波高对系泊缆张力的影响。首先分析不同入射波高对三种浮式防波堤构型系泊缆张力的影响。图 8.15 给出了圆筒型(1-1)模型、板架型(2-1)模型及网笼型(3-1)模型在入射波周期为 1.0 s 时,其系泊缆张力随入射波高的变化情况。图 8.16 和 8.17 重点研究不同浮式防波堤构型在入射波高改变时系泊缆张力极值的变化情况。

图 8.15 表明,波浪周期 $T=1.0$ s 时,三种浮式防波堤构型的系泊缆张力随入射波波高的增加而增大。对于迎浪面系泊缆张力极值,三种模型在入射波高度小于 0.15 m 的工况数值差异很小,对于入射波高度大于 0.15 m 的工况,圆筒型(1-1)模型与板架型(2-1)模型的张力极值相对较大,约为网笼型(3-1)模型的 1.2

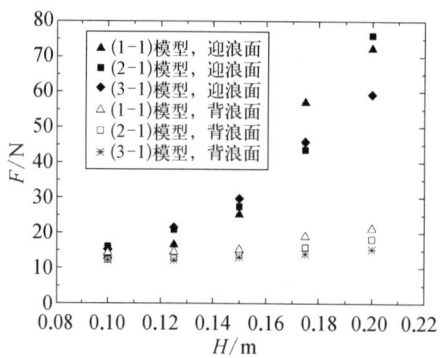

图 8.15 三种浮式防波堤构型模型的系泊缆张力随波高的变化情况

倍。背浪面系泊缆张力极值与迎浪面不同,首先,其数值远低于迎浪面,入射波高越大,这种差异越大;其次,不同浮式防波堤构型的试验模型背浪面张力大小差异明显,圆筒型(1-1)模型最大,网笼型(3-1)模型最小,板架型(2-1)模型介于两者之间,且这种数值大小与入射波高的改变联系紧密,入射波高越大,三者张力数值大小的差异越明显。

在分析了系泊缆张力随波高的变化趋势后,需对其张力随周期的变化进行试验数据分析。图 8.16 给出了圆筒型(1-1)模型、板架型(2-1)模型及网笼型(3-1)模型在入射波波高为 0.15 m 时,其系泊缆张力随入射波周期的变化情况。图 8.17 给出了上述三种构型模型在入射波波高为 0.20 m 时,其系泊缆张力极值随入射波周期的变化情况。

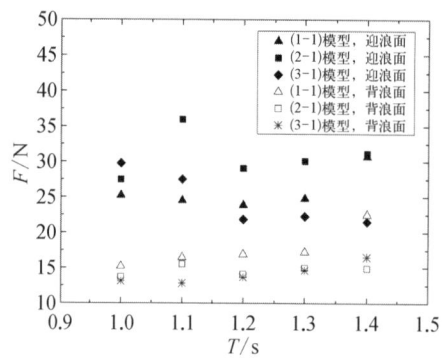

图 8.16 $H=0.15$ m 时三种浮式防波堤构型模型的系泊缆张力随周期的变化情况

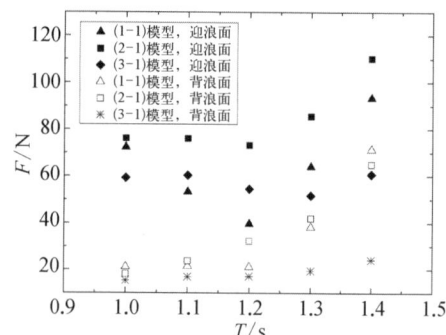

图 8.17 $H=0.20$ m 时三种浮式防波堤构型模型的系泊缆张力随周期的变化情况

对图 8.16 进行分析,可以得到如下结论:① 当入射波高度为 0.15 m 时,位于迎浪面的张力极值总体随波浪周期的增大而减小,仅有圆筒型(1-1)模型的张力极值有少许不同,其张力极值在周期 $T=1.1$ s 之后出现了小幅度的回升;② 位于背浪面的张力极值总体随波浪周期的增大而增大,但增大的幅度较小。

对图 8.17 进行分析,可以看出,入射波高为 0.2 m 时,迎浪面与背浪面张力极值随周期的变化趋势与入射波高为 0.15 m 时的情况相似,仅有板架型(2-1)模型在 $T=1.2$ s 后有少许不同。背浪面的张力极值总体随周期的增加而增大,且随着入射波高度的增大,不同构型的背浪面系泊缆张力极值出现了较为明显的变化,网笼型(3-1)模型背浪面张力随周期的增大变化较小,而板架型(2-1)模型与圆筒型(1-1)模型背浪面张力极值随周期的增大而增大,并且周期越大,背浪面张力极值的提升速度越快。

8.6.2 消浪网笼对圆筒型浮式防波堤性能的影响分析

本节开展消浪网笼结构对圆筒型浮式防波堤消波性能和水动力性能的影响研究,对圆筒型浮式防波堤三种模型,即圆筒型浮式防波堤构型、带水下消浪网笼圆筒型浮式防波堤构型,以及带水下消浪网笼(含消浪浮球)圆筒型浮式防波堤构型进行了试验研究,三种构型的试验图片见图 8.18[2]。

(a) 圆筒型(1-1)模型

(b) 圆筒型(1-2)模型

(c) 圆筒型(1-3)模型

图 8.18　圆筒型浮式防波堤三种构型的试验图片[2]

1. 消波性能影响试验结果及分析

1）波高对消波性能影响分析

图 8.19 给出了波浪周期 $T=1.0$ s 和 $T=1.2$ s 时，圆筒型浮式防波堤三种模型的透射系数随波高的变化情况。

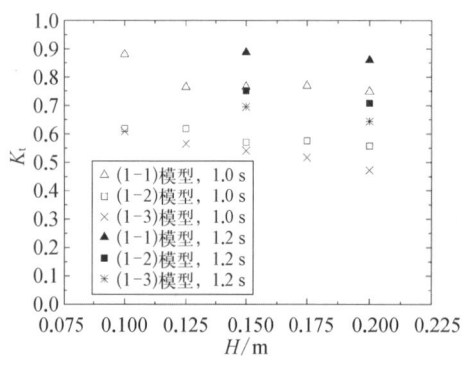

图 8.19　圆筒型浮式防波堤的透射系数随波高的变化情况

从图 8.19 可以看出，在两种周期条件下，主体为圆筒型浮式防波堤的三种模型的透射系数随波浪波高的增加而逐渐减小；从试验过程中的现象观察可以发现，随着波高的增加，浮式防波堤模型运动响应增大，即其动能增加，更多的波浪能量发生耗散，进而使得透射能量减小，透射系数降低。

对比圆筒型浮式防波堤三种模型的消波效果，圆筒+网笼+浮球型（1-3）模型消波效果最优，圆筒+网笼型（1-2）模型其次，圆筒型（1-1）模型较差。三种模型主体结构相同，圆筒+网笼型（1-2）模型在圆筒型（1-1）模型的基础上，将水下部分增加轻质网笼结构，并与主体结构刚性连接。由于水下网笼结构的增加，使得浮式防波堤模型的相对型深增大，一方面可以增大防波堤结构的阻尼，可更大程度地影响水质点的运动，另一方面可以增大防波堤结构对波浪的反射作用，从而显著提升浮式防波堤的消波性能。对比三种模型的透射系数，圆筒+网笼型（1-2）模型比圆筒型（1-1）模型低约 20%。

在圆筒+网笼型（1-2）模型的基础上，将水下网笼内部增设 1 000 余个密度与水相等的消浪浮球，组成圆筒+网笼+浮球型（1-3）模型。试验过程中网笼中消浪浮球悬浮于水中，随波浪运动耗散部分能量，同时与波浪发生相互作用,干扰及破坏了水质点运动,对浮式防波堤的消波效果起到了一定的提升作用。从图 8.19 可以看出,随着波高的增加,消浪浮球的作用越来越明显,如波高 $H=0.175$ m 时,圆筒+网笼+浮球型(1-3)模型的透射系数比圆筒+网笼型(1-2)模型减少约 8%;入射波高 $H=0.2$ m 时,圆筒+网笼+浮球型(1-3)模型的透射系数比圆筒+网笼型(1-2)模型减少约 10%,可见消浪浮球通过运动可有效地耗散波浪能量。

2)波浪周期对消波性能影响分析

图 8.20 给出了波高 $H=0.15$ m 和 $H=0.20$ m 时,圆筒型浮式防波堤三种模型的透射系数随波浪周期的变化情况。可以看出在两种波高的条件下,三种模型的透射系数总体上随波浪周期的增加而增大,与板架型及网笼型的变化情况相似。

对比不同周期下圆筒型浮式防波堤三种模型的透射系数,圆筒+网笼+浮球型(1-3)模型的消波效果最优,圆筒+网笼型(1-2)模型次之,圆筒型(1-1)模型最差。该结论与波高的变化对其透射系数的影响研究结论一致,说明对于不同的波浪周期,消浪网和消浪浮球的消波性能均可适用。

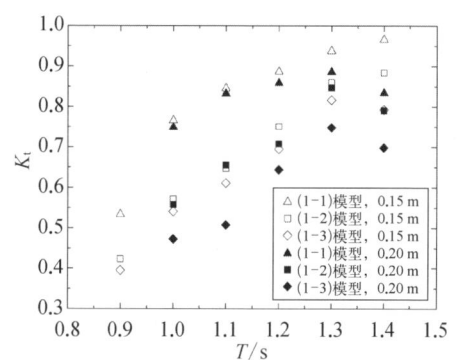

图 8.20 圆筒型浮式防波堤的透射系数随周期的变化情况

从图 8.20 可以看出,圆筒+网笼+浮球型(1-3)模型的透射系数,在短周期波浪($T=1.0$ s)时,比圆筒型(1-1)模型减小约 20%,在较长周期波浪($T=1.4$ s)时,比圆筒型(1-1)模型减小约 17%。因此,增设消浪网和消浪浮球可以显著提升消波效果,可同时对短周期和较长周期波浪的消波效果均有较大幅度提升,特别对于波高较大的短周期波浪的消波效果提升最为显著。

对比圆筒+网笼型(1-2)模型和圆筒+网笼+浮球型(1-3)模型,当波高为 0.15 m 时,对于透射系数,两模型的试验结果差别较小,但是当波高为 0.20 m 时,圆筒+网笼型(1-2)模型的透射系数明显大于圆筒+网笼+浮球型(1-3)模型。可以看出,网笼中悬浮消浪浮球的运动剧烈幅度对消波效果的提升具有重要的影响。

对比主体结构为圆筒型的浮式防波堤三种模型,在波浪周期相同时,波高为 0.20 m 时的透射系数均小于波高为 0.15 m 的情况,证明了前文所得到的相同波浪周期下透射系数随波高的减小而增大的结论。

2. 运动响应影响试验结果及分析

本节对圆筒型浮式防波堤的三种模型进行了运动响应试验研究,对每个模型分别进行了三自由度运动（横荡、垂荡及横摇）测试，研究入射波高和周期对其运动响应的影响。

1）波高对运动响应影响分析

图 8.21 给出了波浪周期 $T=1.0$ s 时，圆筒型浮式防波堤三种模型的横荡、垂荡，以及横摇幅值随入射波高的变化情况[1]。

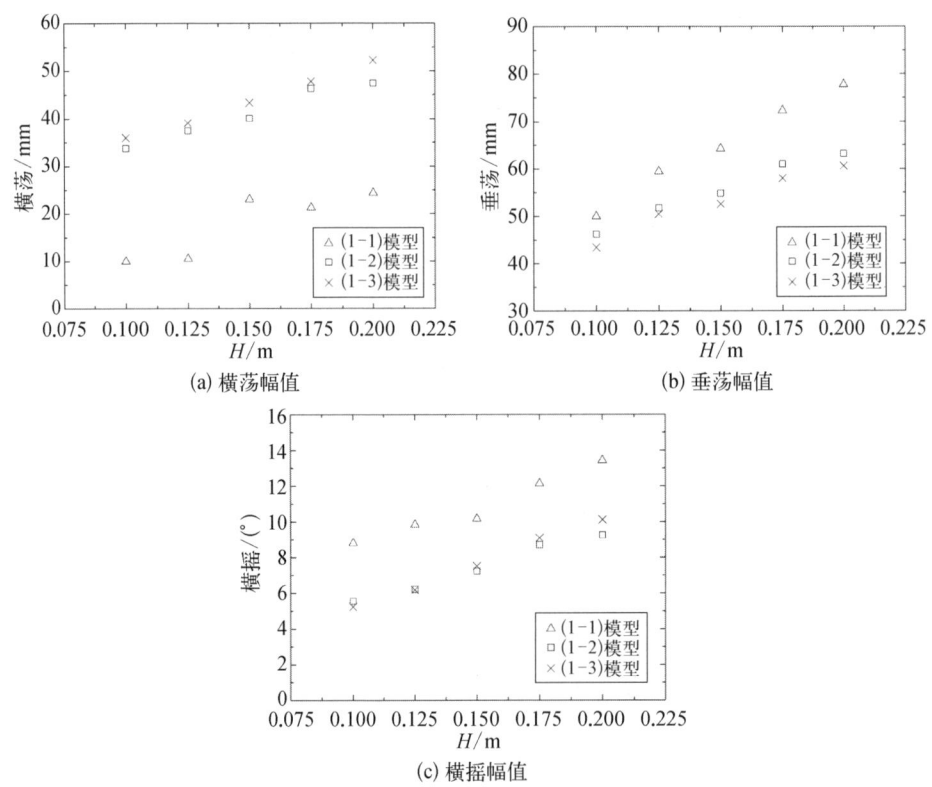

图 8.21　$T=1.0$ s 时圆筒型浮式防波堤的运动响应[1]

如图 8.21 所示，在波浪周期 $T=1.0$ s 时，圆筒型浮式防波堤三种模型的横荡、垂荡，以及横摇幅值均随波高的增加而增大。

对比圆筒型浮式防波堤三种模型的横荡幅值可以发现，圆筒+网笼型（1-2）与圆筒+网笼+浮球型（1-3）模型的横荡幅值相近，远大于圆筒型（1-1）模型。由于消浪网笼的增加，圆筒+网笼型（1-2）模型和圆筒+网笼+浮球型（1-3）模型增加了相对的型深，从而增大了波浪的作用面积，在波浪传播方向上受力增大，所以横荡幅值增加。对比圆筒+网笼型（1-2）模型和圆筒+网笼+浮球型（1-3）模型的横荡幅值，两者差别不大，圆筒+网笼+浮球型（1-3）略大于圆筒+网笼型（1-2）模型，由此说明，水下网笼中的浮球仅在与波浪相互作用过程中与外部网笼发生碰撞，增加了较少的横荡响应，对其整个浮式防波堤构型的横荡响应幅值影响较小。

通过对比圆筒型浮式防波堤三种模型的垂荡和横摇响应幅值可以发现，圆筒+网笼型（1-2）模型和圆筒+网笼+浮球型（1-3）模型的垂荡和横摇幅值远小于圆筒型（1-1）模型，水下消浪网笼结构增加了防波堤结构阻尼和横摇惯性矩，从而有效降低了两种运动响应的幅值。

2）波浪周期对运动响应影响分析

图 8.22 给出了 $H=0.15$ m 和 $H=0.20$ m 时，圆筒型浮式防波堤三种模型的横荡、垂荡和横摇幅值随波浪周期的变化情况。

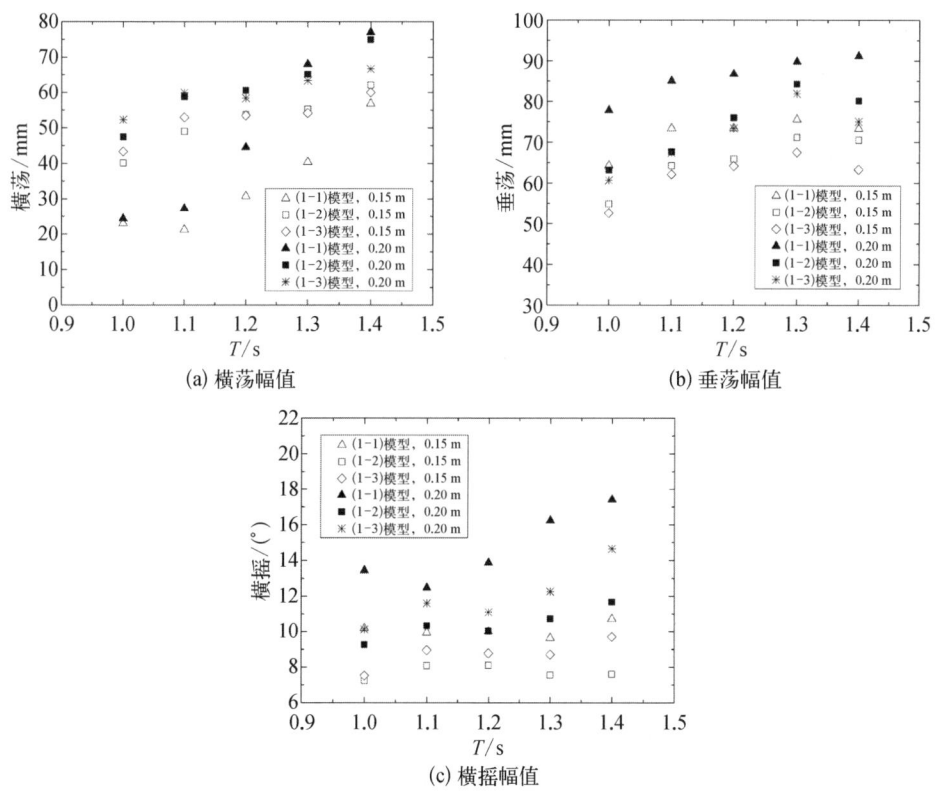

图 8.22　$H=0.15$ m 和 $H=0.20$ m 时圆筒型浮式防波堤的运动响应

在两种波高的情况下，圆筒型浮式防波堤三种模型的横荡和垂荡幅值均随波浪周期的增加而增大，如图 8.22（a）和（b）所示。三种模型在波高为 0.20 m 时，其横摇幅值也呈现随周期的增加而增大的规律，如图 8.22（c）所示。

对比圆筒型浮式防波堤三种模型的横荡幅值，在短周期情况下，圆筒型

(1-1)模型远小于圆筒+网笼型（1-2）模型和圆筒+网笼+浮球型（1-3）模型。但是，随着波浪周期的增大，圆筒型（1-1）模型的横荡幅值迅速增大，逐渐接近了圆筒+网笼型（1-2）和圆筒+网笼+浮球型（1-3）模型，可以看出，消浪网笼在一定程度上降低了横荡幅值的增加速度。圆筒型浮式防波堤三种模型的垂荡幅值在波浪周期逐渐增大的过程中具有相似的变化规律。

由于模型试验的工况参数中波浪周期 $T \leqslant 1.4\ s$，圆筒型（1-1）模型在波浪周期 $T > 1.4\ s$ 时，横荡幅值的变化趋势尚未得知，其是否会远大于圆筒+网笼型（1-2）模型和圆筒+网笼+浮球型（1-3）模型，还有待进一步证实。从图8.22（b）和（c）可以看出，圆筒+网笼型（1-2）模型和圆筒+网笼+浮球型（1-3）模型的垂荡和横摇幅值均小于圆筒型（1-1）模型，这与前文得出的结论一致。

3. 系泊缆张力影响试验结果及分析

本节对圆筒型浮式防波堤的三种模型进行了系泊缆张力试验研究，对每个模型的迎浪面和背浪面分别进行了系泊缆张力的测试，研究入射波高和周期对系泊缆张力的影响。

1）波高对系泊缆张力影响分析

图8.23 给出了在波浪周期 $T = 1.0\ s$ 时，圆筒型浮式防波堤三种模型的系泊缆张力极值随入射波高的变化情况。

如图8.23所示，当波浪周期 $T = 1.0\ s$ 时，随着波高的增加，圆筒型浮式防波堤三种模型迎浪面和背浪面的系泊缆张力极值随之增大，并且迎浪面的张力增加较快，背浪面增加较慢，该张力变化情况与其运动响应的变化规律相似。对比迎浪面的系泊缆张力，可以发现圆筒+网笼型（1-2）模型和圆筒+网笼+浮球型（1-3）模型大于圆筒型（1-1）模型，这与圆筒型（1-1）模型的横荡幅值

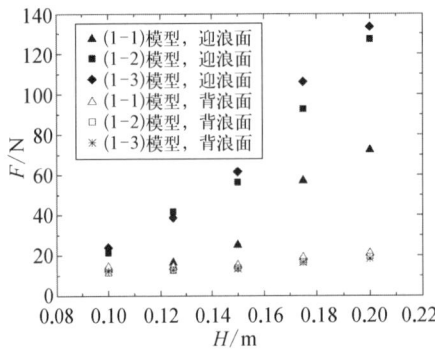

图8.23　$T = 1.0\ s$ 时圆筒型浮式防波堤的系泊缆张力随波高的变化情况

小于圆筒+网笼型（1-2）模型和圆筒+网笼+浮球型（1-3）模型相对应。而对于背浪面的系泊缆张力，圆筒+网笼型（1-2）模型和圆筒+网笼+浮球型（1-3）模型略小于圆筒型（1-1）模型。这三种模型的背浪面系泊缆张力都小于迎浪面系泊缆张力。

2）波浪周期对系泊缆张力影响分析

图8.24和图8.25分别给出了波高为0.15 m和0.20 m时，圆筒型浮式防波堤三种模型的系泊缆张力极值随波浪周期的变化情况。

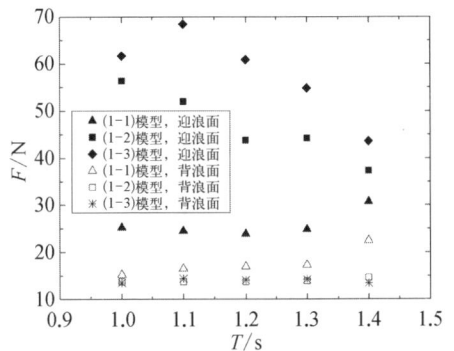 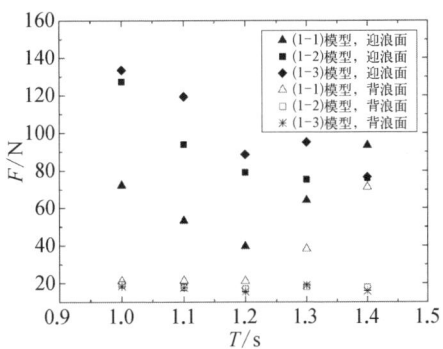

图 8.24　$H = 0.15$ m 时圆筒型浮式防波堤的系泊缆张力随周期变化情况

图 8.25　$H = 0.20$ m 时圆筒型浮式防波堤的系泊缆张力随周期变化情况

如图 8.24 和图 8.25 所示，在浮式防波堤迎浪面系泊缆张力极值方面，圆筒+网笼型（1-2）模型和圆筒+网笼+浮球型（1-3）模型随波浪周期的增加而减小，而圆筒型（1-1）模型随着波浪周期的增加先减小至最小值（$T = 1.2$ s 时），然后快速增大，变化趋势与上述两种模型有很大的不同。在浮式防波堤背浪面系泊缆张力极值方面，圆筒+网笼型（1-2）模型和圆筒+网笼+浮球型（1-3）模型随波浪周期的增加变化较小，而圆筒型（1-1）模型随波浪周期的增大先缓慢增长，到达 $T = 1.2$ s 后快速增大。圆筒型浮式防波堤三种模型迎浪面系泊缆张力在各种周期下均大于背浪面系泊缆张力。

8.7　试 验 结 论

本章针对三种类型（圆筒型、板架型、网笼型）的浮式防波堤构型，进行了一系列规则波试验，得到了各种构型的消波效果及水动力性能。根据模型试验结果，按 2.5 节给出的模型和原型之间的转换关系，可得到原型的消波效果及水动力性能等结果。以含消浪网箱（含消浪浮球）的双圆筒浮式防波堤为例，图 8.26～8.28 分别给出了消波效果、横荡响应幅值和系泊张力幅值的原型试验结果。

根据上述模型试验以及原型推断结果，可以获得以下结论：

（1）在本章中波浪参数的条件下，在三种构型的浮式防波堤中，网笼型（3-1）

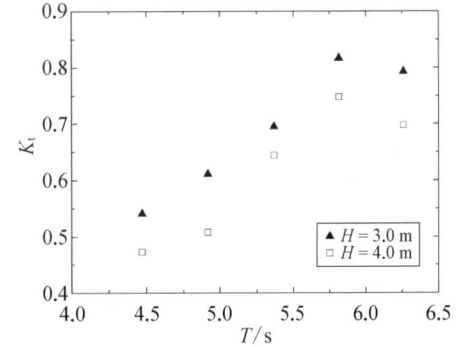

图 8.26　浮式防波堤原型消波效果

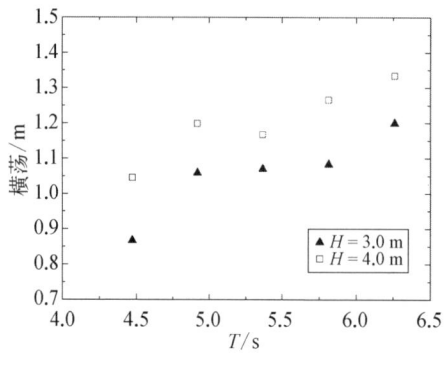

图 8.27　浮式防波堤原型横荡响应幅值

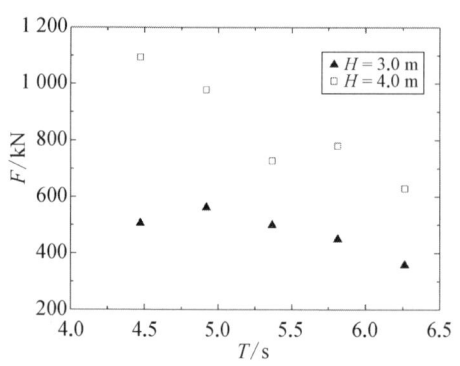

图 8.28　浮式防波堤原型迎浪面系泊张力极值

模型的消波性能最优,板架型(2-1)模型的消波性能略差于网笼型(3-1)模型,但强于圆筒型(1-1)模型;若采用消浪网箱和消浪浮球的形式对圆筒型进行改进,得到圆筒+网笼+浮球型(1-3)模型,则可以获得更佳的消波效果,尤其在消长周期波浪方面,比圆筒型(1-1)模型的消波效果提高约17%。

(2)在运动响应方面,圆筒、板架和网笼三种构型模型在三个方向的运动响应幅值均随波浪高度的增加而增大,三种模型的横荡幅值和垂荡幅值随波浪周期的增加而增大,板架型(2-1)模型与网笼型(3-1)模型的横摇幅值随波浪周期的增加而减小,圆筒型(1-1)模型的横摇幅值呈现先减小后增大的趋势。

(3)在系泊缆张力方面,圆筒、板架和网笼三种构型模型的迎浪面系泊缆张力极值均大于背浪面,并且系泊缆张力极值随着入射波波高的增加而增大,背浪面系泊缆张力极值随波浪周期的增加而增大,在三种构型中网笼型(3-1)模型系泊缆张力相对较小。

(4)综合考虑浮式防波堤的消波效果和水动力性能,在本书试验的各种构型中,含有消浪网和消浪浮球的圆筒型浮式防波堤(1-3)模型具有最佳的消波效果和较好的运动性能,具有很好的应用前景。

参 考 文 献

[1] 陈翔. 新型浮式防波堤的设计与性能分析[D]. 镇江:江苏科技大学硕士学位论文,2015.
[2] Ji C Y, Chen X, Cui J. Experimental study of a new type of floating breakwater [J]. Ocean Engineering, 2015, 105 (1): 295-303.
[3] Ji C Y, Chen X, Cui J, et al. An experimental study on configuration optimization of floating breakwaters [J]. Ocean Engineering, 2016, 117: 302-310.
[4] 中华人民共和国交通部. 波浪模型试验规程 JTJ/T234-2001[S]. 北京:人民交通出版社,2002.

第 9 章 浮式防波堤三维水池试验实例及分析

本章主要介绍在三维波浪水池中开展浮式防波堤模型消波效果及水动力性能试验的实例。主要内容包括三维水池试验内容、试验模型、测量仪器布置、试验工况、数据处理及试验结果分析等。

9.1 试验水池简介

本次浮式防波堤三维试验在中国海洋大学山东省海洋工程重点实验室[1]开展（图9.1）。试验水池长60 m、宽36 m、水深1.5 m，水池配有33.75 m的铰接推板式造波机，波浪周期变化范围0.5~2.5 s，波高变化范围0.03~0.3 m。在合适周期范围内可模拟斜向最大波向角45°的规则波，在水池尾端有吸波浅滩，可减少波浪反射。

图9.1 山东省海洋工程重点实验室综合水池

9.2 试验原型简介

本章选用的浮式防波堤构型为第8章给出的二维水槽试验中优选构型——含有消浪网笼和消浪浮球的圆筒型浮式防波堤。浮式防波堤系统原型总长为645 m，由 10 组单模块结构和 9 组连接器相连接而成。浮式防波堤单元模块主体结构长 60 m、宽 25 m、高 10 m，由两圆柱形浮筒及横向撑杆结构组成，浮筒内部设有隔舱；水下布设消浪网笼结构，网笼长 60 m、宽 5 m、高 20 m，内部被分割成 48 个舱室用于填充消浪浮球，其单模块示意图如图 9.2 所示[2]。浮式防波堤各单模块之间采用弹性连接的方式，连接器长为 5 m。浮式防波堤主体结构采用钢筋混凝土材料，消浪网笼框架采用不锈钢材料，网笼网衣采用聚乙烯材料，消浪浮球采用橡胶材料。

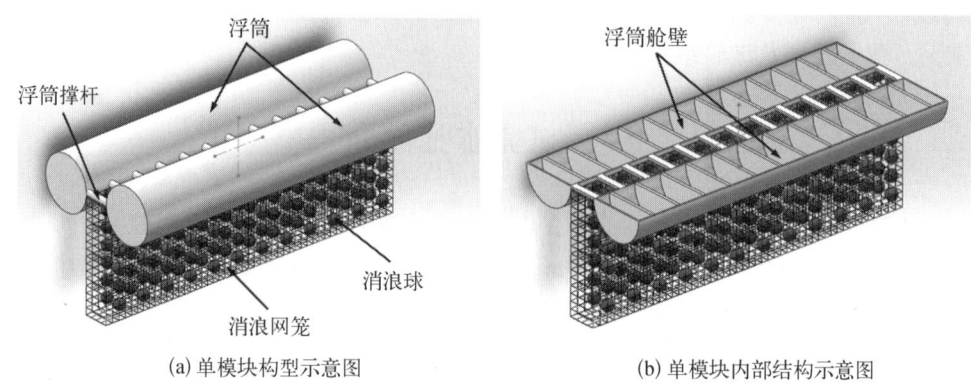

(a) 单模块构型示意图　　　　　　　　(b) 单模块内部结构示意图

图 9.2　浮式防波堤单模块示意图[2]

浮式防波堤系统布放于水深 40 m 的水域，其系泊系统设计为张紧式系泊方式，系泊系统采用两端锚链中间聚酯缆的复合形式，该方案可有效降低由于系泊缆索与海底及主体结构间摩擦造成的破损。系泊系统采用对称式的布置方式，共计 64 根系泊缆索，单根长度 155 m（两端锚链长 20 m，中间聚酯缆长 115 m），布置于浮式防波堤系统的迎浪面和背浪面，系泊半径为 150 m，与海底的夹角为 8.04°，该布置方式充分考虑了波浪作用下浮式防波堤系统的六自由度运动情况，系泊系统总布置方案如图 9.3 所示[2]。

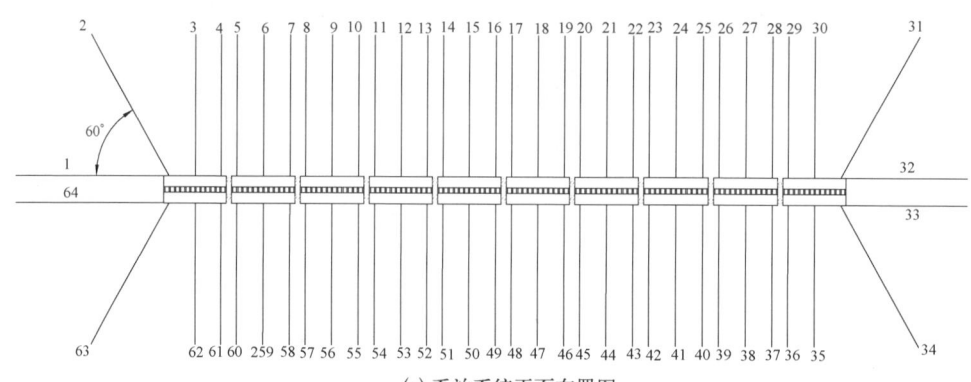

(a) 系泊系统平面布置图

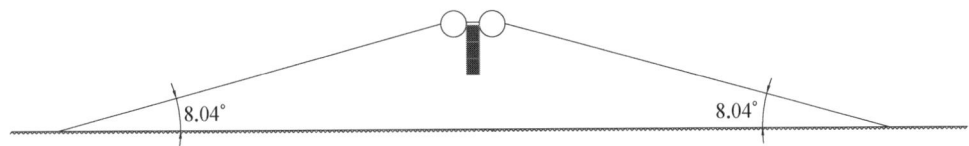

(b) 系泊缆索与海底夹角

图 9.3　浮式防波堤系泊系统布置方案[2]

9.2.1　主要参数

浮式防波堤单模块原型主体结构和系泊系统主要参数见表 9.1[2] 和表 9.2[2]。

表 9.1　浮式防波堤单模块主要参数[2]

项　目	符　号	单　位	参　数
堤长	L	m	60
堤宽	B	m	25
堤高	D	m	10
堤吃水	T	m	5
排水量	M_T	kg	4 868 009
质量	M_G	kg	4 593 968
横摇惯性矩	I_{XX}	kg·m²	1.496×10^9
纵摇惯性矩	I_{YY}	kg·m²	3.262×10^8
艏摇惯性矩	I_{ZZ}	kg·m²	1.745×10^9
浮筒直径	$D1$	m	10
连接横撑长	L_h	m	5
连接横撑直径	D_h	m	1.2
消浪网笼长	L_h	m	60
消浪网笼宽	B_f	m	5
消浪网笼高	D_f	m	20
浮筒舱壁间距	D_m	m	4.9

表 9.2　系泊系统参数[2]

项　目	长度/m	单位长度湿重/(kg/m)	直径/mm	轴向刚度/kN	破断载荷/kN
R4 无档锚链	20	416.5	155	1 762 000	20 802
聚酯缆	115	79.3	170	100 000（作业） 350 000（生存）	21 000
R4 无档锚链	20	416.5	155	1 762 000	20 802

9.2.2 海况条件

浮式防波堤应用目标海域为我国南海某岛礁外海 40 m 水深海域。根据 1979~2012 年共 34 年的实测数据资料推算，该海域 100 年一遇波浪的波高为 11.0 m，周期为 9.6 s；50 年一遇波浪的波高为 8.1 m，周期为 9.3 s；25 年一遇波浪的波高为 7.8 m，周期为 6.5 s。浮式防波堤系统原型的设计依据上述海况条件，同时将该海况数据作为试验工况的设计依据[2]。

9.2.3 试验目的与内容

本章介绍的试验对象为一套完整的浮式防波堤系统。在三维波浪水池中对所设计的浮式防波堤系统模型进行多浪向、多工况试验，分别测得不同工况下浮式防波堤系统模型的堤前和堤后波高、典型单元模块六自由度运动响应以及系泊缆索张力。通过对试验数据结果的分析和试验现象的观察，获得浮式防波堤系统消波效果、运动响应特点以及系泊系统张力的特性。

9.2.4 试验测量内容

(1) 浮式防波堤系统模型典型模块六自由度运动时间历程；
(2) 浮式防波堤系统模型典型系泊缆索张力时间历程；
(3) 浮式防波堤系统模型前、后波浪时间历程；
(4) 浮式防波堤系统模型试验现象观察与记录。

9.3 试验模型设计

9.3.1 缩尺比的确定

依据 3.1 节缩尺比的选择方法，综合考虑波浪水池的有效参数、原型海域波浪环境条件、水池造波机的造波能力以及模型的比尺效应等因素，本试验的缩尺比选为 $\lambda_L = 40$。

9.3.2 主体模型设计及制造

依据 2.5 节相似准则，采用缩尺比 $\lambda_L = 40$ 设计浮式防波堤系统试验模型。

试验中浮式防波堤系统模型总长 16.125 m，宽 0.625 m，由 10 组长度为 1.5 m 的单元模块和 9 组长度为 0.125 m 的柔性连接器组成，该连接器包括基座、柱形弹性连接套及保护链等结构，每个单元模块的水下消浪网笼中放置 1 520 个直径 0.034 m 的消浪浮球。浮式防波堤主体结构由玻璃钢材料制作，连接器主体结构由橡胶材料制作，保护链采用不锈钢链条。浮式防波堤系统试验模型如图 9.4 所示[2]，连接器模型如图 9.5 所示[2]，相关试验模型参数如表 9.3 所示[2]。

图 9.4 浮式防波堤系统试验模型[2]

 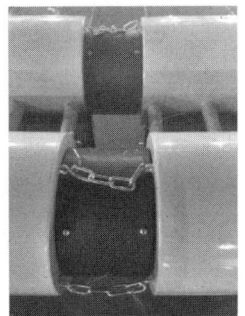

(a) 橡胶连接结构　　　　　　　　　(b) 保护锚链

图 9.5 浮式防波堤连接器模型[2]

表 9.3　浮式防波堤单模块试验模型参数[2]

参　数	符　号	单　位	相　似　关　系	原型值	模型值
堤长	L	m	$L_m = L_s/\lambda_L$	60	1.500
堤宽	B	m	$B_m = B_s/\lambda_L$	25	0.625
堤高	D	m	$D_m = D_s/\lambda_L$	10	0.250
堤吃水	T	m	$T_m = T_s/\lambda_L$	5	0.125
质量	M	kg	$M_m = M_s/\gamma\lambda_L^3$	4 593 968	70.03
横摇惯性矩	I_{XX}	kg·m²	$I_{XXm} = I_{XXs}/\gamma\lambda_L^5$	1.496×10⁹	14.250
纵摇惯性矩	I_{YY}	kg·m²	$I_{YYm} = I_{YYs}/\gamma\lambda_L^5$	3.262×10⁸	3.110
艏摇惯性矩	I_{ZZ}	kg·m²	$I_{ZZm} = I_{ZZs}/\gamma\lambda_L^5$	1.745×10⁹	16.630
浮筒直径	D_F	m	$D_{Fm} = D_{Fs}/\lambda_L$	10	0.250
连接横撑长	L_h	m	$L_{hm} = L_{hs}/\lambda_L$	5	0.125
连接横撑直径	D_h	m	$D_{hm} = D_{hs}/\lambda_L$	1.2	0.030
消浪网长	L_f	m	$L_{fm} = L_{fs}/\lambda_L$	60	1.500
消浪网宽	B_f	m	$B_{fm} = B_{fs}/\lambda_L$	5	0.125
消浪网高	D_f	m	$D_{fm} = D_{fs}/\lambda_L$	20	0.500
连接器基座高度	D_{LT}	m	$D_{LTm} = D_{LTs}/\lambda_L$	1.2	0.030
连接器直径	C_{IT}	m	$C_{ITm} = C_{ITs}/\lambda_L$	8	0.200
连接器长度	C_{LT}	m	$C_{LTm} = C_{LTs}/\lambda_L$	5	0.125

9.3.3　系泊模型设计

系泊系统模型设计需要满足 2.5 节相似性准则，即满足几何尺寸、刚度、单位长度重量等相似条件。本系泊系统原型为锚链和聚酯缆组合的复合式结构，锚链模型长度和直径均需要满足相似关系，聚酯缆也需通过相似关系计算得出模型参数，可采用尼龙缆或软绳等结构进行代替。在此基础上，还需要满足系泊缆绳单位长度重量和弹性系数相似，根据表 9.4 中的系泊链模型参数计算结果，在复合式系泊链上增加一定质量的配重，并制作满足弹性系数相似的弹簧，弹簧参数如表 9.5 所示，将弹簧配接于锚链与缆绳的连接处，使其系泊链模型满足相似关系，复合式系泊链试验模型如图 9.6 所示。

表 9.4　系泊链模型设计参数

参　数	符　号	单　位	相　似　关　系	原型值	模型值
锚链长度	M_L	m	$M_{Lm} = M_{Ls}/\lambda_L$	20	0.500
锚链直径	M_D	mm	$M_{Dm} = M_{Ds}/\lambda_L$	155	3.875
锚链单位长度湿重	M_G	kg/m	$M_{Gm} = M_{Gs}/\gamma\lambda_L^2$	416.5	0.254
锚链轴向刚度	M_{EA}	kN	$M_{EAm} = M_{EAs}/\gamma\lambda_L^3$	1 762 000	26.860

续表

参　数	符号	单位	相似关系	原型值	模型值
聚酯缆长度	P_L	m	$P_{Lm} = P_{Ls}/\lambda_L$	115	2.875
聚酯缆直径	P_D	mm	$P_{Dm} = P_{Ds}/\lambda_L$	170	4.250
聚酯缆单位长度湿重	P_G	kg/m	$P_{Gm} = P_{Gs}/\gamma\lambda_L^2$	79.3	0.048 3
聚酯缆轴向刚度	P_{EA}	kN	$P_{EAm} = P_{EAs}/\gamma\lambda_L^3$	350 000	5.340

表 9.5　弹簧模型参数

名　称	长度/cm	刚度/（kg/m）
不锈钢弹簧 1	10.5	53.72
不锈钢弹簧 2	4.0	1.86

(a) 复合式系泊链配重

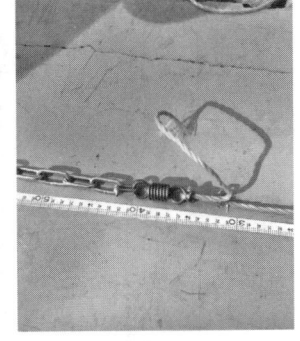
(b) 配接弹簧

图 9.6　复合式系泊链试验模型

9.4　试验工况设计

根据目标应用海域的海况条件及《波浪模型试验规程》[3]，按相似准则进行试验工况设计，分别开展 90°和 67.5°浪向下的浮式防波堤系统水池模型试验，试验工况波浪参数如表 9.6 所示。

表 9.6　试验工况波浪参数

工况	原型波高/m	原型周期/s	模型波高/m	模型周期/s
A1	3.2	5.1	0.08	0.8
A2	3.2	5.7	0.08	0.9

续表

工　况	原型波高/m	原型周期/s	模型波高/m	模型周期/s
A3	3.2	6.3	0.08	1.0
A4	3.2	7.0	0.08	1.1
A5	3.2	7.6	0.08	1.2
A6	3.2	8.2	0.08	1.3
A7	3.2	8.9	0.08	1.4
A8	3.2	9.5	0.08	1.5
A9	3.2	10.1	0.08	1.6
A10	3.2	10.8	0.08	1.7
A11	3.2	11.4	0.08	1.8
A12	3.2	12.0	0.08	1.9
A13	6.0	6.3	0.15	1.0
A14	6.0	7.0	0.15	1.1
A15	6.0	7.6	0.15	1.2
A16	6.0	8.2	0.15	1.3
A17	6.0	8.9	0.15	1.4
A18	6.0	9.5	0.15	1.5
A19	6.0	10.1	0.15	1.6
A20	6.0	10.8	0.15	1.7
A21	6.0	11.4	0.15	1.8
A22	6.0	12.0	0.15	1.9
A23	10.0	7.6	0.25	1.2
A24	10.0	8.2	0.25	1.3
A25	10.0	8.9	0.25	1.4
A26	10.0	9.5	0.25	1.5
A27	10.0	10.1	0.25	1.6
A28	10.0	10.8	0.25	1.7
A29	10.0	11.4	0.25	1.8
A30	10.0	12.0	0.25	1.9
A31	3.2	6.3	0.08	1.0
A32	4.0	6.3	0.10	1.0
A33	4.8	6.3	0.12	1.0
A34	5.6	6.3	0.14	1.0
A35	6.4	6.3	0.16	1.0
A36	4.0	10.1	0.10	1.6
A37	4.8	10.1	0.12	1.6
A38	5.6	10.1	0.14	1.6
A39	6.4	10.1	0.16	1.6
A40	7.2	10.1	0.18	1.6
A41	8.0	10.1	0.20	1.6
A42	8.8	10.1	0.22	1.6
A43	9.6	10.1	0.24	1.6
A44	10.4	10.1	0.26	1.6

9.5 测量系统、测试仪器及测点布置

9.5.1 测量系统

浮式防波堤三维水池模型试验选用与 8.5 节中相同的测量系统，主要测量浮式防波堤整体模型典型系泊缆拉力、典型主体结构运动响应、前后波浪时历曲线。

试验中采用的仪器主要分为三类，分别为用于测量系泊缆张力的拉力传感器、用于测量浮式防波堤运动响应的光学六自由度运动测量系统，以及用于测量波浪环境条件的浪高仪。

在进行模型试验前需要对上述测试仪器进行标定，具体标定方法与第 8 章相同，本章不再做相关介绍，试验中所用仪器及其规格、精度和数量如表 9.7 所示。

表 9.7 试验仪器参数

仪器名称	规格	精度	数量
浪高仪	±250 mm	1 mm	20
非接触六自由度测定仪	三个位移、三个角度	0.1 mm，0.1°	1
拉力传感器	10 kg	0.01 kg	8
拉力传感器	20 kg	0.01 kg	8
动态应变仪及实时采集器	20 通道	0.5 $\mu\varepsilon$	1
动态应变仪及实时采集器	16 通道	0.5 $\mu\varepsilon$	1
计算机	便携	—	4
摄像机	—	800×600	2
照相机	—	—	2

9.5.2 测试仪器及布置

该试验以含有消浪网笼和消浪浮球的圆筒型浮式防波堤系统为试验对象，研究该型防波堤的消波效果及水动力性能，试验开展垂直浪向（90°浪向）和斜浪向（67.5°浪向）两种试验，下面分别对两种浪向下的试验仪器布置情况进行介绍。

1. 90°浪向仪器布置

推板式造波机位于波浪试验水池前端，用于减小波浪反射的消波装置布置在水池尾端（图 9.7）[2]。按照第 6 章介绍的试验仪器布置方法进行本试验测试仪器布置。图 9.8 给出了浮式防波堤系统试验模型与 7 套浪高仪之间的相对位置。非接触式光学六自由度测量仪器的发光源布置位置如图 9.9 所示[2]。由于发光源数量有限，并且试验模型总长已经超出了该仪器的最大量程，因此在试验中需要

选定重点关注的模块进行数据追踪,本试验选取浮式防波堤中间两模块进行测试。三套拉力传感器 LC1、LC2 及 LC3 分别布置于浮式防波堤 2 号、3 号及 16 号系泊缆的顶端,并与浮式防波堤主体模型相连接。浮式防波堤系统水池模型试验各测点布置方案如表 9.8 所示[2]。

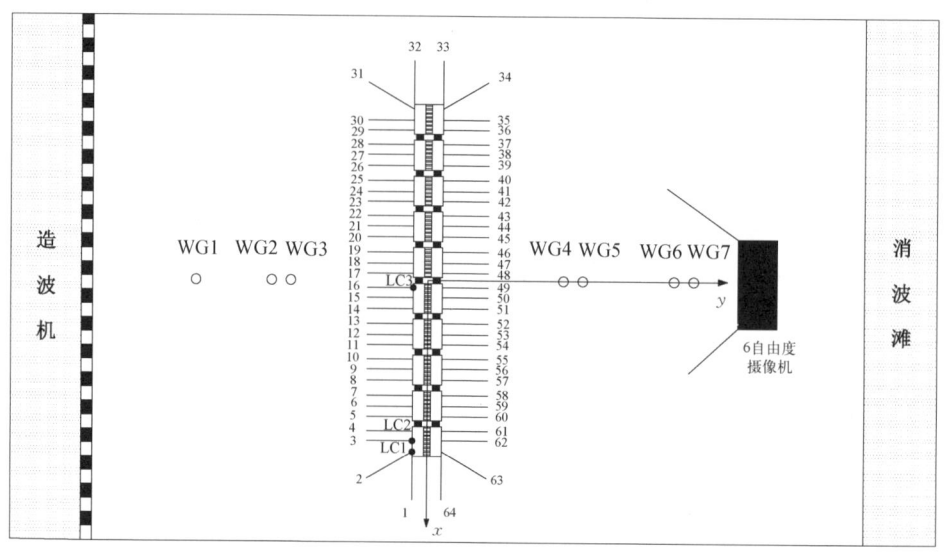

图 9.7　90°浪向浮式防波堤系统水池模型试验布置示意图[2]

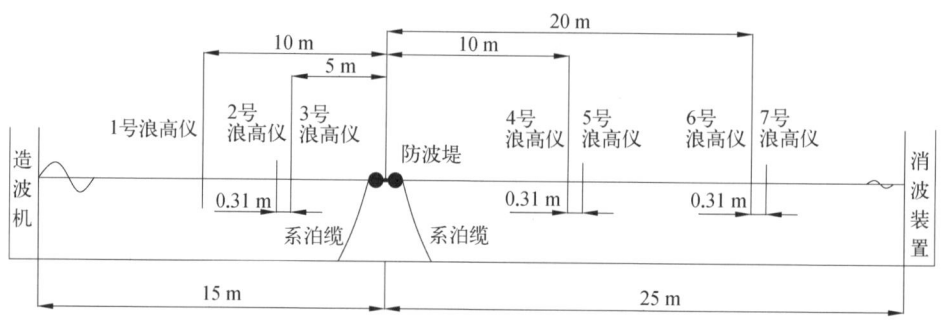

图 9.8　90°浪向浪高仪布置示意图[2]

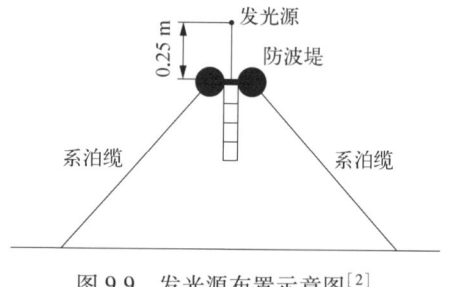

图 9.9　发光源布置示意图[2]

表9.8 水池模型试验测点布置表

测点编号	测点位置	测量仪器
1	防波堤前 10.00 m	1号浪高仪
2	防波堤前 5.31 m	2号浪高仪
3	防波堤前 5.00 m	3号浪高仪
4	防波堤后 10.00 m	4号浪高仪
5	防波堤后 10.31 m	5号浪高仪
6	防波堤后 20.00 m	6号浪高仪
7	防波堤后 20.31 m	7号浪高仪
8	2号系泊缆顶端	1号拉力传感器
9	3号系泊缆顶端	2号拉力传感器
10	16号系泊缆顶端	3号拉力传感器
11	防波堤主体上方 0.25 m	六自由度测量仪器

2. 67.5°浪向仪器布置

本次斜浪向试验需要将浮式防波堤主体模型、系泊系统以及部分试验设备逆时针旋转 22.5°。具体布置方案如下：非接触式光学六自由度测量仪器位于旋转后的浮式防波堤中心点后方 4.0 m 处，浪高仪测点位置保持不变，拉力传感器测点分别布置于旋转后的浮式防波堤 2 号、3 号及 16 号系泊缆的顶端，67.5°浪向下试验仪器布置如图 9.10 所示[2]。

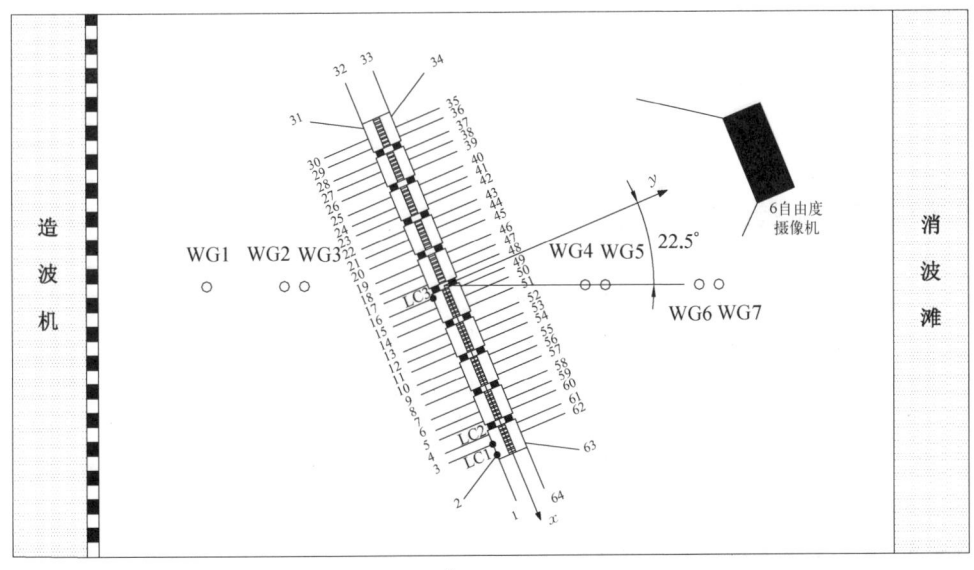

图 9.10 67.5°浪向浮式防波堤系统水池模型试验布置示意图[2]

9.6 试验数据处理

试验数据主要包含波浪数据、运动响应数据、系泊缆张力数据等，可采用第7章中的数据处理方法进行处理。

（1）波浪数据处理。该试验有关浮式防波堤消波性能参数处理方法参考7.2节中Goda两点法[4]和斜向反射波分离法[5]，对其波浪数据进行后期处理，得到波浪的透射系数、反射系数以及耗散系数，其中波浪的透射系数为透射波高与入射波高的比值；波浪的反射系数为反射波高与入射波高的比值；波浪耗散系数为1减去透射系数的平方、反射系数的平方。

（2）运动响应数据处理。浮式防波堤系统模型在水池模型试验中会出现横荡、纵荡、垂荡、横摇、纵摇以及艏摇六自由度运动响应，其数据处理方法可参照7.2中运动响应幅值计算方法，对其数据进行分析。由于六自由度光学运动测量仪需要捕捉发光源的运动历程，若发光点与模型的重心不重合，会导致测量数据与模型实际运动数据存在偏差，此时需在测量软件中提前录入发光点与模型重心的相对位置关系进行修正，并设定浮式防波堤整体模型坐标系和试验局部动态坐标系，使得上述两种坐标系重合，将坐标原点设定在整体模型的中心处，从而获得真实的运动轨迹。

（3）系泊系统张力数据处理。在进行浮式防波堤系泊缆张力数据后期处理时，首先需要对数据进行滤波处理，对数据时间段进行选取，选用张力值稳定区域数据进行分析，从而获得张力极值。

9.7 试验结果及分析

9.7.1 波浪试验结果及分析

在进行浮式防波堤三维水池试验前，需依据表9.6中的试验工况，进行波浪参数试验，得到所需的波浪参数，波浪参数试验值与目标值误差满足3.2节中平均波高和周期误差小于2%的要求。图9.11为波浪参数试验现场图片，工况A4和A5的波浪目标值与试验值如图9.12和图9.13所示。经测试，工况A1－A44的波浪参数试验均满足误差要求，可以开展相关波浪作用下浮式防波堤系统消波效果和水动力性能试验。

1. 透射系数试验结果及分析

通过开展浮式防波堤系统三维模型试验，获得波浪与浮式防波堤相互作用时波浪的传播特性，浮式防波堤系统模型典型试验工况如图9.14所示。可以看出

图 9.11　波浪参数试验

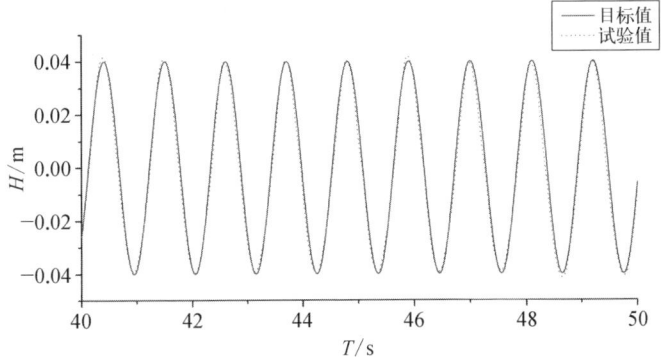

图 9.12　A4 工况波浪参数试验（$T=1.1$ s，$H=0.08$ m）

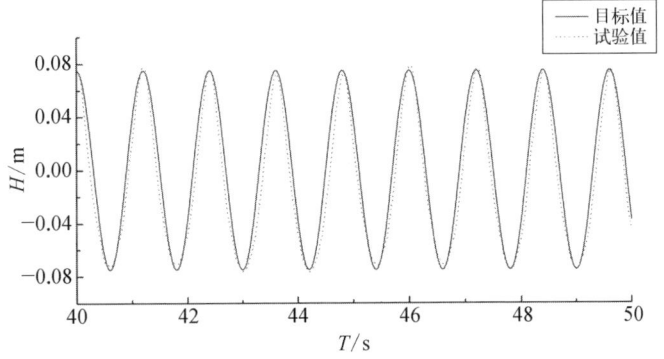

图 9.13　A15 工况波浪参数试验（$T=1.2$ s，$H=0.15$ m）

(a) 整体模型试验示意图　　　　　　　　(b) 整体模型试验示意图
(原型周期 $T=5.6$ s、波高 $H=3.2$ m，消波效果76%)　　(原型周期 $T=6.3$ s、波高 $H=6.0$ m，消波效果70%)

图9.14　浮式防波堤整体模型试验示意图

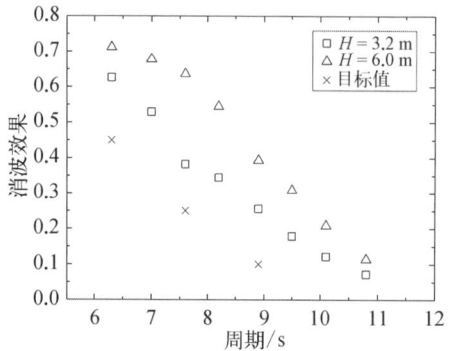

图9.15　消波效果与目标值对比结果

在原型波高 $H=3.2$ m、周期 $T=5.6$ s 和波高 $H=6.0$ m、周期 $T=6.3$ s 时，浮式防波堤系统具有较好的消波效果，其消波效果分别为 76% 和 70%。消波效果初步分析结果如图9.15所示，可以看出所设计的浮式防波堤系统消波效果高于设计的目标值，验证了该系统模型的可行性。本节主要研究入射波的波高、周期以及堤后距离等参数对透射系数的影响。

1) 透射系数随波浪周期变化情况

图9.16给出了在 90°浪向和 67.5°浪向作用下，浮式防波堤堤后 10 m 处的透射系数在波高 $H=0.15$ m 及 $H=0.08$ m（原型波高 6.0 m 及 3.2 m）两种不同波高下随波浪周期的变化情况[2]。

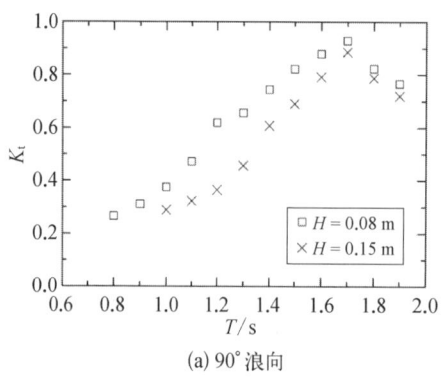

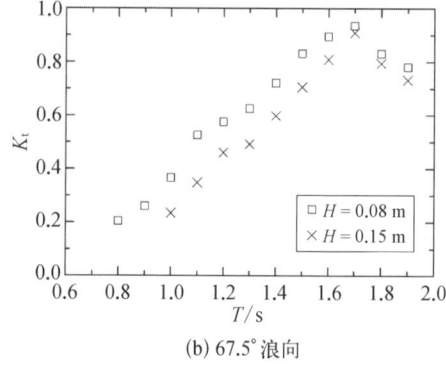

(a) 90°浪向　　　　　　　　　　　　(b) 67.5°浪向

图9.16　透射系数随周期变化情况[2]

如图 9.16 所示，在两种不同浪向条件下，浮式防波堤的透射系数随波浪周期的变化规律相似，即透射系数并非随着波浪周期的变化呈现单调递增的现象，而是呈现先增大后减小的变化趋势，且峰值的位置均在 $T=1.7$ s（原型 10.8 s）处，引起该现象的原因主要是，在浮式防波堤某些固有周期附近产生共振耗能，使得透射系数出现减小，即消波效果呈现增大的现象，详见 Ji 等发表的相关文章[6]。图 9.16 中的试验结果还表明，在一定范围内的浪向变化对浮式防波堤消波性能的影响并不大。可以看出，在波浪周期 $T<6$ s 时，浮式防波堤的消波效果约为 65%；在波浪周期 6 s$<T<8$ s 时，浮式防波堤消波效果约为 40%；当波浪周期 $T>10$ s 时，浮式防波堤消波效果约为 15%。

2）透射系数随波高变化情况

图 9.17 给出了在 90°浪向和 67.5°浪向时，$T=1.0$ s（原型 6.3 s）和 $T=1.6$ s（原型 10.1 s）两种不同周期条件下，浮式防波堤的透射系数随入射波高的变化情况。

图 9.17 中的试验结果表明，不论是在横浪还是在斜浪的作用下，浮式防波堤的消波效果受入射波高变化的影响是一致的，透射系数整体上呈现减小趋势。这说明在一定浪高范围内，波高越大，浮式防

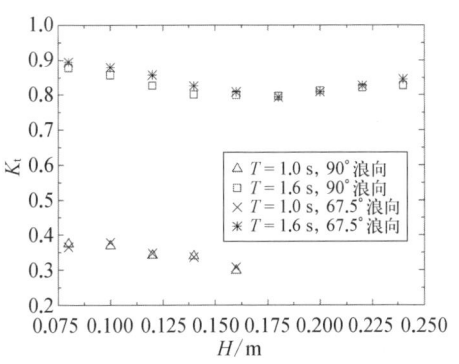

图 9.17　透射系数随波高变化情况

波堤的浸水高度越大，浮式防波堤对入射波的反射作用越强，消波效果越好。从图 9.17 给出的结果可以发现，$T=1.6$ s 时的透射系数约为 $T=1.0$ s 时的 2 倍，并且在两种浪向条件下透射系数差别较小，这与图 9.16 给出的试验结果相符合。

3）透射系数随堤后距离变化情况

图 9.18 给出了在 90°和 67.5°浪向时，浮式防波堤堤后 10 m（原型 400 m）与堤后 20 m（原型 800 m）处的透射系数随入射波周期的变化关系。图 9.19 给出了在 90°和 67.5°浪向时，浮式防波堤堤后 10 m 与堤后 20 m 处的透射系数随入射波高的变化关系。

图 9.18 和图 9.19 试验结果表明在横浪和斜浪作用下，当入射波高为 0.15 m 时，浮式防波堤堤后 20 m 处和 10 m 处的透射系数均呈现先增大后减小的趋势，随波浪周期的变化具有相似的规律。浮式防波堤后方 20 m 处的透射系数略大于 10 m 处的测点，约大于处 10 m 测点的 6%。当入射波周期 $T=1.6$ s 时，随着入射波高的增加，浮式防波堤堤后 20 m 和 10 m 处的透射系数变化规律相似，呈现先缓慢减小后缓慢增大的趋势。与前文结论相似，20 m 处的透射系数大于 10 m 处的透射系数，约大于 10 m 测点的 4%，这表明浮式防波堤的消波效果随着堤后距

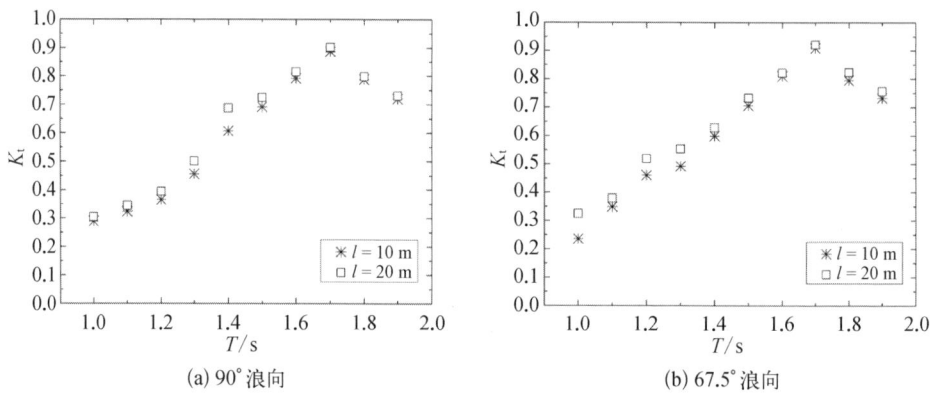

图 9.18　$H = 0.15$ m 时透射系数随堤后距离变化情况

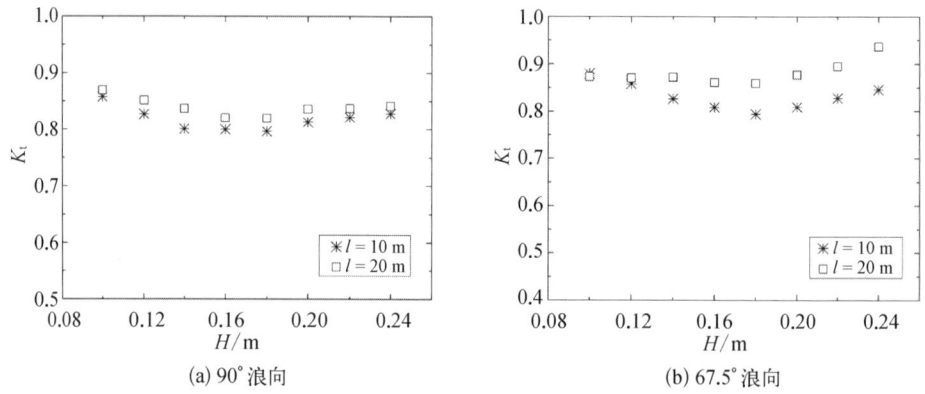

图 9.19　$T = 1.6$ s 时透射系数随堤后距离变化情况

离的增加逐渐变差,造成该现象的主要原因是波浪的绕射现象。从上述试验数据可以看出,浮式防波堤原型在后方 800 m 处仍具有良好的消波效果。

2. 反射系数试验结果及分析

通常反射系数越大,浮式防波堤对堤前波浪的反射能力越强,消波性能越优异。因此本节分析了该浮式防波堤的反射系数试验结果。

1) 反射系数随波浪周期变化情况

图 9.20 给出了在 90°和 67.5°浪向时,浮式防波堤堤前 5 m 处的反射系数在 $H = 0.08$ m 和 $H = 0.25$ m 两种入射波高条件下随入射波周期的变化情况[2]。

图 9.20 中给出的试验结果表明,在 90°与 67.5°浪向条件下,浮式防波堤的反射系数随入射波周期的变化规律是一致的。随着入射波周期的增大,其对波浪的反射能力整体呈下降态势,但在周期为 $T = 1.7$ s 之后会出现小幅度的上升。此外,对比不同浪向可以得知,浮式防波堤的反射系数在 90°浪向比 67.5°浪向对入

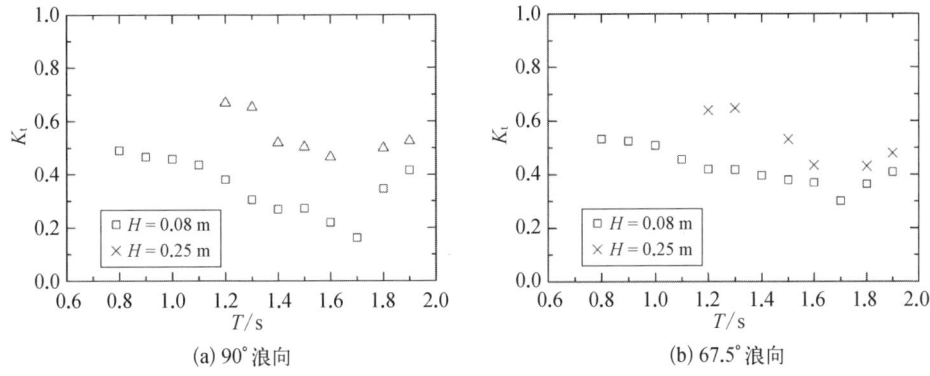

图 9.20　反射系数随波浪周期变化情况[2]

射波高度的变化更为敏感。在入射波为 90°浪向时，两种不同波高对浮式防波堤反射系数的影响差异更大，但整体影响趋势一致。对于入射波高为 0.25 m 的波浪，浮式防波堤在斜浪条件下对入射波的反射能力比横浪条件下稍弱。对于入射波高为 0.08 m 的小波高工况，斜浪条件下浮式防波堤对波浪的反射能力比横浪更强。

2）反射系数随波高变化情况

图 9.21 给出了在 90°和 67.5°浪向时，浮式防波堤堤前 5 m 处的反射系数 K_r 在 $T=1.0$ s 和 $T=1.6$ s 两种入射周期条件下随入射波高的变化情况。

图 9.21 给出的试验结果表明，对于 90°浪向工况，在两种周期条件下，浮式防波堤的反射系数随波高的变化趋势不同，长周期（$T=1.6$ s）下的反射系数受波高的影响较大，短周期（$T=1.0$ s）受其影响较小，并且短周期下的反射系数

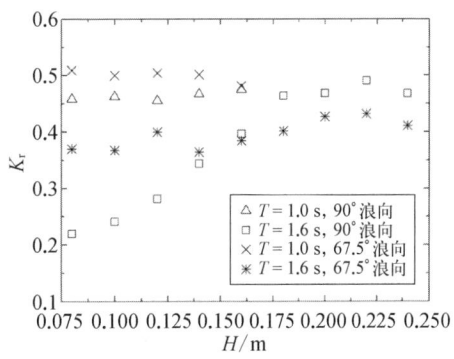

图 9.21　反射系数随波高的变化情况

远大于长周期。对于 67.5°浪向工况，短周期下的反射系数随波高变化基本趋于稳定，与 90°浪向下反射系数的变化趋势相似，但长周期下反射系数随波高的增加呈现缓慢增大的趋势，增加的速度小于 90°浪向。

上述试验结果表明，波高变化对两种浪向下的反射系数影响不同，对于横浪工况，波高变化对波浪反射系数的影响更大，而对斜浪工况其影响较小。此外，周期的变化对反射系数也会产生影响，例如，周期 $T=1.0$ s 时波浪的反射系数大于 $T=1.6$ s 时的，这表明浮式防波堤对短周期波浪的反射效果更好。

3. 耗散系数试验结果及分析

浮式防波堤不仅可以通过反射消减波浪，还可以通过耗散波浪能量进行消波，浮式防波堤系统试验模型中消浪网笼和消浪浮球可使得波浪发生旋涡、破碎等现象耗散波浪能量，本节重点研究本次试验中耗散系数的变化情况[2]。

1) 耗散系数随波浪周期变化情况

图 9.22 给出了在 90°和 67.5°浪向时，在 $H=0.08$ m 和 $H=0.25$ m 两种入射波高条件下，浮式防波堤的耗散系数 E_d 随入射波周期的变化情况。

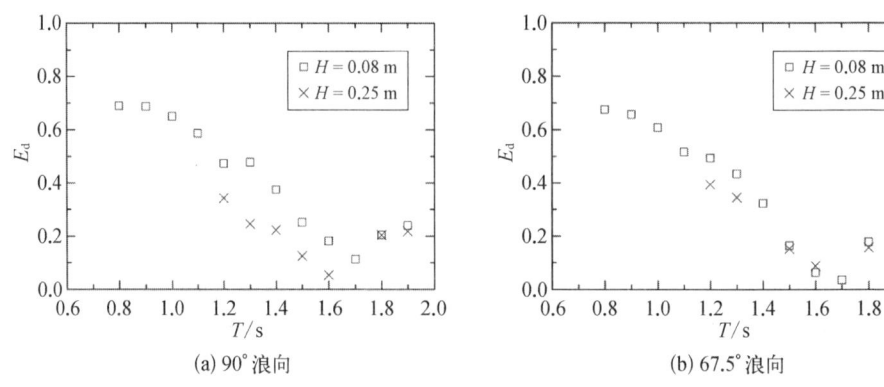

图 9.22 耗散系数随波浪周期变化情况[2]

如图 9.22 所示，在两种浪向作用下，浮式防波堤的耗散系数随波浪周期的变化趋势相似，均呈现先减小后增大的特点，并且在 $T=1.7$ s 时出现拐点。对于 $T>1.7$ s 时的工况，浮式防波堤的耗散系数对入射波高的变化已经不明显，此时浮式防波堤对不同波高能量的耗散基本处于相同的状态。但是对于 $T<1.7$ s 时的工况，浮式防波堤的耗散系数对波高的变化比较敏感，变化规律较为复杂。将图 9.22 的两幅图进行对比分析可以得出，对于浮式防波堤的耗散系数，浪向的改变对其影响很小，主要差异体现在防波堤的耗散系数在不同浪向下对入射波高变化的敏感度不同。

2) 耗散系数随波高变化情况

图 9.23 给出了在 90°和 67.5°浪向时，在 $T=1.0$ s 和 $T=1.6$ s 两种波浪周期条件下，浮式防波堤的耗散系数 E_d 随入射波高的变化情况。

对图 9.23 分析可以看出，当 $T=1.0$ s 时，浮式防波堤的耗散系数随入射波高度的增加呈现缓慢的上升趋势，其数值差异较小。而当 $T=1.6$ s 时，入射浪向为 90°，

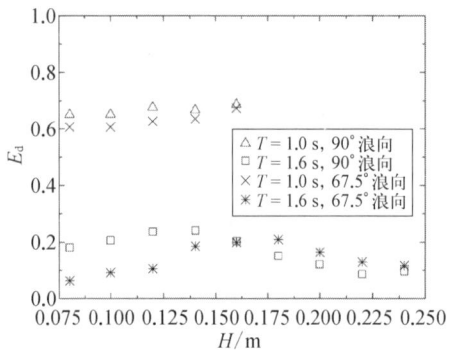

图 9.23 耗散系数随波高变化情况

浮式防波堤耗散系数呈现先缓慢上升后缓慢下降的趋势，且在波高 $H=0.14$ m 左右出现拐点，拐点两侧波高区域内的耗散系数变化较小保持在同一水平；入射浪向为 67.5°，浮式防波堤的耗散系数随波高的增大呈现较为明显的驼峰形状，即以入射波高 0.18 m 为中线，左侧随高度增加而增大，右侧随高度增加而减少。图 9.23 试验结果表明，对于长周期波浪，浮式防波堤的耗散系数与浪向联系密切，浪向对耗散系数的影响较大。

浮式防波堤透射系数、反射系数以及耗散系数均为无量纲系数，模型和原型的换算关系为 1，因此上述模型试验结果可直接表征原型在实际海况中的消波特性。

9.7.2 运动响应试验结果及分析

浮式防波堤在港口或远海工作时往往不是孤立的，有时会与浮式平台、养殖网箱以及浮式栈桥等结构协同作业，过大的运动响应会对海洋工程结构物产生影响，同时，浮式防波堤系统由多个单元模块和连接器组成，在波浪作用下易发生水弹性现象，对其连接器也产生了不利的影响，其运动响应特性为研究的重点。本节将对浮式防波堤系统模型试验运动响应特性进行研究，分析波浪周期和波高对浮式防波堤运动响应的影响规律。

1. 波浪周期对浮式防波堤运动响应的影响

图 9.24 给出了在 90° 和 67.5° 浪向时，在 $H=0.08$ m 和 $H=0.25$ m 两种波高条件下，浮式防波堤的运动响应随入射波浪周期的变化情况。

由于浮式防波堤由多个单元模块通过弹性连接而成，在波浪的作用下浮式防波堤系统会发生总体运动，并且内部各单元模块也会发生局部运动，其运动响应十分复杂。如图 9.24 所示，在 90° 和 67.5° 浪向的作用下，横荡和垂荡运动为平面运动的主要部分，纵荡运动影响最小。浮式防波堤的纵荡、横荡以及垂荡响应均随波浪周期的增加呈现先增大后减小的趋势，其运动响应在 1.4 s、1.7 s 附近出现多次峰值的现象。究其原因，峰值出现的时刻与浮式防波堤的横荡和垂荡周期相似，同时运动响应的峰值也受到波浪激振力的重要影响。对于三种旋转运动，在 90° 浪向下，横摇运动为主要部分；在 67.5° 浪向下，纵摇为主要部分。对比入射角度对运动响应的影响，入射角度的改变对纵荡影响较小，对横荡和垂荡影响较大；波浪由横浪变为斜浪，在平面运动方面，减弱了横荡的运动响应，增强了垂荡的运动响应；在旋转运动方面，增强了纵摇的运动响应，减弱了横摇的运动响应。如图 9.24 所示，对比横荡和横摇运动响应幅值，横浪约为斜浪的 2 倍和 3 倍；对比垂荡和纵摇运动响应幅值，斜浪约为横浪的 2 倍和 3 倍。

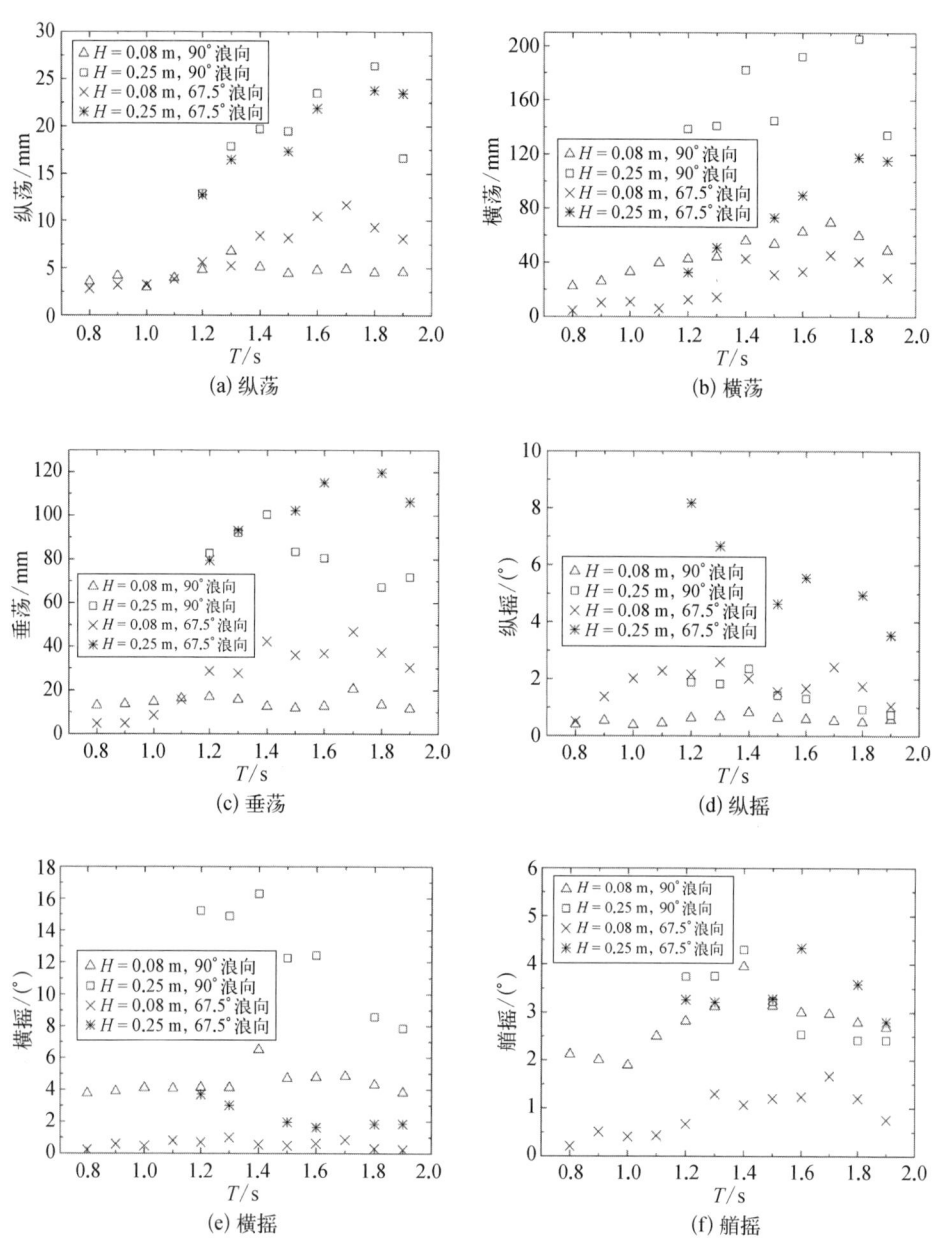

图 9.24　运动响应幅值随波浪周期的变化情况

2. 波高对浮式防波堤运动响应的影响

图 9.25 给出了在 90°和 67.5°浪向时，在 $T=1.0$ s 和 $T=1.6$ s 两种周期条件下，浮式防波堤运动响应随入射波高的变化情况。

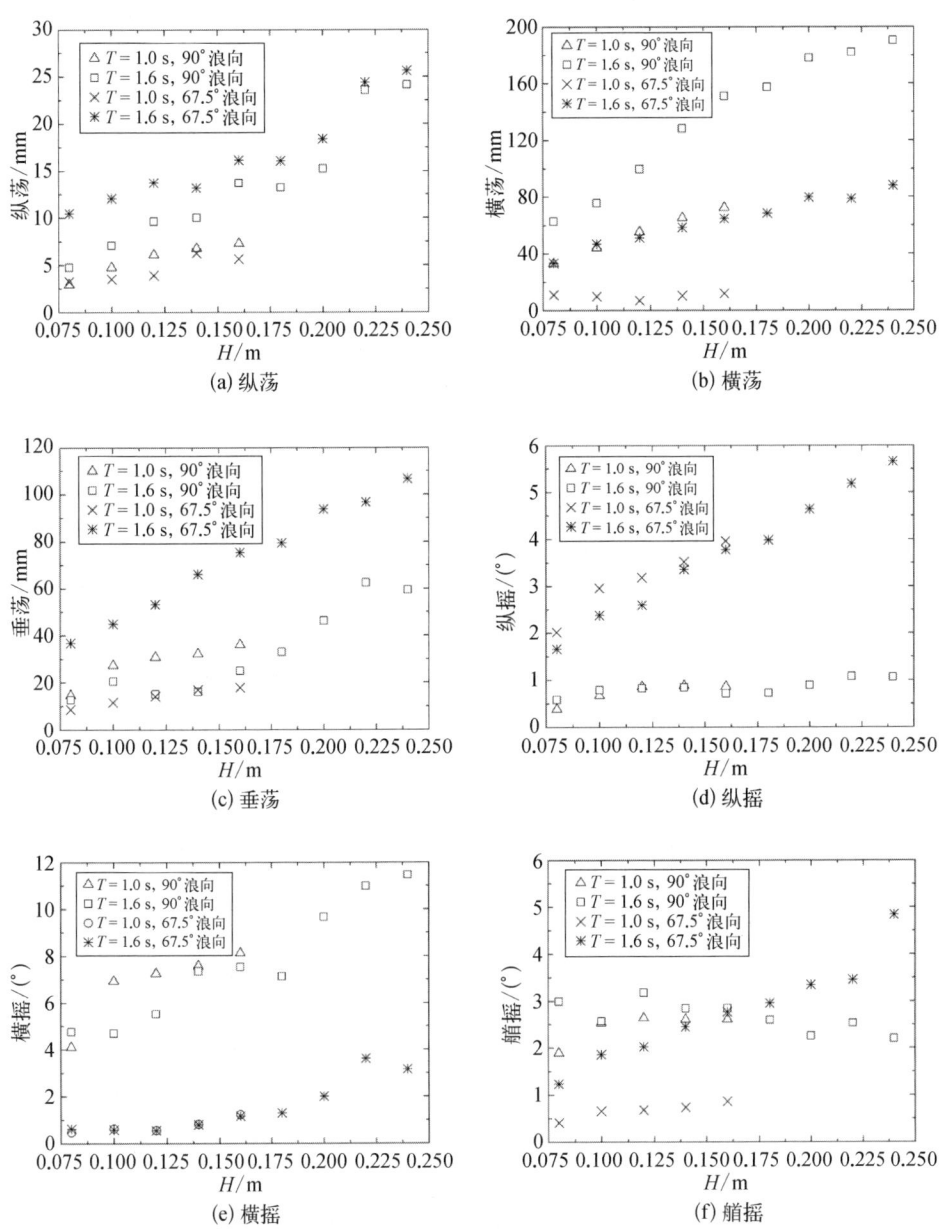

图 9.25 运动响应幅值随波高的变化情况

从图 9.25 可以看出，在 90°浪向下，浮式防波堤系统运动随波高的变化呈非线性关系，这种非线性关系在 0.15 m<H<0.20 m 时最为明显。对于浮式防波堤的三种平动状态，运动响应幅值随波高的增加呈非线性增加，其中横荡响应幅值最

大。可以看出，横荡、垂荡与横摇运动为该浪下浮式防波堤六自由运动响应的重要表现。在67.5°浪向下，除艏摇运动（在 $H=0.225$ m 后，艏摇运动幅值迅速增大），浮式防波堤系统运动随波高的变化呈近似线性关系，此时可满足线性波浪假设，运动响应幅值随波高的增加而增大；横荡、垂荡运动为该浪向下最重要的体现；对于三种平面运动，长周期下的运动响应远大于短周期的运动响应幅度，但这一结论在三种转动中仅适合艏摇运动。

9.7.3 系泊缆张力试验结果及分析

在不同的海况下，浮式防波堤系泊系统的张力会发生较大的变化。系泊系统的安全性是保障海洋工程浮式结构物作业安全的前提。需要通过开展浮式防波堤系统模型试验，研究其系泊缆受力随浪向角、周期以及波高等的变化规律，最终反推得到浮式防波堤原型系泊系统受力特性，并参考相关 API 规范[7]进行强度计算，校核数值方法和系统的安全性。本节将对2号、3号及16号系泊缆的受力情况进行分析，研究各系泊缆受力特点。

1. 系泊缆张力随波浪周期的变化关系

图9.26给出了在90°和67.5°浪向时，在 $H=0.08$ m 和 $H=0.15$ m 两种波高的条件下，浮式防波堤迎浪面三个系泊缆（2号、3号及16号）的张力随入射波浪周期变化情况。

如图9.26所示，在90°浪向下，浮式防波堤迎浪面的三个系泊缆张力随波浪周期变化规律相似，均呈现先增大后减小的趋势，并且与前文分析的运动响应相同，在 $T=1.4$ s 和 $T=1.7$ s 时，各系泊缆均出现张力振荡峰值。对比各系泊缆峰值可以看出，3号和16号系泊缆张力相似，2号系泊缆张力最大，约为上述两个系泊缆张力的1.2倍。从系泊布置图中可以看出，3号和16号系泊缆均位于迎浪面，其与防波堤夹角为90°，平行于波浪入射方向，在横浪作用下主要抵抗横向的波浪力，因此其系泊缆张力结果相似；2号系泊缆与浮式防波堤长度方向夹角为60°，在横浪的作用下不仅承受横向波浪的作用还承受系统轴向的拉伸作用，因此得到较大的受力结果。在67.5°浪向下，系泊缆张力随周期的变化趋势与横浪有较大的不同。除在 $T=1.4$ s 和 $T=1.7$ s 处出现振荡峰值外，总体上呈现随周期的增加而变小的趋势。在各系泊缆受力大小方面，与90°浪向相似，2号系泊缆受力远大于3号和16号。

从图9.26中还可以看出，90°浪向下三个系泊缆的张力峰值均大于67.5°浪向，上述受力的不同与浮式防波堤系统总体布置形式有关。横浪作用时，在波浪传播方向浮式防波堤仅承受水平力；但在斜浪作用下，其不仅承受水平力，还承受轴向力。斜浪作用下的浮式防波堤各系泊缆受力可以近似看成是相同工况下横浪作用时水平力的分力，并且由于连接结构承受了部分轴向力的作用，所以使得

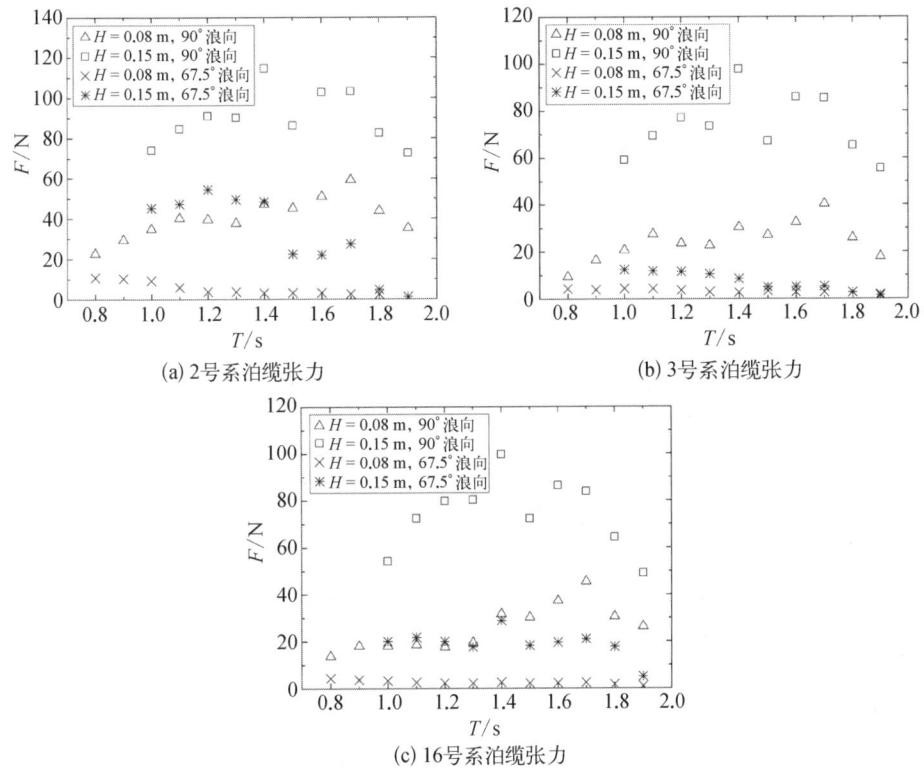

图 9.26 系泊缆张力随入射波周期的变化情况

斜浪下的系泊缆张力小于横浪。

2. 系泊缆张力随入射波波高的变化关系

图 9.27 给出了在 90°和 67.5°浪向时，在 $T=1.0$ s 和 $T=1.6$ s 两种周期的条件下，浮式防波堤三个系泊缆的张力随入射波高变化情况。

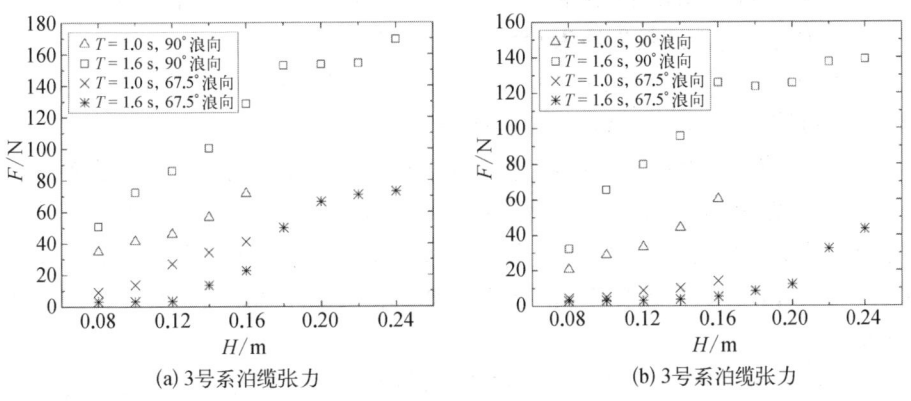

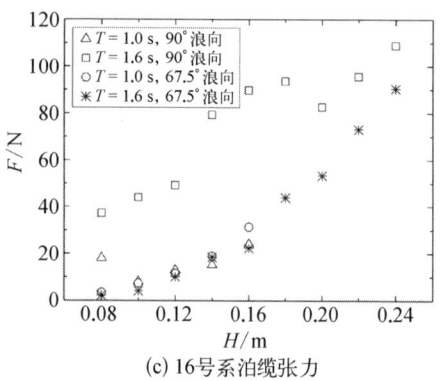

(c) 16号系泊缆张力

图9.27 系泊缆张力随入射波高的变化情况

如图9.27所示，在两种浪向的作用下，三个系泊缆张力均随入射波高的增加而增大。在67.5°浪向下，系泊缆张力幅值近似与波高的平方呈正比。在各个波高条件下，对于2号和3号系泊缆，90°浪向作用下的系泊缆受力大于67.5°浪向。对于16号系泊缆，在长周期 $T=1.6$ s 时，90°浪向下系泊缆受力大于短周期波浪和67.5°浪向下各工况；而在67.5°浪向下，$T=1.0$ s 和 $T=1.6$ s 时，系泊缆张力峰值及变化趋势相似。

9.8 试验结论

本章主要开展浮式防波堤整体系统三维水池模型试验研究，设计了浮式防波堤整体系统试验模型，并开展相关试验，研究了波浪周期、波高和入射角度等参数对浮式防波堤整体系统透射系数、反射系数、耗散系数、运动响应及系泊缆张力的影响，得到如下试验结论。

（1）含柔性网箱的圆筒型浮式防波堤具有很好的消波效果，在波浪周期 $T<6$ s 时，浮式防波堤的消波效果约为65%；在波浪周期 $6<T<8$ s 时，浮式防波堤消波效果约为40%；当波浪周期 $T>10$ s 时，浮式防波堤消波效果约为15%；在90°和67.5°浪向角的作用下，浮式防波堤整体的消波效果相近。

（2）浮式防波堤的透射系数随波浪周期增加呈现先增大后减小的趋势，且在 $T=1.7$ s（原型10.8 s）时，达到峰值；随着波高的增加，透射系数总体上呈现减小趋势，即波高越大、消波效果越好；此外，由于波浪绕射现象，浮式防波堤的消波效果随着距浮式防波堤距离的增加而变差，因此浮式防波堤存在掩护区域和掩护范围。

（3）随着波浪周期的增加，浮式防波堤的反射系数和耗散系数先减小后增大,并在 $T=1.7$ s(原型 10.8 s)处出现极小值;浮式防波堤对短周期波浪的反射作用更强;对于长周期波浪,浮式防波堤的耗散系数与浪向的改变联系密切,波浪方向的变化对耗散系数的影响较大;对于短周期波浪,浪向角度对耗散系数的影响较小。

(4)在横浪和斜浪两种浪向的作用下,浮式防波堤系统三个平面运动响应幅值均随波浪周期的增加呈现先增大后减小的趋势。在横浪作用下,横荡运动响应幅值最大,纵荡运动响应幅值最小,横荡运动为该浪向下浮式防波堤重要的平面运动;在三个旋转运动中,横摇运动为浮式防波堤重要的旋转运动。在斜浪作用下,横荡和垂荡运动响应幅值最大且相似,上述两种运动为该浪向下浮式防波堤重要的平面运动,纵摇运动为浮式防波堤重要的旋转运动。

(5)在横浪的作用下,浮式防波堤系统迎浪面三个系泊缆张力随波浪周期的增加均呈现先增大后减小的趋势,并且存在两个振荡的峰值;迎浪面 2 号系泊缆(与浮式防波堤长度方向呈 60°夹角)张力最大,3 号和 16 号系泊缆峰值相似,均小于 2 号。在斜浪作用下,系泊缆张力变化与横浪有较大不同,随着波浪周期的增加系泊力峰值总体呈现逐步下降的趋势,并伴随着多次振荡现象。浪向对浮式防波堤系泊系统张力的变化趋势影响较大。因此,在实际浮式防波堤系泊系统设计时,必须充分分析与校核实际海况下不同浪向作用下系泊系统的安全性。

参 考 文 献

[1] 董胜,张华昌,宁萌,等. 海岸工程模型试验[M]. 山东:中国海洋大学出版社,2008.
[2] 郭宇婵. 浮式防波堤耦合水动力分析[D]. 镇江:江苏科技大学硕士学位论文,2016.
[3] 中华人民共和国交通部. 波浪模型试验规程 JTJ/T234-2001 [S]. 北京:人民交通出版社,2002.
[4] Goda Y, Suzuki Y. Estimation of incident and reflected waves in random wave experiments [C]. New York: Pro., 15th Int. Goast. Engrg. Conf., 1976:828-845.
[5] 孙昭晨,王利生. 斜向入射波与反射波的分离[J]. 海洋学报. 1999,21(4):114-120.
[6] Ji C Y, Cheng Y, Cui J, et al. Hydrodynamic performance of floating breakwaters in long wave regime: An experimental study [J]. Ocean Engineering, 2018:154-166.
[7] American Petroleum Institute. Design and analysis of station-keeping systems for floating structures [S]. American, 2005.

第 10 章 地形影响下浮式防波堤模型试验实例分析

本章主要介绍在地形影响下浮式防波堤相关的水动力试验，分为在水槽中开展的二维地形影响下浮式防波堤水动力试验和在水池中开展的三维地形影响下浮式防波堤水动力学试验，主要对试验模型、地形模拟、试验模型及测量仪器布置、结果分析等内容进行介绍。

10.1 地形影响下二维试验主要参数

10.1.1 试验水槽参数

本节以地形影响下的浮式防波堤二维水槽试验为例进行介绍。该物理模型试验在江苏科技大学船舶与海洋工程实验室的二维波浪水槽中开展，其试验装置如图 10.1 所示。二维水槽全长为 40 m，宽为 0.8 m，最大水深为 1.4 m。为减少水槽试验中产生的反射波，在水槽末端设有砾石填充的消波缓坡。

10.1.2 试验原型及地形参数

图 10.1 江苏科技大学波浪水槽

该二维水槽试验以方箱型浮式防波堤为例，主要研究浮式防波堤在浅水区域不同地形影响下的消波效果和水动力性能。原型水深 12 m，浮式防波堤主体结构参数如表 10.1 所示，地形参数如表 10.2 所示，系泊系统为悬链线式系泊，布置方式如图 10.2 所示，根据第 5.3 节系泊等效设计得到平行系泊具体参数如表 10.3 所示。波浪环境参数为：波高 2.0~3.0 m，周期 4.0~9.0 s。

表 10.1 浮式防波堤原型主体结构参数表

堤长/m	堤宽/m	堤高/m	重心高度/m	质量/t	横摇惯性矩/(kg·m²)	水深/m
16	10	4	1.42	234.5	2 194 320	12

表 10.2 浅水区域地形参数表

地形序号	地形长/m	地形宽/m	地形高/m	地形坡度/（°）	地形材质
1	80	20	5	50	珊瑚礁
2	80	20	6	50	珊瑚礁
3	80	20	7	50	珊瑚礁

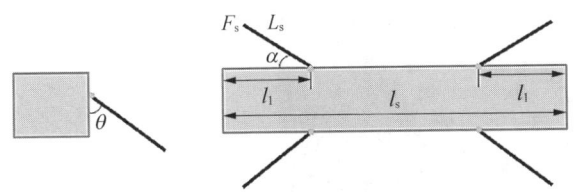

图 10.2 原型系泊布置示意图

表 10.3 原型选用系泊缆等效成平行系泊后锚链参数

名 称	直径/mm	长度/m	轴向刚度/kN	单位长度干重/（g/m）
锚 链	107	32	1 144 900	250 740

10.1.3 试验内容

本次试验主要研究不同地形高度对浮式防波堤消波性能和水动力性能的影响，研究内容包括单独浮式防波堤的消波效果和水动力性能试验，单独地形的波浪传播特性试验以及浮式防波堤和地形共同作用下的消波效果和水动力性能试验。试验测量各工况下浮式防波堤的运动响应时历曲线、系泊缆张力时历曲线、堤前及堤后测点处的波浪时历曲线，并通过试验结果计算浮式防波堤的透射系数。

10.2 地形影响下二维试验模型及工况设计

10.2.1 试验模型及地形设计

1. 缩尺比确定

根据 3.1 节中缩尺比的选择方法，此次试验模型缩尺比 $\lambda_L=20$。

2. 试验模型设计

根据第 2 章的相似准则进行模型设计。该浮式防波堤试验模型由 5 部分组成，包括浮式防波堤主体、浮箱、压载、横撑及系泊点。试验模型参数如表 10.4 所示。方箱型浮式防波堤模型及其结构如图 10.3 所示。

表 10.4 浮式防波堤试验模型参数表

模型编号	堤长/m	堤宽/m	堤高/m	重心高度/m	横摇惯性矩/(kg·m²)
1	0.76	0.5	0.2	0.071	0.669

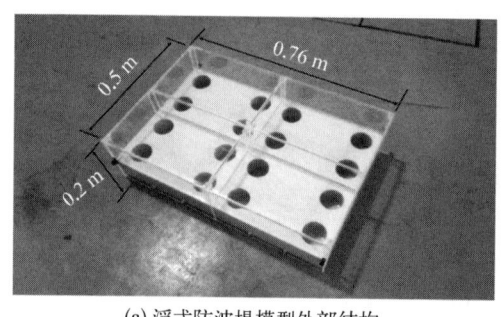 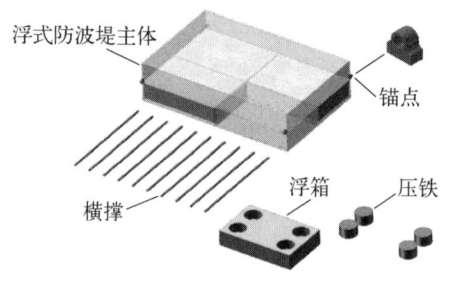

(a) 浮式防波堤模型外部结构　　(b) 浮式防波堤模型内部结构

图 10.3　方箱型浮式防波堤模型及其结构示意图

根据前文给出的二维水槽试验系泊系统相似性设计方法，试验系泊系统的模型布置如图 10.4 所示，系泊缆的参数以及与原型之间换算关系如表 10.5 所示，模型的系泊缆系统设计参数如表 10.6 所示。

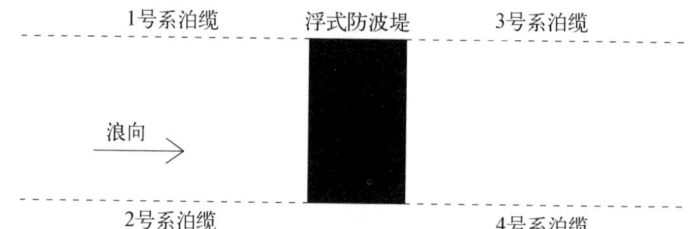

图 10.4　系泊缆布置方式

表 10.5　系泊缆原型与模型之间换算关系

参　数	符　号	缩尺比
长度	L_s/L_m	λ_L
直径	D_s/D_m	λ_L
轴向刚度	EA_s/EA_m	$\gamma\lambda_L^3$
单位长度干重	G_s/G_m	$\gamma\lambda_L^2$

表 10.6　试验模型系泊缆设计参数

名　称	直径/mm	长度/m	轴向刚度/kN	单位长度干重/(g/m)
304 不锈钢链条	6	1.6	5 372.1	630

3. 地形相似性设计

本次试验为二维水槽模型试验,根据地形原型与 2.5 节相似理论设计试验模型。珊瑚礁地形可以进行适当简化:对于自然环境中的珊瑚礁,可将礁坪部分简化为水平地形,礁前斜坡坡度简化为单一坡度,礁坪表面与礁前斜坡表面简化为光滑不可渗透表面。地形模型如图 10.5 所示。本次试验地形的断面尺寸严格按照相似性原则进行缩尺设计,地形模型的断面采用数控切割进行加工,误差小于 1 mm,内部填有若干配重。

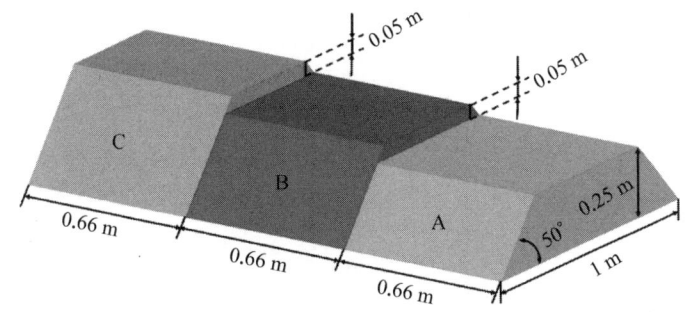

图 10.5 地形模型具体尺寸

本次试验模型分为 A、B、C 三组不同高度的地形模型。其中,A 组地形高度为 0.25 m,B 组地形高度为 0.30 m,C 组地形高度为 0.35 m,将地形高度无量纲化处理后,A、B、C 的无量纲高度分别为 0.42、0.50、0.58。三组地形仅高度不同,长度、宽度、坡度等参数均一致。

10.2.2 试验工况设计

1. 试验工况设计

根据波浪原型参数和第 5 章中的二维水槽模型试验工况选取方法,设计二维地形影响下的浮式防波堤模型试验工况,如表 10.7 所示[1]。

表 10.7 试验工况设计参数[1]

工况编号	实际海况			模型试验		
	浪高/m	周期/s	浪向	波高/m	周期/s	浪向/(°)
A01	2.0	4.5	横浪	0.10	1.0	90
A02	2.0	4.9	横浪	0.10	1.1	90
A03	2.0	5.4	横浪	0.10	1.2	90
A04	2.0	5.8	横浪	0.10	1.3	90
A05	2.0	6.3	横浪	0.10	1.4	90

续表

工况编号	实际海况			模型试验		
	浪高/m	周期/s	浪向	波高/m	周期/s	浪向/(°)
A06	2.0	6.7	横浪	0.10	1.5	90
A07	2.0	7.2	横浪	0.10	1.6	90
A08	2.0	7.6	横浪	0.10	1.7	90
A09	2.0	8.0	横浪	0.10	1.8	90
A10	2.0	8.5	横浪	0.10	1.9	90
A11	2.0	8.9	横浪	0.10	2.0	90
B01	3.0	4.5	横浪	0.15	1.0	90
B02	3.0	4.9	横浪	0.15	1.1	90
B03	3.0	5.4	横浪	0.15	1.2	90
B04	3.0	5.8	横浪	0.15	1.3	90
B05	3.0	6.3	横浪	0.15	1.4	90
B06	3.0	6.7	横浪	0.15	1.5	90
B07	3.0	7.2	横浪	0.15	1.6	90
B08	3.0	7.6	横浪	0.15	1.7	90
B09	3.0	8.0	横浪	0.15	1.8	90
B10	3.0	8.5	横浪	0.15	1.9	90
B11	3.0	8.9	横浪	0.15	2.0	90

2. 试验测量仪器布置

二维模型试验的试验水深为 0.6 m，箱型浮式防波堤模型被 4 条悬链线式锚链固定在二维波浪水槽的中间位置，其中心与水槽首端和尾端距离均为 20 m。四根浪高仪沿水槽长度方向从首至尾依次布置，浪高仪布置情况如表 10.8 和图 10.6 所示所示。三种不同高度的地形模型设置在箱型浮式防波堤的下方，地形模型前缘与浮式防波堤中心在同一铅垂线上，即浮式防波堤中心线的 a 点与地形模型的 b 点在同一铅垂线上，如图 10.7 所示。

表 10.8 浪高仪具体布置情况

浪 高 仪	距离/cm
1 号浪高仪与 2 号浪高仪	30
2 号浪高仪与防波堤模型	295
防波堤模型与 3 号浪高仪	320
3 号浪高仪与 4 号浪高仪	30

为提高实验结果的精确度，在试验正式开始之前，需要测量、调整造波机的波高和周期，当实际波浪与目标波浪误差在 2% 以内时方可进行试验。每个工况造波个数为 50，波浪高度由浪高仪进行采集。浮式防波堤的三个自由度（横荡、垂荡、横摇）运动响应由非接触式光学六自由度测定仪进行测定。

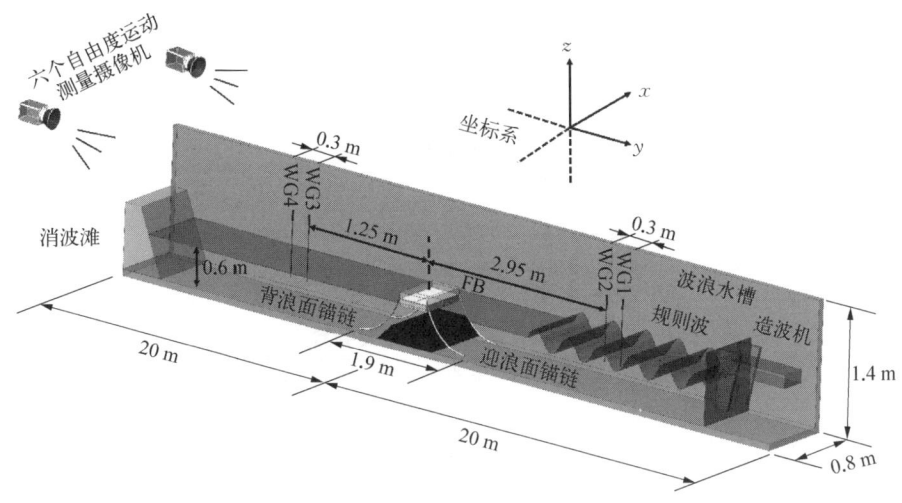

图 10.6 试验装置示意图

注：FB 指浮式防波堤；WG 指浪高仪。

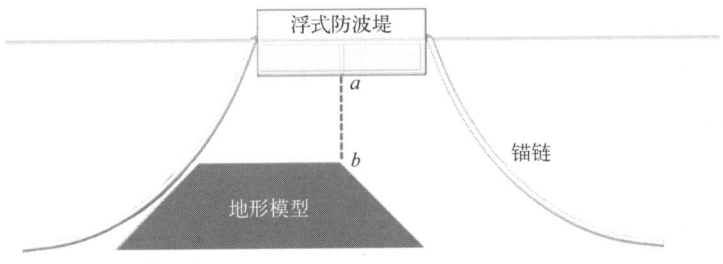

图 10.7 浮式防波堤与地形相对位置示意图

试验中浪高仪、六自由度运动、采集仪器等参数如表 10.9 所示，六个自由度测量仪器光感部件设置在防波堤模型上方 0.3 m 处，并将防波堤模型与该仪器的光感部件用轻质材料刚性连接在一起，如图 10.8 所示。为方便结果分析，现将本试验中会出现的参数逐一进行说明，详见表 10.10。试验结果采用无量纲化的形式进行分析[2]。

表 10.9 试验仪器参数

仪器名称	规格	精度	数量
浪高仪	±200 mm	1 mm	10
非接触六自由度测定仪	三个位移、三个角度	0.1 mm，0.1°	1
拉力传感器	10 kg	0.01 kg	4
动态应变仪及实时采集器	32 通道	0.5 με	2
计算机	便携	—	4
摄像机	—	800×600	1

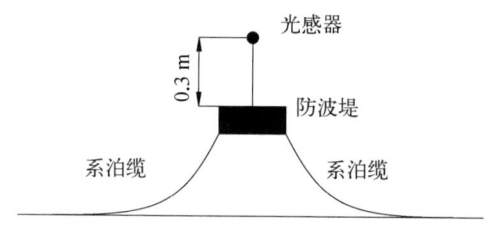

图 10.8　光感器测点分布主视图

表 10.10　模型试验主要参数

参　数	符　号	参　数	符　号
试验水深	d	透射系数	K_t
模型长度	L	模型横荡幅值响应算子	RAO_{sway}
模型宽度	B	模型垂荡幅响应算子	RAO_{heave}
模型吃水	D	模型横摇幅值响应算子	RAO_{roll}
地形高度	H_r	地形的无量纲高度	H_r/d
面积	A	惯性矩	I
线速度	V	力矩	M
线加速度	a	力	F
角度	ϕ	排水量	∇
角速度	ϕ'	密度	ρ
周期	T	频率	f
入射波波高	H	缩尺比	λ_L
透射波波高	H_t	无量纲波长	λ/B

10.3　地形影响下二维试验结果及分析

为研究地形对浮式防波堤消波效果及水动力性能的影响，开展了单独浮式防波堤的消波效果试验（图 10.9）、单独地形的波浪传播特性试验（图 10.10），以及浮式防波堤和地形共同作用下的消波效果试验（图 10.11）。下面将从透射系数和运动响应两个方面进行分析。

1. 透射系数分析

图 10.12 和图 10.13 给出了不同地形影响下，浮式防波堤透射系数变化规律。由图 10.12 和图 10.13 可以得到，A、B、C 三组地形与方箱形浮式防波堤的组合设置下的透射系数均随无量纲波长与宽度的比值 λ/B 的增加而增大。相比不受地形影响下的浮式防波堤试验工况，当 $\lambda/B < 8.21$ 时，地形影响下的浮式防波堤透射系数均有明显的下降，说明地形的存在会对浮式防波堤消波性能有提升作用；当 $\lambda/B > 8.21$ 时，地形影响下的浮式防波堤的透射系数要比无地形影响的

第 10 章　地形影响下浮式防波堤模型试验实例分析

(a) 波高0.10 m　　　　　　　　(b) 波高0.15 m

图 10.9　不同波高下的方箱型浮式防波堤模型试验

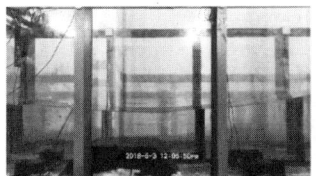  

(a) 地形高0.25 m　　　　(b) 地形高度0.30 m　　　　(c) 地形高度0.35 m

图 10.10　波浪与单独地形模型相互作用试验

(a) FB+地形高度0.25 m　　　(b) FB+地形高度0.30 m　　　(c) FB+地形高度0.35 m

图 10.11　浮式防波堤与不同高度地形波浪水槽模型试验

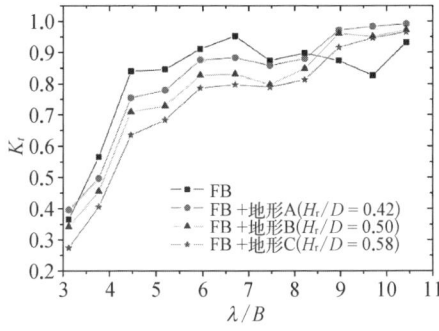 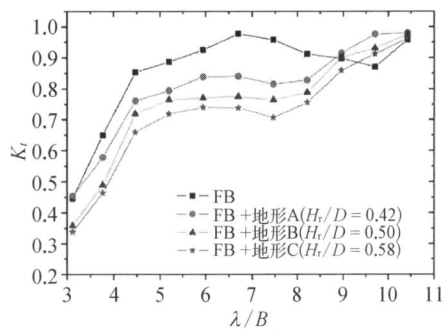

图 10.12　$H=0.10$ m 时浮式防波堤透射系数　　　图 10.13　$H=0.15$ m 时浮式防波堤透射系数

浮式防波堤的透射系数大,即消波效果变差。上述试验结果表明,在一定水深范围内,地形的存在会对浮式防波堤的消波效果产生较为明显的影响,影响趋势与相对波长直接相关,对于中、短波,地形的存在会提升浮式防波堤的消波效果,而对于长波,地形的存在会进一步减弱浮式防波堤的消波效果。

此外,波高对组合工况透射系数的影响与地形相似,即波高越高,相应的透射系数越小,对波浪的阻碍作用越强,消波性能越好。以 $\lambda/B = 5.94$、$\lambda/B = 6.70$ 以及 $\lambda/B = 7.46$ 三种工况为例进行说明,见表10.11。

表 10.11 两种波高下三种组合工况透射系数对比

无量纲波长 λ/B	透射系数(地形 A)			透射系数(地形 B)			透射系数(地形 C)		
	$H=0.10$ m	$H=0.15$ m	提高率	$H=0.10$ m	$H=0.15$ m	提高率	$H=0.10$ m	$H=0.15$ m	提高率
5.94	0.88	0.84	4.5%	0.83	0.77	7.2%	0.79	0.74	6.3%
6.70	0.88	0.84	4.5%	0.83	0.78	6.0%	0.80	0.74	7.5%
7.46	0.86	0.82	4.7%	0.80	0.76	5.0%	0.79	0.71	10.1%

2. 运动响应分析

图 10.14~图 10.19 分别为本次试验中浮式防波堤模型的横荡（sway）、垂荡（heave）及横摇（roll）运动曲线。

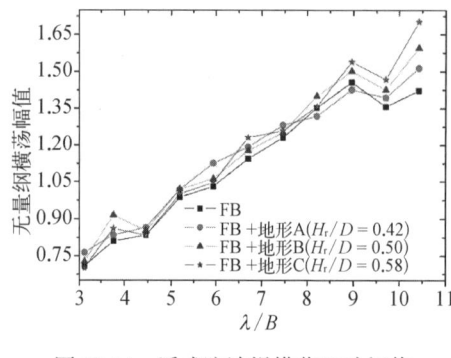

图 10.14　浮式防波堤横荡运动幅值
（$H=0.10$ m）

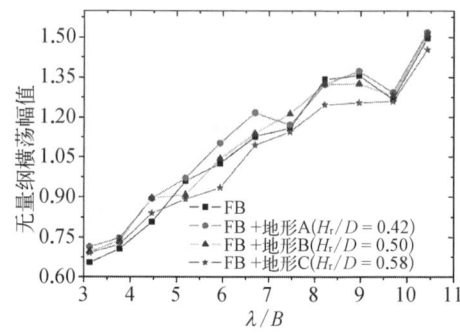

图 10.15　浮式防波堤横荡运动幅值
（$H=0.15$ m）

图 10.14 和图 10.15 给出了在两种波高条件下,A、B、C 三组地形的设置对于浮式防波堤的横荡幅值随无量纲波长 λ/B 变化的影响情况,试验结果表明箱型浮式防波堤的横荡幅值在两种波高下的变化趋势相似,均随无量纲波长 λ/B 的增大而增大,这是由于随着无量纲波长 λ/B 的增大,浮式防波堤的运动由剧烈转为柔和,并且会逐渐随着波浪一起运动,从而横荡幅值越来越大。进一步对比图 10.14 和图 10.15 给出的有无地形对横荡运动的影响,结果表明,地形并不会改变

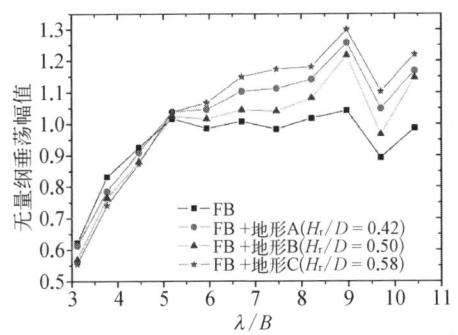
图 10.16 $H=0.10$ m 时浮式防波堤垂荡幅值

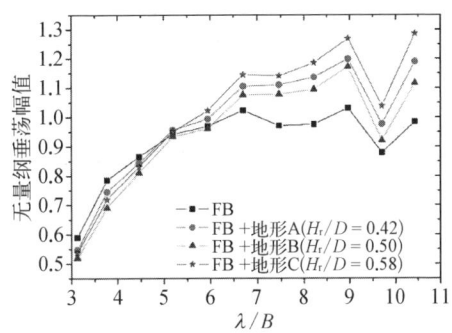
图 10.17 $H=0.15$ m 时浮式防波堤垂荡幅值

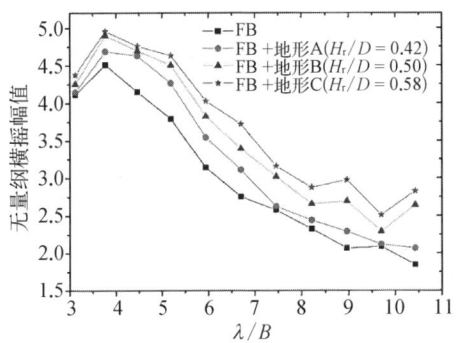
图 10.18 $H=0.10$ m 时浮式防波堤横摇幅值

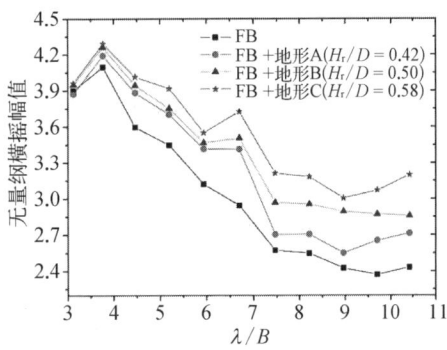
图 10.19 $H=0.15$ m 时浮式防波堤横摇幅值

浮式防波堤的横荡幅值随无量纲波长 λ/B 的变化规律,且对浮式防波堤横荡幅值的影响不大。

图 10.16 和图 10.17 分别给出了在入射波高 $H=0.10$ m 和 $H=0.15$ m 两种情况下,A、B、C 三组地形的设置对于浮式防波堤的垂荡幅值随无量纲波长 λ/B 变化的情况。从图中可以看出,在一定水深范围内,地形会对浮式防波堤的运动响应产生较为明显的影响,影响趋势与相对波长直接相关,对于短波情况,地形会减小浮式防波堤的垂荡运动,对于中、长波情况,地形的存在会增加浮式防波堤的垂荡运动。从图中可以看到,当 $\lambda/B<5.19$ 时,地形的设置可以减小浮式防波堤的垂荡,但不同高度的地形对浮式防波堤的垂荡影响不大;当 $\lambda/B>5.19$ 时,垂荡响应幅值从大到小依次为浮式防波堤+地形 C、浮式防波堤+地形 A、浮式防波堤+地形 B、浮式防波堤,此时地形的设置对浮式防波堤的运动响应有较大影响,当 $\lambda/B=8.96$ 时,地形对防波堤垂荡的抬升达到最大。由此可见,地形对浮式防波堤水动力性能的影响显著。

图 10.18 和图 10.19 分别给出了在入射波高 $H=0.10$ m 和 $H=0.15$ m 两种情况下，A、B、C 三组地形的设置对浮式防波堤的横摇随无量纲波长 λ/B 变化的影响。

进一步对比图 10.18 和图 10.19 给出的有无地形对横摇运动的影响，结果表明，地形加剧了浮式防波堤自身的横摇运动，当 $\lambda/B > 5.94$ 时，地形高度的变化对浮式防波堤横摇的影响更明显，地形越高，对浮式防波堤横摇的影响越大；当 $\lambda/B < 5.94$ 时，地形对加剧横摇的影响幅度趋于平缓。上述试验结果表明，地形会加剧浮式防波堤的垂荡及横摇运动，且地形越高影响越大，但地形对浮式防波堤的横荡影响较小。

综上所述，通过开展二维水槽模型试验，研究地形及其高度变化对浮式防波堤的透射系数及运动响应的影响，得到如下结论：

（1）在一定水深范围内，地形会对浮式防波堤的消波效果产生较为明显的影响，影响趋势与相对波长直接相关，对于中、短波，地形的存在会提升浮式防波堤的消波效果，而对于长波，地形的存在会进一步减弱浮式防波堤的消波效果。

（2）地形会对浮式防波堤的运动响应产生较为明显的影响，影响趋势与相对波长直接相关，对于短波情况，地形会减小浮式防波堤的垂荡运动，对于中、长波情况，地形会增加浮式防波堤的垂荡运动。地形对浮式防波堤横荡幅值影响较小，但加剧了浮式防波堤横摇运动。

10.4　地形影响下三维试验主要参数

为了研究浮式防波堤系统在岛礁地形附近的水动力性能与消波效果，本节开展地形影响下的浮式防波堤整体模型三维水池试验，测量浮式防波堤前后的波浪和系泊缆张力时历曲线，研究岛礁地形对浮式防波堤消波效果及水动力性能的影响。

10.4.1　试验水池参数

该试验在大连理工大学海岸和近海工程国家重点实验室开展，研究了岛礁等对浮式防波堤的透射系数和系泊力的影响。试验水池主尺度为 55 m×34 m×1.3 m。水池的造波机可以模拟正弦波和椭圆余弦波等波浪，水池最大工作水深 0.9 m、最大波高 0.35 m、周期 0.5~5.0 s、波浪角度范围 −45°~45°，水池的另一端装有倾斜的地形用以消波，实验室水池如图 10.20 所示。

图 10.20 大连理工大学海岸和近海工程国家重点实验室

10.4.2 试验原型及地形参数

1. 浮式防波堤原型

浮式防波堤原型设计长度为 645 m，宽度 25 m，由 10 块长度为 60 m 的单元模块及 9 个长度为 5 m 的连接结构组成，布置于岛礁的迎浪方向，浮式防波堤原型参数如表 10.12 所示。

表 10.12 浮式防波堤原型参数[3]

参　数	单　位	原型值
堤长	m	60
堤宽	m	25
堤高	m	10
吃水	m	5
质量	kg	4 593 968
浮筒直径	m	10
连接横撑长	m	5
连接横撑直径	m	1.2

2. 浮式防波堤系泊系统

浮式防波堤的系泊半径为 150 m，水深为 40 m，采用张紧式系泊系统。该系泊系统原型参数与第 9 章模型相同，具体参数见 9.2 节，图 10.21 给出了防波堤系泊系统布置方案。

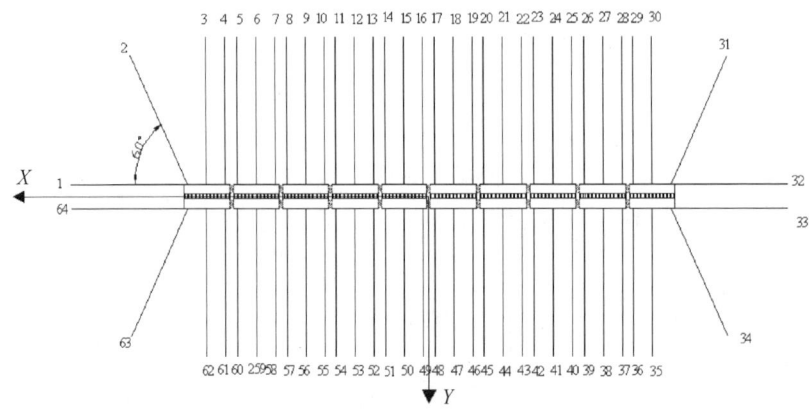

图 10.21　浮式防波堤系泊方案

3. 试验网笼设计原型

试验消浪网笼位于浮式防波堤主体结构下方，内部设置消浪浮球，具体参数如表 10.13 所示。

表 10.13　浮式防波堤消浪网笼原型参数

参　数	符　号	单　位	实尺度值
消浪网长	L_h	m	60
消浪网宽	B_f	m	5
消浪网高	D_f	m	20

4. 岛礁地形原型

浮体将布置在某典型岛礁附近，研究近岛礁复杂海底地形对波浪传播变形的影响，试验海域范围原型为 3 000 m×5 500 m，图 10.22 给出了岛礁地形示意图。

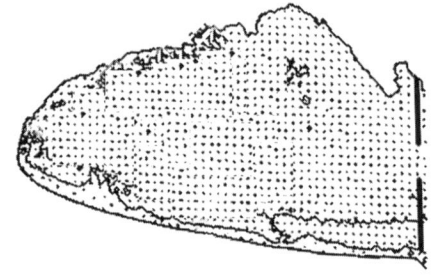

图 10.22　岛礁地形示意图

10.4.3　试验内容

开展地形影响下的浮式防波堤整体模型三维水池试验，研究岛礁地形对浮式防波堤消波效果及水动力性能的影响。试验测量浮式防波堤系泊缆张力时历曲线、堤前及堤后测点处波浪的时历曲线、波浪传播图像等。

10.5 地形影响下三维试验模型及工况设计

10.5.1 试验模型及地形设计

1. 缩尺比确定

根据 3.1 节中的缩尺比选择方法,该水池模型试验缩尺比 $\lambda_L = 100$。

2. 浮式防波堤模型设计

按照 2.5 节中的相似原理,以缩尺比 $\lambda_L = 100$ 进行模型设计,模型相关参数如表 10.14 所示,浮式防波堤系统试验模型如图 10.23 所示。

表 10.14 圆筒型浮式防波堤系统模型参数

参　　数	单　　位	模型值
堤长	m	0.600
堤宽	m	0.250
堤高	m	0.100
吃水	m	0.050
质量	kg	4.480
浮筒直径	m	0.100
连接横撑长	m	0.050
连接横撑直径	mm	12.0
消浪网长	m	0.600
消浪网宽	m	0.050
消浪网高	m	0.200

(a) 浮式防波堤系统模型

(b) 水下网笼结构

图 10.23 浮式防波堤系统模型及水下网笼结构示意图

3. 岛礁地形设计及制作

为研究三维岛礁地形对浮式防波堤消波效果的影响,试验前需要对试验水池场地进行改造,按照图 10.22 中目标海域海底地形相关参数进行岛礁缩比模型设计。图 10.24 中给出了水池池底改造的主要过程。主要基于几何相似的原则,绘制不同的等高线,利用砂石填充岛礁模型的底部,并在岛礁表面采用水泥定型,最终满足岛礁地形模型相关设计参数要求[4]。

(a) 砂石填充

(b) 局部高程控制

(c) 水泥抹面

(d) 最终地形

图 10.24　试验水池池底改造流程

10.5.2　试验工况设计

1. 试验工况

试验原型中规则波的波高分别为 3.0 m 和 6.0 m,周期为 6.0~16 s,浪向角为 90°。根据相似准则设计试验工况,试验模型中规则波的波高分别为 0.03 m 和 0.06 m,周期为 0.6~1.6 s,浪向角为 90°。开展三维水池模型试验,测量浮式防波堤整体系统模型在不同波高、周期条件下各参数的变化情况,试验工况如表 10.15 所示。

表 10.15　岛礁地形影响下浮式防波堤三维水池试验工况

试验工况	原型波高/m	试验波高/m	原型周期/s	试验周期/s
J1	3.0	0.03	7, 7.7, 10, 11.6, 13, 14, 15.4, 16	0.7, 0.77, 1.0, 1.16, 1.3, 1.4, 1.54, 1.6
J2	6.0	0.06	11.6, 13, 14, 15.4, 16	1.16, 1.3, 1.4, 1.54, 1.6

2. 试验测量仪器布置

岛礁地形影响下的浮式防波堤整体模型水动力试验总布置如图 10.25 所示。在波高测试时，由于近岛礁海底复杂地形的影响，波浪传播经过浮式防波堤时将发生明显变化，试验中将对不同位置处的波浪进行测试。试验共测量了 10 个测点处的波面变化，在造波机与浮式防波堤模型之间放置一个测点以测量入射波高，在浮式防波堤后面放置五个测点以测量透射波高，另外两个放置在浮式防波堤的两侧，以获得波浪绕射波高，测点 0~测点 9 位置如图 10.26 所示。

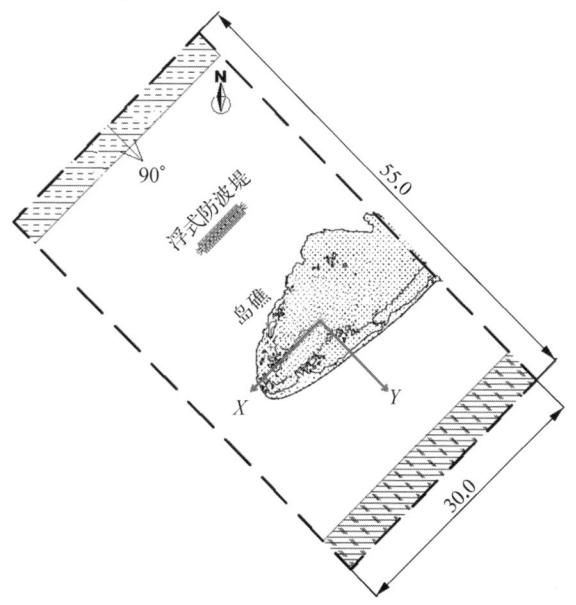

图 10.25　岛礁地形影响的浮式防波堤系统模型试验总布置图

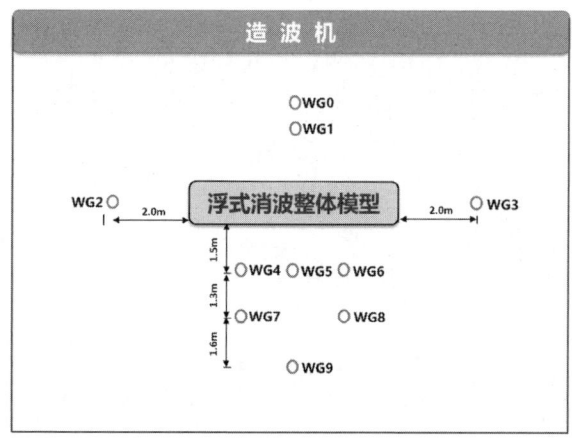

图 10.26　波高测点布置图

系泊系统测试内容主要为测试浮式防波堤系泊系统的系泊力。图 10.27 给出了系泊缆张力的测点布置图。试验中测量浮式防波堤系 5 条系泊缆（测点号：$T_{10}\sim T_{14}$）张力的时间历程曲线。T_{10} 对应 1 号系泊缆，T_{11} 对应 3 号系泊缆，T_{12} 对应 9 号系泊缆，T_{13} 对应 15 号系泊缆，T_{14} 对应 34 号系泊缆。

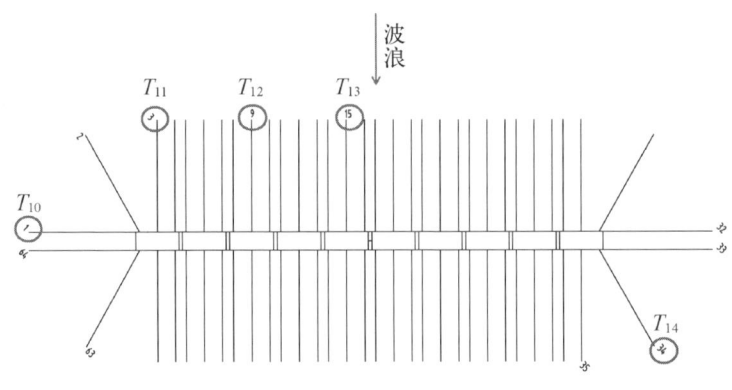

图 10.27　系泊系统张力测点布置图

10.6　地形影响下三维试验结果及分析

本实验采用第 7 章中介绍的波浪和系泊力的数据处理方法，研究地形对浮式防波堤消波效果及水动力性能的影响。当波浪从远场传播到岛屿时，会发生复杂的演变，从而导致浮式防波堤周围各个点的波浪特征差异较大，本实验以 WG1 的波高数据作为标准波高，WG4~WG9 的波高数据作为透射波高。为了能够获得最直观的结果，在该试验结果分析中已转换为原型数据结果，模型试验现场如图 10.28 所示。

图 10.28　地形影响下浮式防波堤系统模型试验

1. 消波效果

图 10.29 和图 10.30 给出了当波高分别为 3 m 和 6 m 时，浮式防波堤后方 1.5 m 和 4.4 m 处的波浪透射系数随波浪周期的变化。试验结果表明，不同波高对浮式防波堤透射系数的影响是相似的，同时受岛礁地形的影响，呈现出了较剧烈的振荡现象，总体上透射系数随着波浪周期的增加而呈递增的变化趋势。对于距离防波堤较近的测点 WG5（1.5 m），该测点距离岛礁地形较远，消波效果为 25%~45%，在 $T=10$ s 附近出现了一个拐点之后，透射系数继续增加，在 $T=15$ s 附近再次出现拐点；对于距离浮式防波堤较近的测点 WG9（4.4 m），该点距离岛礁较近，受地形的影响较大，浮式防波堤的透射系数曲线振荡较为剧烈，但整体上随着周期的增加呈上升趋势，消波效果为 5%~43%，受地形和波浪绕射的作用，测点 WG9 的透射系数大于距离岛礁较远的测点 WG5。

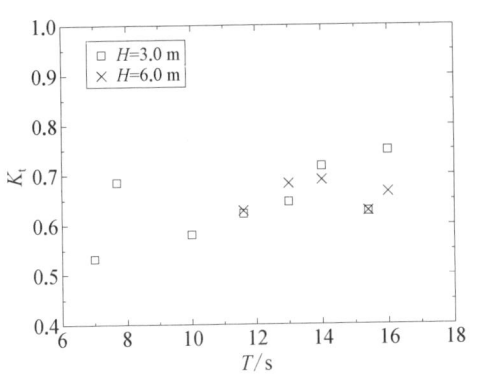

图 10.29 1.5 m 处浮式防波堤透射系数

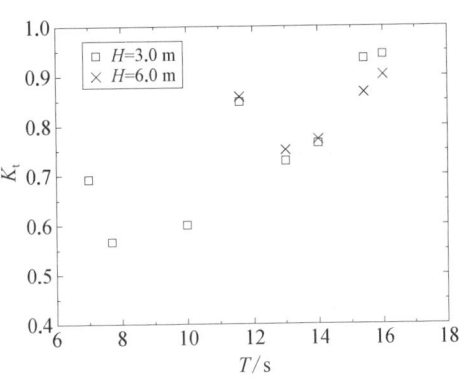

图 10.30 4.4 m 处浮式防波堤透射系数

图 10.31 给出了浮式防波堤右后方测点 WG6 和 WG8 透射系数随波浪周期的变化情况。从图中可以看出，在入射波周期为 15.4 s 的情况下，浮式防波堤的透射系数约为 1.3，地形改变了波浪的传播过程，受地形的影响，波高出现了升高的情况，波浪从远场经过浮式防波堤向岛礁传播过程中，在岛礁附近波浪升高约 30%。

图 10.32 和图 10.33 分别给出了入射波高为 3.0 m 和 6.0 m 时浮式防波堤后相同间距处透射系数对比，上述图形给出的试验结果表明，波浪因受地形

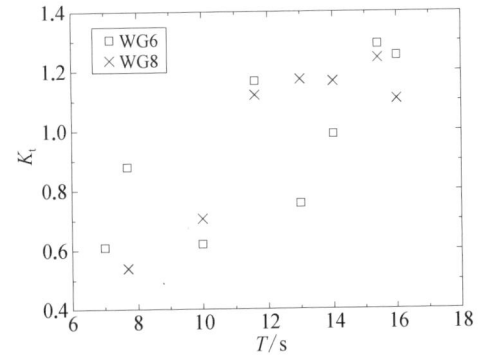

图 10.31 防波堤堤右后测点透射系数（$H=3.0$ m）

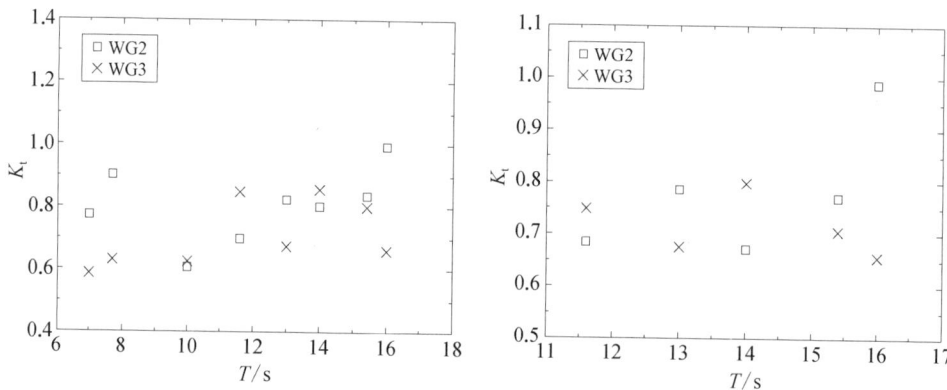

图 10.32 防波堤两侧透射系数（$H=3.0$ m）　　图 10.33 防波堤两侧透射系数（$H=6.0$ m）

影响，浮式防波堤两侧的浪高在同一时刻各不相等，并呈现出明显的不对称性。

2. 系泊力

在规则波工况下，浮式防波堤的系泊系统张力测点 T_{14} 和波浪测点 W1 对比曲线如图 10.34 所示。图中系泊系统张力时历曲线中明显存在高频信号，采用快速傅里叶变换（FFT）方法处理信号后，结果如图 10.35 所示。

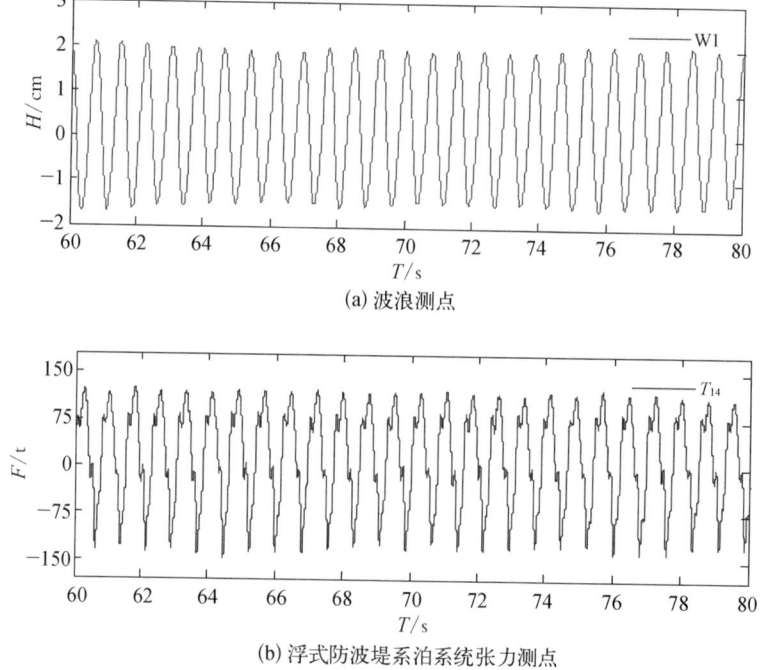

(a) 波浪测点

(b) 浮式防波堤系泊系统张力测点

图 10.34 浮式防波堤系泊系统张力和波浪测点对比曲线

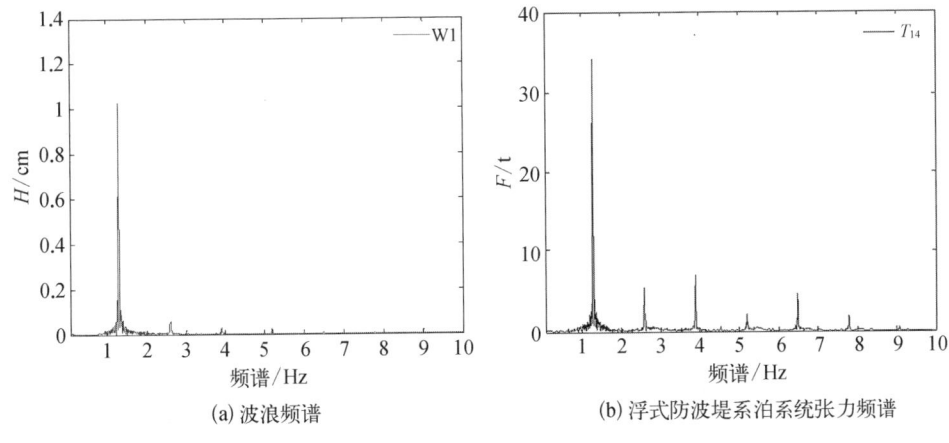

(a) 波浪频谱   (b) 浮式防波堤系泊系统张力频谱

图 10.35 波浪与浮式防波堤系泊系统张力频率特性

表 10.16 和表 10.17 给出了系泊系统张力的试验结果。表中"波频值"代表由低频波浪引起的系泊系统载荷响应的峰值平均值,"测量值"代表所有频率成分的系泊系统载荷响应的峰值平均值。图 10.36 给出了迎浪面和背浪面系泊缆受力的对比。通过对不同工况下系泊系统载荷响应测试结果进行分析,可以发现,迎浪面的系泊缆受力大于背浪面,在短周期波浪条件下出现峰值,随着周期的增大,系泊缆张力呈现振荡现象,且随着波高的增加,系泊缆张力也会增加。

表 10.16 J1 工况下系泊系统张力测试结果

		J1 ($H=3.0$ m)							
		7.0 s	7.7 s	10.0 s	11.6 s	13.0 s	14.0 s	15.4 s	16.0 s
T_{10}/t	波频值	72.3	90.7	83.1	48.4	79.1	49.7	43.1	58.8
	测量值	71.8	89.7	82.8	50.1	82.9	54.1	44.5	59.3
T_{11}/t	波频值	515.0	520.0	483.1	277.4	439.2	321.0	258.1	425.1
	测量值	557.4	545.2	486.3	278.1	425.7	324.1	260.3	405.3
T_{12}/t	波频值	212.9	237.1	343.3	193.7	268.0	166.2	177.8	236.6
	测量值	216.7	243.9	346.0	197.5	273.2	161.9	177.5	234.2
T_{13}/t	波频值	160.2	198.6	250.1	140.4	211.6	148.4	129.7	186.7
	测量值	165.5	209.1	260.4	145.8	216.6	146.1	129.4	186.6
T_{14}/t	波频值	142.2	133.9	109.9	98.0	112.1	135.2	105.3	178.3
	测量值	166.7	163.3	145.3	106.6	124.1	137.1	110.1	186.6

表 10.17　J2 工况下系泊系统张力测试结果

		J2 ($H=6.0$ m)				
		11.6 s	13.0 s	14.0 s	15.4 s	16.0 s
T_{10}/t	波频值	104.4	155.8	111.8	99.6	91.6
	测量值	109.7	167.4	113.9	100.1	94.4
T_{11}/t	波频值	567.0	663.5	600.8	550.9	640.2
	测量值	557.4	619.3	548.2	547.7	620.9
T_{12}/t	波频值	440.7	564.2	390.9	473.0	542.0
	测量值	445.9	568.0	390.6	471.0	539.3
T_{13}/t	波频值	307.0	464.5	343.3	361.2	403.2
	测量值	312.9	461.6	344.4	363.9	404.9
T_{14}/t	波频值	253.1	245.8	287.7	291.8	364.5
	测量值	262.9	245.2	298.6	303.3	370.9

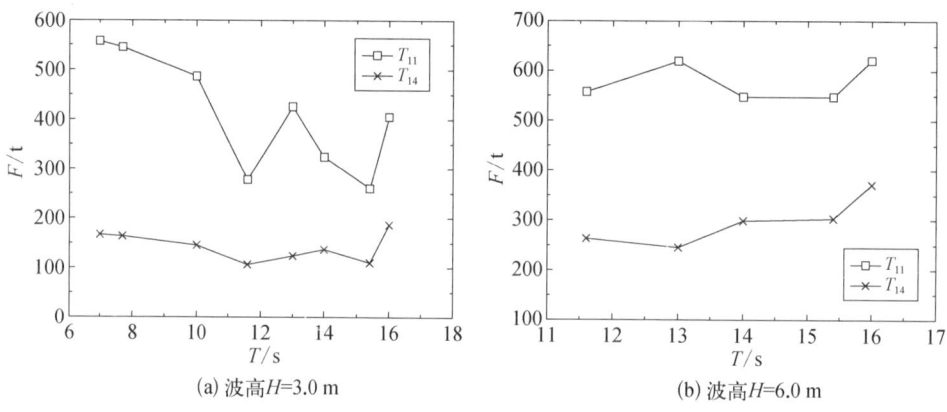

(a) 波高 $H=3.0$ m　　(b) 波高 $H=6.0$ m

图 10.36　系泊系统张力随波浪周期变化情况

综上所述，通过开展三维水池模型试验，研究岛礁地形对浮式防波堤透射系数及运动响应的影响，得到如下结论：

（1）地形对浮式防波堤的消波效果会产生较大影响，会导致透射系数出现较为剧烈的振荡特性，透射系数总体上随着波浪周期的增加呈递增的变化趋势，在本书中所开展的波浪周期条件下，浮式防波堤消波效果为 25%~45%；受地形和波浪绕射的作用，距离浮式防波堤远端测量点的透射系数大于距离浮式防波堤近端测量点。

（2）由于岛礁地形会对波浪产生复杂的反射、绕射现象，使得岛礁附近区域浪向有所改变，同时浮式防波堤附近的波高分布呈现出明显的不对称性，此外由于浅水效应，会对某些测量位置特定周期的波高产生较大的升高现象。

（3）随着波高的增加，系泊缆张力增加，迎浪面的系泊缆张力大于背浪面，短周期波浪中会出现系泊缆张力峰值，且随着周期的增加，系泊缆张力呈现振荡现象。

参 考 文 献

[1] Cui J, Chen X, Guo J T, et al. Experimental study on the hydrodynamic performance of rectangular floating breakwater influenced by reef areas [J]. Marine Georesources & Geotechnology, 2020, 38 (3): 266 - 276.
[2] Ji C Y, Cheng Y, Cui J, et al. Hydrodynamic performance of floating breakwaters in long wave regime: An experimental study [J]. Ocean Engineering, 2018, 152: 154 - 166.
[3] 郭宇婵. 浮式防波堤耦合水动力分析 [D]. 镇江：江苏科技大学硕士学位论文，2016.
[4] 董胜，张华昌，宁萌，等. 海岸工程模型试验 [M]. 青岛：中国海洋大学出版社，2008.